Maik Brüggemeyer, geboren 1976, hat in Münster Geistes- und Sozialwissenschaften studiert. Seit 2001 arbeitet er beim *Rolling Stone*. Er schreibt über Musik, Literatur und Film und veröffentlichte bisher zwei Romane und ein Sachbuch. *Pop. Eine Gebrauchsanweisung* ist sein zweites Buch im Penguin Verlag.

I've been looking for Frieden in der Presse:

»Über Pop gleichzeitig klug und witzig zu schreiben, hat in Deutschland keine lange Tradition. Maik Brüggemeyer beherrscht diese Kunst. Bitte mehr davon.« *tagesspiegel*

»Manchmal hilft ein kleiner Perspektivwechsel, um eine schon so oft erzählte Geschichte wie die der Popmusik in Deutschland wieder reizvoll zu machen.« *SPIEGEL Online*

»Ein ungewöhnliches, aber auch sehr überraschendes Geschichtsbuch. Wer das Buch von Maik Brüggemeyer liest, wird Deutschland ein bisschen anders, ein bisschen besser verstehen.« *rbb*

»Eine lesenswerte und gut lesbare, teils vergnügliche, immer spannende Tour durch etwa 70 Jahre (Musik-)Geschichte!« *neue Musikzeitung*

Außerdem von Maik Brüggemeyer lieferbar:
I've been looking for Frieden

Maik Brüggemeyer

Pop

Eine Gebrauchsanweisung

PENGUIN VERLAG

MIX
Papier aus verantwortungsvollen Quellen
FSC® C014496

Verlagsgruppe Random House FSC® N001967

PENGUIN VERLAG

2. Auflage

Umschlag: Hafen Werbeagentur gsk GmbH, Hamburg
Umschlagmotiv: © IgorKrapar/iStock
Redaktion: Jürgen Teipel, Schondorf
Satz: Uhl + Massopust, Aalen
Druck und Bindung: GGP Media GmbH, Pößneck
Printed in Germany
ISBN 978-3-328-10483-4
www.penguin-verlag.de

Dieses Buch ist auch als E-Book erhältlich.

Diese sprechenden Maschinen werden die künstlerische Entwicklung der Musik in diesem Land ruinieren. Als ich ein Junge war, fand man an jedem Sommerabend vor jedem Haus junge Leute, die gemeinsam die Lieder des Tages oder alte Lieder sangen. Heute hört man diese höllischen Maschinen Tag und Nacht. Wir werden bald kein Stimmband mehr haben. Das Stimmband wird durch einen Evolutionsprozess eliminiert, ebenso wie der Schwanz des Menschen, als er vom Affen kam. ... Die Zeit wird kommen, da niemand mehr bereit ist, sich der edlen Disziplin des Musiklernens zu unterwerfen. Jeder wird seine fertige Musik oder Raubmusik in seinen Schränken haben.

John Philip Sousa, 1906

Inhaltsverzeichnis

Hinweise zum Gebrauch

Pop – was ist das, und warum brauche ich dazu eine Gebrauchsanweisung?

Pop ist überall, und jeder redet über ihn – oder ist es eine Sie? Man spricht von Pop-Art, Popmusik, Popliteratur und sogar Popkultur, und jeder scheint zu wissen, was damit gemeint ist. Dabei denken die einen vielleicht zunächst an Andy Warhol, der die bunte Nachkriegswelt des Konsums in seiner Kunst abbildete und Suppendosen zu Kunstwerken erklärte. Andere eher an die Musik der Beatles oder die Inszenierungen und Verkleidungen von David Bowie, an die Superstars der Achtziger Madonna, Michael Jackson und Prince, an das Glamour-Paar Jay-Z und Beyoncé oder an die schauspielende Sängerin oder singende Schauspielerin Lady Gaga. Wieder andere rümpfen die Nase, assoziieren mit dem Wort vor allem das Triviale und Oberflächliche der heutigen Kultur, die für das pure Amüsement und die Zerstreuung der Massen produzierten Produkte der Unterhaltungsindustrie – und vergessen dabei, dass auch die subkulturellen Ursprünge von Punk, Reggae oder Hip-Hop nichts anderes sind als Pop.

Für ein Buch, das behauptet, eine Gebrauchsanweisung zu sein, scheint es mir jedoch zunächst sinnvoll, sich diesem allgegenwärtigen Phänomen nicht über Kunst, Künstler oder Kulturtheorie zu nähern, sondern über etwas, das wir alle immer griffbereit haben. Pop findet man beispielsweise oft in Hosen-, Mantel- oder Umhängetaschen. Es wäre jetzt an der Zeit, mal nachzuschauen. Nichts gefunden? Nur einen Schlüsselbund, ein etwas zerfasertes und verkrumpeltes Taschentuch, ein Mobiltelefon und zwei Pfandmarken von irgendeinem Konzert, die nicht eingelöst wurden, weil es schon spät und die Schlange vor der Theke zu lang war? Ist auf dem Telefon eine App zum Abspielen von Musik und eine zum Abspielen von Videos? Und ein Internetbrowser, mit ein paar Lesezeichen zu irgendwelchen bevorzugten Zeitungen und Magazinen, deren Lektüre in der U-Bahn oder beim Arzt die Zeit verkürzen, und sind da vielleicht auch noch ein paar Bookmarks zu Seiten von Online-Versandhäusern für Kleidung, Bücher, Inneneinrichtung? Sicher findet sich auch ein E-Mail-Programm, und im Posteingang sind einige Nachrichten von Freunden, die von den neuesten Songs, Serien oder Büchern schwärmen oder nach einer Begleitung fürs Kino oder ein Konzert in der nächsten Woche suchen.

Pop ist all das, besteht aus Klängen, Bildern, Texten, Kleidung, Artefakten und Gesprächen, die sich in unserer Massenkultur verbreiten. Pop ist ein Bedeutungszusammenhang, der sich um ein Produkt der Musikindustrie herum entfaltet. So haben die meisten Texte in diesem Buch ihren Ausgangspunkt zwar in der Musik, doch die anderen oben genannten Elemente schwingen immer mit. Die Musik an sich ist erst mal ein Produkt der Unterhaltungsindustrie, doch indem wir uns damit beschäftigen, sie teilen und uns darüber austauschen, wird daraus das, was wir Pop nennen. Ein Song wird für uns erst relevant und aufregend, wenn er auf unser Leben trifft.

Als ich im Oberstufenraum des Johannes-Kepler-Gymnasiums im westfälischen Ibbenbüren zum ersten Mal die amerikanische Band Pavement hörte, die ein älterer, mir nicht bekannter Schüler in den Schulkassettenrekorder gelegt hatte, änderte das *alles*. Ich glaube, es war der Song »Here«, in dem der Sänger Stephen Malkmus anfangs äußerst gelangweilt quengelt: »I was dressed for success / But success it never comes / And I'm the only one who laughs / At your jokes when they are so bad / And your jokes are always bad / But they're not as bad as this …«

Wenige Wochen später hatte ich dank der Informationen, die ich mir mühsam aus dem Musikfernsehen und britischen Musikmagazinen geholt hatte, nicht nur einige Freunde von der weltbewegenden Wichtigkeit dieser Band überzeugt. Manche trugen, so wie ich, bald auch ähnliche Frisuren wie Malkmus, hatten sich ein seinem Stil würdiges Hemd gekauft und trugen die gleichen Retro-Turnschuhe. Seine hängerisch-kraftlose Haltung und die ungelenk-schlaksigen Bewegungen musste ich nicht extra einstudieren, die hatte ich von Haus aus drauf. Und seine Verweigerungshaltung gegenüber jeder Art von falscher Pose und kommerzieller Vereinnahmung war mir sofort sympathisch.

Popmusik scheint also mehr zu sein als ein paar Akkorde und ein bisschen Gesang – nämlich ein komplexer Zusammenhang aus kulturellen Zeichen und versteckten Codes, Praktiken und Strategien, Outfits, Haltungen und Geschichten. Pop ist Teil des kapitalistischen Systems und stellt sich zugleich manchmal dagegen. Und so, wie ich den Begriff in diesem Buch verstehe, war sein Nährboden der nach Ende des Krieges durch zunehmenden Wohlstand größer werdende Markt junger Menschen mit ausreichender Kaufkraft. Immer mehr Haushalte hatten mit dem Fernseher ein Fenster in die aufregende bunte weite Welt (auch wenn die zunächst noch in Schwarz-Weiß erschien), und immer mehr Jugendliche hatten Geld, das sie hauptsächlich dafür ausgeben wollten, an dieser Welt teilzuhaben. Sie wollten die engen Grenzen ihres Elternhauses sprengen, sie wollten nicht länger still in Kinosesseln sitzen und die Sehnsüchte anderer nachempfinden, sie wollten sich bewegen, sie wollten ausbrechen, sie wollten Spaß haben. Sie sahen und hörten Sänger, die genau davon erzählten und dazu zuckten, als würden sie sich wie der große Entfesselungskünstler Harry Houdini aus den Ketten befreien, die die Gesellschaft ihnen angelegt hatte: Chuck Berry, Little Richard, Jerry Lee Lewis, Elvis Presley, Buddy Holly.

Vor allem diese fünf zettelten eine Revolution an, verdrehten einer Generation den Kopf – und auch die Jugendlichen nachfolgender Generationen liefen daraufhin mit verdrehten Köpfen herum und unterhielten sich in dieser Sprache, die jeder von ihnen verstand und durch die jeder von ihnen Individualität ausdrücken konnte. Denn obwohl die Popmusik ein Massenphänomen war, konnte man sich über die kleinen Unterschiede und Abweichungen als Individuum definieren: durch die Bands, die man hörte, und noch mehr durch die, die man *nicht* hörte, durch die Zeichen, die man mit seiner Kleidung und seiner Frisur vermittelte, über die Art, wie man sprach und wie man tanzte, und die Magazine, die man las. Die feinen Unterschiede waren mindestens genauso wichtig wie das Verbindende.

Doch das hat sich mittlerweile geändert. In einer Zeit, in der jede Form von Musik jederzeit verfügbar ist, muss man sich nicht mehr entscheiden, was man für seine begrenzten Ressourcen kaufen und hören will, und somit: wer man sein will. Man bezahlt höchstens ein Abo für einen Streamingdienst und hört einfach alles. Am Morgen ist man ein Mönch in seiner Klause und lauscht Johann Sebastian Bach, mittags ist man Achtzigerjahre-Popper und wippt den Kopf zu den Pet Shop Boys, nachmittags fühlt man sich als Mod, genießt den Soul der Impressions und peitscht sich mit The Who auf, wird mit den Get Up Kids zum Emo, mit den Buzzcocks zum Punk, zerstört diese Identität mit ein bisschen Pink Floyd, um dann mit dem Rapper und Pulitzerpreisträger Kendrick Lamar und der Neo-Soul-Sängerin Erykah Badu den Tag zu beschließen.

Jeden Moment jemand anders sein zu können – auch das ist eine Freiheit, wie sie nur die Popmusik bieten kann. Andererseits ist in dieser neuen Form der Nutzung von Musik auch eine gewisse Beliebigkeit und Unverbindlichkeit angelegt. Der Bedeutungszusammenhang löst sich auf. Es gibt keine ausgeprägten Haltungen mehr, keine Outfits, keine Szenen. Und auch die Texte, die einem kulturelle und soziale Zusammenhänge zur Musik aufschlüsseln und Geschichten darüber erzählen können, werden immer seltener gelesen. Heute lässt man sich von Algorithmen leiten, die einem zeigen, was man hören soll. *Warum* man das tun soll, erklären sie allerdings nicht. So bleibt man als Hörer in der *gated community* seines einmal anhand von Eckdaten festgelegten Geschmacks gefangen, jede Form von Reibung und Irritation wird vermieden, der Dissens und die Distinktion, die einst entscheidend waren für die identitätsstiftende Kraft der Popmusik, gehen damit verloren. Das Wissen über die feinen Unterschiede und die großen Fragen verliert allmählich an Bedeutung. Das merken vor allem die Musikmagazine und -kritiker, deren Vermittlerfunktion und Einordnungen nicht mehr so gefragt sind wie früher. Die Künstler kommunizieren über soziale Medien direkt mit ihren Fans, anstatt Journalisten, wie etwa dem Autor dieses Buches, Interviews zu geben. Jede ihrer Äußerungen ist mehrfach vom Management gecheckt, die Instagram-Story hat den Artikel ersetzt und das Marketing den Mythos. Musik wird in Playlists eingeordnet und nicht mehr in ein subtiles persönliches Raster, das man aus Plattenkritiken oder Abhandlungen über Stile, Szenen oder Künstler entwickelt hat.

Es ist sicher kein Zufall, dass in der ersten Hälfte der Zehnerjahre dieses Jahrhunderts gleich vier gewichtige Werke erschienen sind, die sich mit der Geschichte der Popmusik beschäftigten und ein bisschen wirkten, als seien es eigentlich vorweggenommene Nachrufe auf eine alte Industrie und ein tradiertes Popverständnis. Der britische Musikjournalist Simon Reynolds (Jahrgang 1963) beleuchtete 2012 in seinem Buch *Retromania* die Sucht der Popmusik nach ihrer eigenen Vergangenheit – schrieb über die vielen Wiederveröffentlichungen alter Platten und über Reunions ehemals großer oder auch nicht so großer Bands, die das kriselnde Musikgeschäft am Laufen halten und einem den Eindruck vermitteln, Popmusik musealisiere sich zunehmend selbst.

Im Jahr darauf lieferte der britische Musiker und Autor Bob Stanley (Jahrgang 1964) mit *Yeah Yeah Yeah – The Story of Modern Pop* gewissermaßen den (übrigens sehr unterhaltsamen und kenntnisreichen) Ausstellungskatalog zu diesem Pop-Museum. Deutschlands führender Theoretiker in Sachen populärer Musik, Diedrich Diederichsen (Jahrgang 1957), legte 2014 unter dem Titel *Über Pop-Musik* ein von seinem Verlag als »Opus Magnum« angepriesenes fünfhundertseitiges Werk vor, in dem er sich daranmacht, diesen schillernden und flatterhaften Gegenstand namens Pop theoretisch aufzuspießen und in einen Schmetterlingskasten einzusortieren.

Sein Kollege Karl Bruckmaier (ebenfalls Jahrgang 1957) tat es ihm in seiner auch sehr lesenswerten und überaus originellen *Story of Pop* ein Jahr später mit eher erzählerischen Mitteln gleich.

Als Redakteur der deutschen Ausgabe des *Rolling Stone*, der in den vergangenen Jahren vermehrt sogenannte alte Helden auf seinen Titelblättern präsentierte, bin ich (Jahrgang 1976) selbst ein Teil der Pop-Musealisierungsmaschine und gehöre zu den Vermittlern, Zwischengängern und Einordnern, die durch soziale Medien und Algorithmen vom Aussterben bedroht sind. Ich habe mich schon in jungen Jahren vor allem in die Vergangenheit des Pop verliebt – in klassische Songs mit herrlichen Melodien und Harmonien, die man mitsingen kann, in Gitarrenbands und Diven, in Mythen und Legenden, Plattenspieler und Tonbandgeräte. Ob sich diese Vorliebe in diesem Buch niederschlägt? Natürlich tut sie das! Wenn man von der Faszination eines Gegenstands erzählt, sollte man bei sich selbst anfangen. Gerade wenn es um Popmusik geht, diese in Warenform gekleidete Form des Individualismus. Und, ja, vieles lässt sich anhand der Beatles und Bob Dylans erklären, Künstlern, die uns allen mehr oder weniger vertraut sind, die Grundlagen für die Popmusik gelegt haben, wie wir sie heute kennen, und deren Werk ich liebe, seit ich in jungen Jahren zum ersten Mal einen Ton von ihnen gehört habe.

Diese Art der Beschäftigung mit Musik ist vielleicht dem Umstand geschuldet, dass ich auf dem Land aufgewachsen bin. Von der Aufregung über die neueste Musik und die neuesten Moden bekam ich direkt kaum etwas mit. Ich las darüber, aber konnte diese schöne, immer wieder neue Welt – bis ich in den Besitz eines Führerscheins kam – nicht leibhaftig erleben. Ich machte Secondhand-Erfahrungen (etwa wie die Geschichtsstunden aus Büchern). Aber an denen hänge ich immer noch. Sie haben mein Bild von Popmusik entscheidend geprägt. Und ich glaube, dass sie für ein tieferes Interesse an dieser Kunstform, die über den Moment und kurzen Kick hinausweist, grundlegend sind – gerade in einer

Zeit, in der Alt und Neu im großen Archiv des Internets gleichberechtigt nebeneinanderstehen und man jederzeit Neues entdecken kann, das eigentlich schon uralt ist.

»Die Vergangenheit ist niemals wirklich vergangen, sie fließt immer weiter durch alles hindurch, was uns umgibt«, erzählte mir im Januar 2019 der kalifornische Rhythm-and-Blues-Musiker Nick Waterhouse (Jahrgang 1986). Er nimmt seine klassischen, nach alten Zeiten klingenden Lieder immer noch mit analogem Equipment auf und hält die digitale Welt für Teufelszeug. Aber das, was da durch die Gegenwart fließt, kann eben auch ein Stream sein. Hätte ich Waterhouse, der durchaus ein Mann unserer Zeit ist und keineswegs ein Ewiggestriger, ein paar Jahre früher getroffen, hätte ich mir seine Antwort borgen können, als mich ein Freund mit der Frage aufzog, worüber ich denn schreiben würde, wenn Paul McCartney, Bob Dylan, die Rolling Stones und Neil Young mal tot seien. Ich sagte damals ein bisschen übermütig: »Ach, ich werde dann einfach der Joachim Kaiser der Popmusik. Der schreibt auch über hundert Jahre nach dem Tod von Richard Wagner noch immer über den.« War natürlich nicht ganz ernst gemeint. Denn erstens schreibe ich selbstverständlich oft über neue aufregende Musik, und zweitens unterscheidet sich die klassische Musik von der Popmusik ja in Aufführungspraxis und Rezeption beträchtlich.

Aber Kaiser veröffentlichte 2012 unter dem Titel *Sprechen wir über Musik* ein unterhaltsames und lehrreiches Buch, in dem er Fragen seiner Leser zur klassischen Musik beantwortete, die in der Zusammenschau so etwas wie eine kleine Klassikkunde ergaben. Nun bin ich ebenso wenig mit dem 2017 verstorbenen Klassikpapst zu vergleichen wie die sogenannte Unterhaltungsmusik mit der ernsten Musik, doch die Idee seines schmalen Bandes gefiel mir – das Dialogische und Offene, Unakademische und Anekdotische daran. Denn auf diese Art kommuniziert man ja in der Regel auch über Popmusik. Also sammelte ich Fragen, die mir in Mails und auf Podien gestellt wurden, über die ich mit Freunden, Bekannten und Unbekannten in Kneipen und bei Konzerten diskutierte.

Daraus ist nun *Pop. Eine Gebrauchsanweisung* entstanden, ein Buch, das der Musik, die ich liebe, die Bedeutung zugesteht, die sie verdient, und dabei im Gegensatz zu den oben genannten Standardwerken nicht den Anspruch hat, etwas ein für alle Mal zu fixieren. Es ähnelt eher einer Karte, die man liest, dann aber wegwirft, um sich gezielt zu verirren. Denn nur wenn Regeln missachtet, Dinge missverstanden, infrage gestellt, umgedeutet und gegen ihren eigentlich intendierten Zweck verwendet werden, wird das prächtige Spiel namens Pop spannend bleiben und weitergehen. Und das tut es glücklicherweise Tag für Tag.

Die Geschichte der Gegenwart

Welche Musik war vor Pop populär, und was muss man über sie wissen?

Emil Berliner, ein 1870 vor der Einberufung des preußischen Militärs in die USA ausgewanderter Niedersachse, meldete 1887 ein Patent für eine Scheibe aus Hartgummi an, in die von außen nach innen eine schneckenförmige Rille eingeritzt war. In dieser Rille steckte Musik. Man musste sie nur von der Nadel des ebenfalls von ihm erfunden Grammofons abtasten lassen. Der Brite Thomas Alva Edison hatte zwar auch schon ein Tonabspielgerät entwickelt, aber dafür brauchte man einzeln bespielbare und somit sündhaft teure zylinderförmige Tonträger. Berliners Schallplatte ließ sich mühelos reproduzieren und war nach angepasster Rezeptur – statt Hartgummi nahm man Baumwollflocken, Schieferpulver, Ruß und Schellack – äußerst günstig und klang zudem besser. So war der Weg für die Verbreitung von Musikaufnahmen geebnet.

Bereits 1906 hatte diese neue Massenkultur einen eloquenten Kritiker gefunden. »Diese sprechenden Maschinen werden die künstlerische Entwicklung der Musik in diesem Land ruinieren«, erklärte der amerikanische

Komponist und Dirigent John Philip Sousa. »Als ich ein Junge war, fand man an jedem Sommerabend vor jedem Haus junge Leute, die gemeinsam die Lieder des Tages oder alte Lieder sangen. Heute hört man diese höllischen Maschinen Tag und Nacht. Wir werden bald kein Stimmband mehr haben. Das Stimmband wird durch einen Evolutionsprozess eliminiert, ebenso wie der Schwanz des Menschen, als er vom Affen kam.«

Über Stimmbänder verfügen wir noch, aber die Prognose des Mannes, der seinerzeit als König der Marschmusik galt, war durchaus hellsichtig. »Die Zeit wird kommen, da niemand mehr bereit ist, sich der edlen Disziplin des Musiklernens zu unterwerfen«, fuhr er fort. »Jeder wird seine fertige Musik oder Raubmusik in seinen Schränken haben.«

Der Schrank ist heute eine Cloud, die irgendwo auf einem Server liegt. Doch zunächst kam die fertige Musik aus dem Radio. Anfang der Zwanzigerjahre nahm der erste kommerzielle Sender in den USA seinen Betrieb auf, ab 1926 gab es mit der National Broadcasting Company (NBC) das erste landesweite Radionetzwerk. Einen massenhaft reproduzierbaren Tonträger und ein Massenmedium zur Verbreitung von Musik gab es also schon weit vor der Rock-'n'-Roll-Revolution.

Die Musik, die in dieser Zeit populär war, hat ihren Ursprung ganz zu Anfang des zwanzigsten Jahrhunderts in Storyville, dem Vergnügungsbezirk von New Orleans. Dort gab es seinerzeit zweitausend Prostituierte, siebzig professionelle Spieler und dreißig Pianisten – jedenfalls wenn man *Coming Through Slaughter*, dem Debütroman des kanadischen Schriftstellers Michael Ondaatje glauben darf. Einer, der das bunte Treiben übertönte, der alle aus den Bars und Spielhöllen, Bordells und Honky-Tonks auf die Straße lockte, war Ondaatjes Protagonist: der real existierende Kornettist Buddy Bolden – Friseur, Trinker, Frauenheld und Bandleader. Er konnte keine Noten lesen und spielte nach Gehör alles, was er aufschnappte: Ragtime, Trauermärsche, Blues und Gospel. Die Herkunft dieser Musik war egal, entscheidend war, was er daraus machte: Bald nannte man es Jazz, abgeleitet vom englischen *jism*, das sowohl die geistige Energie als auch den männlichen Samen bezeichnete. Das Rotlichtmilieu, aus dem die neue Musik entsprang, war also in ihren Namen eingeschrieben.

Wenn der Blues von der tragischen Geschichte der afroamerikanischen Bevölkerung, von Sklaverei und Rassismus, Armut und Krankheit Zeugnis ablegte, war Jazz die Utopie der Befreiung. »Die besten Erklärungen, die Schwarze über ihre Seele abgegeben haben, haben sie auf dem Tenorsaxofon abgegeben«, sagte der Saxofonist Ornette Coleman; »triumphale Musik« nannte Martin Luther King den Jazz in seinem Geleitwort zum Berliner Jazzfestival 1964 und verwies auf die Parallelen zwischen dem Überlebenskampf der Afroamerikaner und dem Existenzkampf des modernen Menschen. »Jeder hat den Blues. Jeder sehnt sich nach Sinn. Jeder hat das Bedürfnis, in die Hände zu klatschen und glücklich zu sein. Jeder sehnt sich nach Glauben. Musik – und ganz besonders die weite Kategorie des Jazz – ist ein Sprungbrett in diese Richtung.«

Buddy Bolden landete 1907 vom Alkohol niedergerungen im Irrenhaus, wo er vierundzwanzig Jahre später, mit Mitte fünfzig, starb. Auch das ist Jazz: die Drogen, der Wahnsinn und der zu frühe Tod. Die psychiatrische Anstalt Bellevue in Kips Bay, Manhattan, soll besonders viele Jazzmusiker beherbergt haben. Der offene Rassismus am Tag auf den Straßen und die Bewunderung am Abend in den Clubs, wo sie tagein, tagaus bis zur völligen Verausgabung spielten, forderten ihren Tribut.

Über Buddy Bolden gibt es jede Menge Geschichten, Tondokumente gibt es keine. Die erste Jazzplatte erschien 1917 bei der Victor Machine Company: Die Original Dixieland Jass Band spielte »Livery Stable Blues« und »Dixie Jass Band One-Step«. Die große Stunde der neuen Musik schlug in den Zwanzigern während der Prohibition. Der Verkauf alkoholischer Getränke war verboten, und die Vergnügungssüchtigen trafen sich in illegalen Flüsterkneipen, den Speakeasies, um Bier und Hochprozentiges zu trinken und zu Jazz zu tanzen. Der Absatz der Platten stieg stark an. Die Bluessängerin Bessie Smith verkaufte von ihrem »Crazy Blues« über einhunderttausend Exemplare und wurde zum ersten Star des Jazz.

Auch weiße Musiker begannen, die erfolgreiche Form zu adaptieren – vor allem der Dirigent Paul Whiteman, in dessen Orchester unter anderem der Kornettist Bix Beiderbecke und der Klarinettist und Saxofonist Tommy Dorsey spielten. Man nannte Whiteman bald den »King of Jazz«, ein Titel, der eher prägenden Musikern wie dem Pianisten Jelly Roll Morton oder dem Trompeter Louis

Armstrong zugestanden hätte, doch die kamen in Zeiten der Rassentrennung, in denen schwarze Musiker ihre Stücke auf für den afroamerikanischen Markt gedachten *race records* veröffentlichten, für einen solchen Titel nicht infrage.

Whiteman machte mit seinem Orchester Musik für die weiße Bevölkerung und war daher darum bemüht, dem Jazz ein nobleres Image zu geben. (Diese Form der Domestizierung der afroamerikanischen Musik, die dazu dient, sie für eine kaufkräftige weiße Mittelschicht zuzubereiten, ist eine Strategie, die auch in späteren Jahren in der Pop- und Rockmusik eine Rolle spielte, wie im weiteren Verlauf dieses Buches zu sehen sein wird.) Dafür brauchte er die Hilfe des Komponisten George Gershwin, der in seinem Auftrag ein Stück schrieb, in dem er Jazzelemente in eine sinfonische Struktur wob.

Die erste Aufführung dieser »Rhapsody In Blue« fand am 24. Februar 1924 in der New Yorker Aeolian Hall statt. Der Abend stand unter dem Motto »An Experiment in Modern Music«, und berühmte »ernste« Musiker wie Igor Strawinski, Sergej Rachmaninow und Fritz Kreisler saßen im Publikum. Whiteman und sein Palais Royal Orchestra mit Gershwin am Klavier waren als Vorletzte dran – da waren die Zuhörer schon kaum mehr aufnahmefähig, zudem war die Lüftungsanlage ausgefallen. Die Begeisterung der Kritiker hielt sich vielleicht auch deshalb in Grenzen. Aber die zwei Aufnahmen des Stücks, die Whitemans Orchester in den folgenden Jahren einspielte, verkauften sich millionenfach und bereiteten den Weg für die großen Jazz Big Bands der Swing-Ära.

Zu den prägenden Bandleadern und Arrangeuren gehörten hier neben Whiteman, Glenn Miller, Artie Shaw und Bennie Goodman auch afroamerikanische Künstler wie Lionel Hampton, Earl Hines, Count Basie und Fletcher Henderson. Der größte unter ihnen war ein Musikersohn aus Washington, D.C., der in den folgenden Jahrzehnten zum wohl einflussreichsten und größten Komponisten des Landes werden sollte: Edward Kennedy Ellington, den alle wegen seines eleganten Auftretens den »Duke« nannten.

Die Swing-Ära ging ihrem Ende entgegen, als es durch den Eintritt der USA in den Zweiten Weltkrieg unmöglich wurde, große Big Bands zu unterhalten. Die Ensembles wurden kleiner. Vor allem in New York begannen zudem Musiker wie der Saxofonist Charlie Parker, der Trompeter Dizzy Gillespie und der Pianist Thelonious Monk, den Jazz als eine Kunstform jenseits des Tanzvergnügens zu begreifen. Die Stücke wurden schneller, die Rhythmen komplexer, die Soli aggressiver. Bebop nannte sich diese neue Spielart, die aus der einstigen Popmusik etwas für Kenner machte.

Ende der Vierziger entwickelte sich in New York um den Trompeter Miles Davis und den Arrangeur Gil Evans ein gegenläufiger, sanfterer und melodischerer Stil: der Cool Jazz, der schließlich an der Westküste etwa durch den Trompeter Chet Baker und den Saxofonisten Gerry Mulligan zelebriert wurde. Doch mit der steigenden Popularität von Rhythm and Blues und Rock 'n' Roll wurde im sogenannten Hard Bop das Tempo wieder angezogen. Musiker wie die Saxofonisten Dexter Gordon,

Sonny Rollins und Cannonball Adderley, der Schlagzeuger Art Blakey und auch Miles Davis mit seinem Quintett, zu dem bald ein junger Saxofonist mit dem Namen John Coltrane gehörte, begannen ihre Stücke meist mit einem Motiv, das die Akkorde für die anschließenden Soli der Ensemblemitglieder vorgab, sodass sich die Akkorde in immer neuen improvisierten Kombinationen wiederholten.

Gegen Ende des Jahrzehnts begannen Davis, Coltrane und der Pianist Bill Evans sich im modalen Jazz von diesem recht starren System zu lösen, improvisierten nicht mehr nach Vorgabe herkömmlicher harmonischer Akkordfolgen, sondern nutzten neben konventionellen Tonleitern auch mittelalterliche Kirchentonarten, indische, arabische und afrikanische Musiken. Der Meilenstein *Kind Of Blue* von Miles Davis ist wohl das bekannteste Beispiel des Modal Jazz.

Der Drang nach Freiheit, den der Jazz verkörperte, war damit noch nicht gestillt, wie schon die Titel der Alben des Alt-Saxofonisten und radikalen Neuerers Ornette Coleman Ende der Fünfziger/Anfang der Sechziger zeigten: *Something Else!!!!, Tomorrow Is The Question!, The Shape Of Jazz To Come, Change Of The Century* und schließlich *Free Jazz*. Letztgenannter Titel wurde zur Bezeichnung eines neuen Stils: Die Rhythmen wurden frei, die harmonische Tonalität wurde aufgegeben, der Unterschied zwischen Solo und Begleitung, Klang und Geräusch aufgehoben. Mit der Beschleunigung des urbanen Lebens beschleunigte sich auch die Entwicklung des Jazz. »Ich habe mehr gelebt, als ich in den Begriffen des Bebop ausdrücken kann«, erklärte der Saxofonist Albert Ayler Ende der Sechziger. Die Musik wurde freier, expressiver und zugleich spiritueller – Alben trugen Titel wie *Ascension*, *Karma* oder *Music Is The Healing Force Of The Universe*.

Doch die enorme Geschwindigkeit, mit der sich Jazz entwickelte, forderte ihren Tribut. Spätestens Anfang der Siebziger schien Fortschritt nicht mehr möglich, war die Freiheit des Free Jazz selbst zu einer Formel geworden, und es gab nur noch zwei Richtungen – zur Seite oder zurück. Der Seitfallschritt führte zu Vermählungen des Jazz mit Rock, Soul, Funk, Elektronik und vor allem Weltmusik – »Fusion« nannte man das, und wieder war Miles Davis mit Alben wie *Filles De Kilimanjaro*, *In A Silent Way*, *Bitches Brew* und *On The Corner* eine der prägenden Figuren. Doch als er sich 1975, kreativ ausgebrannt und entkräftet von langen Tourneen, zurückzog und Gelenkschmerzen, Magengeschwüre und Depressionen mit Alkohol, Pillen und Kokain bekämpfte, schien auch der Jazz am Ende.

Musiker wie der Trompeter Wynton Marsalis wollten ab den Achtzigern dann wieder zurück zur reinen Lehre, sich um die Bereiche des Jazz kümmern, die dieser in den Fünfzigern und Sechzigern hastig hinter sich gelassen hatte. Im Grunde war Jazz selbst hier eine Avantgarde, denn dieselbe Retromanie konnte man kurz darauf auch im Pop beobachten. Der Essayist Geoff Dyer hat den Jazz mal mit einem Hai verglichen – er lebt nur, solange er sich immer weiterbewegt, immer vorwärts. Haben wir es also mittlerweile mit einem toten Hai zu tun? Oder riecht er nur komisch – nach Fisch vermutlich –, wie Frank Zappa schon 1974 behauptet hat?

Der afroamerikanische Philosoph Cornel West schreibt in seiner Autobiografie, er sei ein *blues man* im Geiste und ein *jazz man* in der Welt der Ideen. Er gehe von der Katastrophe aus, glaube aber an ihre Überwindung. Wo immer sich dieser Glaube findet, lebt der Geist des Jazz weiter. Und es ist kein Zufall, dass seine befreiende und visionäre Kraft vor allem im Hip-Hop, der Musik also, in der sich die afroamerikanische Befindlichkeit und der Kampf für Freiheit und gegen Rassismus seit Mitte der Achtziger vor allem spiegeln, immer wieder genutzt und adaptiert wurde – von A Tribe Called Quests sozialkritischem Meisterwerk *The Low End Theory* bis hin zum Rapper Kendrick Lamar, der mit seinem Werk *To Pimp A Butterfly* die Spannungen und Konflikte des gegenwärtigen Amerika sezierte – und die Karriere des Saxofonisten Kamasi Washington anschob, dessen Triple-Album *The Epic* im selben Jahr einen regelrechten Jazzboom auslöste.

Während sich früher im Hip-Hop viele Künstler an den Grooves der Jazz-Samples orientierten, die sie einsetzten, halten mittlerweile im Jazz – etwa auf den brillanten Alben des Schlagzeugers Makaya McCraven – Techniken des Hip-Hop Einzug, Beats werden gesampelt und geloopt und geben den Stücken ab und an eine Tanzbarkeit, wie der Jazz sie zu seinen Anfängen hatte. Eine neue Generation entdeckt die Geschichte einer Musik, die einst im Storyville von New Orleans ihren Anfang genommen hatte, und Jazz ist wieder Pop.

Basiert der Erfolg der Popmusik auf Diebstahl?

Sam Phillips liebte die schwarze Musik. Er war als jüngstes von acht Kindern auf einer Farm nahe Florence/Alabama aufgewachsen, die seine Eltern gepachtet hatten und bewirtschafteten. Arme Leute, die gemeinsam mit schwarzen Leiharbeitern auf den Feldern standen und Baumwolle pflückten. Die Afroamerikaner sangen oft bei der Arbeit – spirituelle Lieder, Arbeitslieder, Blues. Auch der kleine Sam half mit auf dem Feld, und so gingen ihm die Lieder in Fleisch und Blut über. Als er Ende der Dreißigerjahre mit sechzehn das erste Mal nach Memphis kam, schlich er sich zur Beale Street, wo sich viele Blues- und Jazzclubs befanden. Es war, als hätte er das Paradies entdeckt. Irgendwann, möglichst bald, wollte er hierhin zurückkehren.

Nachdem sein Vater pleitegegangen und kurz danach gestorben war, musste er die Familie durchbringen, arbeitete in einem Lebensmittelladen und für einen Bestattungsunternehmer, wurde schließlich Radiomoderator. Und irgendwann führte ihn sein Weg tatsächlich wieder nach Memphis, wo er eine kleine Plattenfirma gründete und ein Studio einrichtete, in dem die ersten Aufnahmen mit damals völlig unbekannten afroamerikanischen Musikern wie B. B. King, Junior Parker und Howlin' Wolf entstanden. Mit der jungen schwarzen Band Jackie Brenston and his Delta Cats, die in Wahrheit die Band von Ike Turner war, Tina Turners späterem Mann (Jackie Brenston war nur der Saxofonist), produzierte Phillips die Single »Rocket 88«, die für viele Historiker heute als die Geburtsstunde des Rock 'n' Roll gilt.

Phillips liebte seine Arbeit, und er liebte die Musik, aber Geld konnte er damit nicht verdienen. »Wenn ich einen weißen Mann mit schwarzem Sound und schwarzem Gefühl finden könnte«, erklärte er seiner Assistentin Marion Keisker, »könnte ich eine Milliarde Dollar machen.« Was er nicht wusste: Er kannte diesen Mann bereits. Ein Teenager aus Tupelo, der irgendwann im Sommer 1953 ins Studio gekommen war und knapp vier Dollar bezahlt hatte, um zwei Lieder für seine Mutter aufzunehmen. Im Januar 1954 war er noch mal wiedergekommen und hatte zwei weitere Lieder aufgenommen. Ein guter Balladensänger. Als Phillips ihn einbestellte, um einen Schmachtfetzen mit dem Titel »Without You« einzusingen, kriegte der Junge, der mittlerweile als Lastwagenfahrer arbeitete, das aber nicht so richtig hin. Gitarrist Scotty Moore und Bassist Bill Black wollten schon ihre Instrumente einpacken, doch da schnappte der Sänger sich seine Gitarre, verfiel in wilde Zuckungen und sang den alten Bluessong »That's All Right« von Arthur Crudup. Moore und Black stiegen ein, Phillips schaltete schnell und schnitt alles mit. Das war genau das, was er suchte. Der von einem Weißen gesungene afroamerikanische Song wurde in Memphis ein Radiohit.

Besonders schwarz klang der junge Elvis Presley allerdings nicht, eher wie ein Hillbilly. Er durfte dann auch tatsächlich in der damals unglaublich populären Countryshow Grand Ole Opry in Nashville auftreten.

Der in einem heute zu Weißrussland gehörenden Dorf geborene Leonard Chess, der mit seinem Bruder Phil in Chicago das Blueslabel Chess gegründet hatte, kam ein paar Monate nach Phillips auf die umgekehrte Idee: Er ließ einen afroamerikanischen Sänger einen Hillbilly-Song singen. Der Mann hieß Chuck Berry und hatte Chess auf Vermittlung des Bluessängers Muddy Waters kontaktiert. Berry spielte Chess zwei Lieder vor: das Bluesstück »Wee Wee Hours«, das auf einem Song von Big Joe Turner basierte, und den Western Swing »Ida Red« des texanischen Sängers Bob Wills, den er in »Ida May« umbenannt hatte. Chess sah im Studio eine Tube Wimperntusche des Herstellers Maybelline rumliegen und schlug vor, dem Stück den Titel »Maybellene« zu geben (es also aus rechtlichen Gründen noch mal anders zu buchstabieren) und statt über die angebetete Salondame aus dem Wills-Song lieber über junge Mädchen und schnelle Autos zu singen und den Rhythmus durch Bass und Maracas zu betonen. Damit war die Zauberformel des Rock 'n' Roll gefunden. Die Single wurde landesweit ein Riesenhit, und allein 1955 wurden davon über eine Million Exemplare verkauft.

So viel setzte Elvis von seinen Singles bei Sun Records nicht um. Aber bald nahm ihn der Manager Colonel

Parker unter seine Fittiche und besorgte ihm mit RCA eine größere Plattenfirma. Dort erschien sein erstes Album, eine Sammlung von Country- und Popsongs weißer Songwriter, seiner Version von Carl Perkins' Rockabilly-Nummer »Blue Suede Shoes« und drei Rhythm-and-Blues-Nummern, die auch im Repertoire schwarzer Künstler wie Little Richard oder Ray Charles waren. Doch in Presleys Interpretationen klangen sie vollkommen anders. Das lag an Scotty Moores hervorgehobener Gitarre und dem eigenwilligen Gesang, der zugleich sanft und doch aufmüpfig klingen konnte. Geradezu revolutionär wirkte es, wenn man dem Sänger dabei zusah, wie er bei seinen ersten TV-Auftritten provokativ das Becken kreisen ließ, sodass die Kameramänner auf Weisung der Sender näher heranrücken und aus ihm einen »Mann ohne Unterleib« machen mussten.

Elvis war die neue große Sensation im Showgeschäft. Bald nannte man ihn den »King of Rock 'n' Roll«. War das gerecht? Oder hatte er jene schwarzen Musiker, die diese Musik erfunden hatten, beraubt? War er also ungefähr so der König des Rock 'n' Roll wie Paul Whiteman in den Zwanzigern der König des Jazz? Kulturelle Aneignung nennt man es, wenn Angehörige einer herrschenden Schicht die Strategien und Kunstformen einer unterdrückten Schicht vereinnahmen, um daraus Profit zu schlagen.

Dazu passt eine Anekdote, die Keith Richards über den ersten Besuch seiner Rolling Stones im Chess-Studio erzählte: »Da war dieser Typ im schwarzen Overall, der die Decke strich. Und es war Muddy Waters, dem weiße

Farbe übers Gesicht lief, und er stand auf dieser Leiter.« Ob es wirklich genau so war, ist mittlerweile umstritten, aber es ist eine ikonische Szene der Rockmythologie geworden, die viel über das Machtverhältnis von schwarzen und weißen Musikern aussagt.

Die Stones begannen ihre Karriere mit Coverversionen schwarzer Blues- und Rhythm-and-Blues-Songs, und da sie jung waren und britisch, adaptierten sie diese Stücke nach den Moden des langsam ins Swingen geratenden London jener Jahre. Man könnte sagen, sie weißelten die Lieder, so wie Muddy Waters, den sie verehrten und nachahmten, in Chicago die Studiodecke weißeln musste, weil er eben mit der Musik nicht so viel Geld verdiente wie sie.

Auch in späteren Jahrzehnten gab es ständig weiße Künstler, die sich der Musik fremder, nicht selten unterdrückter Kulturen bedienten: Die Talking Heads kopierten die Polyrhythmen des Afrobeat, und ihr Sänger David Byrne sampelte gemeinsam mit Brian Eno libanesische Sänger und arabische Gesänge aus dem Koran. Paul Simon ging für sein Hitalbum *Graceland* nach Südafrika und ließ sich in einer Schaffenskrise vom »Township Jive« inspirieren. Die erste Hip-Hop-Single, die es auf Platz eins der Charts schaffte, stammte von einem *weißen* Musiker! Er hieß Robert Matthew Van Winkle und nannte sich Vanilla Ice. Heute kommt kaum ein Hit eines weißen Musikers ohne einen Rap-Teil aus, egal ob von Justin Timberlake oder der ehemaligen Countrysängerin Taylor Swift.

Nicht zu vergessen: der seit Anfang der Neunzigerjahre erfolgreiche deutsche Hip-Hop. Die Fantastischen Vier haben den Import der Musik afroamerikanischen Ursprungs auf ihrem Erfolgsalbum *4 gewinnt* in dem Track »Hip Hop Musik« differenziert beleuchtet:

> *Es ist wahr, Hip-Hop aus Europa kommt aus der Retorte.*
> *Das wird auch so bleiben, benutzen wir nur fremde Worte.*
> *Denk nicht so verdreht, werde Sprechgesangspoet, ein silbensprudelnder Interpret, dessen Reime jeder sofort versteht.*
> *Nur in der Muttersprache kann der Spaß am Wortspiel funktionieren.*
> *Nur so kannst du den Sinn der Worte gut akzentuieren.*
> *Sprachliches Selbstbewusstsein, das ist das Prinzip.*
> *Mach dich frei von Vorurteilen und genieße diese Hip-Hop-Musik.*

Die Frage, ob es sich um bloße kulturelle Aneignung oder eine originelle künstlerische Verarbeitung von schwarzen Einflüssen handelt, lässt sich im Einzelfall nur schwer klären und scheint oft genug Geschmackssache des jeweiligen Kritikers, der sich gerade damit beschäftigt und einen Künstler der kulturellen Aneignung entweder bezichtigt oder ihn dagegen verteidigt.

Was wir heute Popmusik nennen, ist wesentlich in den USA entstanden und lebte, wie man an den Beispielen von Elvis Presley und Chuck Berry sehen kann, von der Vermischung von afroamerikanischen und ursprünglich europäischen Stilen. So schrieb auch der amerikanische Autor und Musikjournalist Nick Tosches in seinem Buch *Where Dead Voices Gather* treffend von »einer Geschichte der Schwarzen, die von Schwarzen stehlen, der Weißen, die von Weißen stehlen, und der eine stiehlt vom anderen«.

Die Entstehung einer eigenständig amerikanischen Musik und die Herausbildung einer amerikanischen Identität sind eng miteinander verknüpft. Denn ein Großteil der Geschichten, denen diese Identität zugrunde liegt, wird in Songs erzählt. Natürlich ist jede Form von Identität eine Konstruktion. Doch während andere Länder sich auf eine mehr oder weniger gemeinsame Geschichte berufen können, sind die USA eine vergleichsweise junge Kulturnation, deren Angehörige aus den unterschiedlichsten Kulturen stammen. »Amerikaner zu sein«, schrieb der Kulturwissenschaftler Leslie A. Fiedler, »heißt genau genommen, sich ein Schicksal vorzustellen, anstatt eines zu erben. Denn wir sind immer, sofern wir überhaupt Amerikaner sind, eher die Bewohner des Mythos denn der Geschichte gewesen.«

Zu Beginn ihrer Geschichte bestanden die Vereinigten Staaten aus verschiedenen regionalen Kulturen – mitgebracht aus den verschiedenen Ländern der Einwanderer oder herübergerettet von den schwarzen Sklaven. Erst mit dem Sezessionskrieg und dem Ausbau des Eisenbahnnetzes Mitte des neunzehnten Jahrhunderts begannen diese Kulturen sich gegenseitig zu beeinflussen. Die erste eigenständig amerikanische Form der Massenkultur hatte ihren Ursprung im urbanen Norden der USA. In den sogenannten Minstrel Shows parodierten zunächst ausschließlich weiße Künstler mit schwarz geschminkten Gesichtern auf burleske Art und Weise die afroamerikanische Kultur. In den für diese Shows komponierten Songs verschmolzen Arbeiterlieder, Spirituals, schwarze Redewendungen und Dialekte mit Folksongs und Balladen. So sorgten die Minstrel Shows nicht nur für eine Vermischung afroamerikanischer und europäischer Musiken, sondern auch für die Entstehung eines neuen Berufsbildes: des Songwriters. Stephen Foster, Verfasser von auch heute noch populären Liedern wie »My Old Kentucky Home«, war der erste Amerikaner, der das Schreiben von Liedern zu seinem Beruf machte.

Im Lauf der Zeit traten dann auch afroamerikanische Musiker in den Minstrel Shows auf. Um zu verdeutlichen, dass auch sie ihre Performance auf schwarzen Stereotypen aufbauten, standen sie ebenfalls mit schwarz geschminkten Gesichtern auf der Bühne. Dieses Spiel mit Masken und ethnischen Klischees beherrscht bis heute die populäre amerikanische Kultur, vom wilden Gebaren eines Little Richard über das Macho-Image der Italoamerikaner bis zu den Posen des Hip-Hop. Dieses Spiel mit Identitäten und konstruierten Ursprungsmythen ist mitverantwortlich für den weltweiten Erfolg amerikanischer Musik. Das Problem ist nur, dass jahrzehntelang vor allem eine Seite, nämlich die der weißen Künstler und Geschäftsmänner, von der so wundervoll hybriden Popmusik profitiert hat. Das ist in der Tat ein Diebstahl.

Daher ist es entscheidend, die Herrschaftsverhältnisse im Pop immer wieder zu reflektieren, an die Ursprünge und Väter von Blues, Soul, Jazz und Hip-Hop, aber auch der afrikanischen, asiatischen oder südamerikanischen Musikstile zu erinnern und sie oder ihre Erben zu würdigen und zu entlohnen. Das Zitieren der Musik fremder Kulturen darf nie Selbstzweck sein, sondern muss sich durch Motive rechtfertigen, die nicht kommerzieller oder egoistischer Natur sind.

Welches Jahr ist das wichtigste in der Entwicklung der Popmusik und warum?

Es spricht einiges dafür, dass der Urknall der Popmusik im Jahr 1956 stattfand. Ende Januar trat Elvis Presley zum ersten Mal in einer landesweit ausgestrahlten US-Fernsehshow auf, zog eine ganze Nation in seinen Bann und stiftete eine Generation von Teenagern dazu an, Gitarren in die Hand zu nehmen und Musiker zu werden.

Doch Ende des Jahrzehnts – Elvis war eingezogen worden, Buddy Holly tödlich verunglückt, Little Richard hatte Gott gefunden, Chuck Berry saß im Knast, und Jerry Lee Lewis war eine Persona non grata, weil er seine minderjährige Cousine geheiratet hatte – schien die große Rock-'n'-Roll-Revolution bereits verpufft. Als dann auch noch der so jung und frisch wirkende Präsident John F. Kennedy im November 1963 in Dallas ermordet wurde, schien alle Hoffnung der Jugend auf eine bessere Zukunft verflogen, und das Land versank in Apathie. Die Beatles mussten es im Februar 1964 durch ihren ersten US-Fernsehauftritt in der *Ed Sullivan Show* mit ihrer Begeisterung für amerikanische Musik, ihrem britischen Mutterwitz und ihrer Originalität wieder wach küssen. Danach wurden die USA zum wichtigsten Markt für britische Bands. Die Hälfte der US-Bevölkerung war unter fünfundzwanzig Jahre alt, viele der jungen Leute waren gebildet, von Haus aus wohlhabend und mit großer Kaufkraft ausgestattet – eine riesige konsumfreudige Zielgruppe für die Klänge der Bands der sogenannten *british invasion* wie den Beatles, Gerry & The Pacemakers oder den Rolling Stones. Selbst im Heimatland eher verhöhnte Acts wie Herman's Hermits schafften es dort in die Charts, und US-Gruppen mit betont englisch klingenden Namen wie The Beau Brummels oder The Sir Douglas Quintet fingen an, die Musik ihrer britischen Idole in roher, amateurhafter Form in Vorstadtgaragen nachzuspielen.

Auch Bob Dylan war begeistert von den Beatles, nachdem er im Autoradio zum ersten Mal »A Hard Day's Night« gehört hatte. Er war der Ernsthaftigkeit und falschen Authentizität der Folkbewegung müde geworden, und diese Energie, die da aus dem Radio strömte, schien die Lösung zu sein. Als er John, Paul, George und Ringo im August 1964 in einem Hotel an der New Yorker Park Avenue traf, waren sie bereits auf der Suche nach einem Weg aus dem Wahnsinn, der sie umgab, und dem Image, dem sie entsprechen mussten. Dylan gab ihnen einen Joint und zündete damit eine Kreativexplosion. Vor allem John Lennon sprach auf die Substanz positiv an. Hatte er seine Ängste und Traumata bis dahin mit dem Konsum von Amphetaminen und Alkohol eher verdrängt, schien die neue Droge ihn zu öffnen – seine Songs »No Reply«, »I'm A Loser« und »Babies

In Black«, die Ende 1964 auf dem Album *Beatles For Sale* erschienen, waren erste Versuche in Innenschau und Melancholie. 1965 sollte sein bestes Jahr als Songwriter werden.

Die Beatles ließen das Jahr 1964 mit einem noch zaghaften, aber schon irgendwie indisch anmutenden Feedback ausklingen, das weit ins neue Jahr hineindröhnte. Es leitete ihre Single »I Feel Fine« ein, die zur Jahreswende an der Spitze der britischen und amerikanischen Single-Charts stand. Die Kinks und The Who hatten bei ihren Konzerten schon öfter die Verstärker fiepen lassen, doch die Beatles waren die Ersten, die es sich leisten konnten, es auch auf Platte zu pressen. Ansonsten ist ihr Hit relativ brav, erzählt vom »boy« und vom »little girl«, das ihm ewige Treue schwört. Bei der nächsten ungewohnt harten Beatles-Single, »Ticket To Ride«, wird das männliche Subjekt schon unsicherer wirken, in »Help!« wird es Schwäche zeigen, und am Ende des Jahres wird Lennon singen: »I once had a girl or should I say she once had me« – da sind dann die Machtverhältnisse zwischen den Geschlechtern nicht mehr ganz so klar. Dazu zirpt dann wirklich dieses nordindische Instrument, von dem wenig später alle wissen, dass es Sitar heißt.

In den zwölf Monaten zwischen »I Feel Fine« und dem zitierten »Norwegian Wood (This Bird Has Flown)« passiert viel. Nicht nur bei den Beatles, nicht nur in der Musik. Während Großbritannien mit Inflation und Arbeitslosigkeit zu kämpfen hat und Deutschland mit dem Ende der Auschwitzprozesse und der diplomatischen Annäherung an Israel wichtige Schritte in der Aufarbeitung der Vergangenheit unternimmt, geht in den USA der Kampf für die Bürgerrechte der afroamerikanischen Bevölkerung weiter, indessen schickt die Regierung Truppen nach Südostasien, um in den Krieg gegen den Kommunismus zu ziehen. Der Freiheitskämpfer Malcolm X wird von Mitgliedern der Nation Of Islam in New York ermordet; in Alabama werden beim sogenannten »Bloody Sunday« afroamerikanische Bürgerrechtler von Polizisten niedergeschlagen; Martin Luther King marschiert mit Tausenden für die Aufnahme Schwarzer in die Wählerlisten; in Watts, einem südlichen Stadtteil von Los Angeles, kommt es zu schweren Ausschreitungen der schwarzen Bevölkerung.

Derweil wird in der »Operation Rolling Thunder« Nordvietnam auf Befehl von US-Präsident Lyndon B. Johnson flächendeckend bombardiert, die ersten Bilder im US-Fernsehen sorgen für Entsetzen; Empathie und Unrechtsbewusstsein angesichts der gefolterten und gemordeten Bevölkerung sind vor allem bei der Jugend größer als das propagierte Feindbild des Kommunismus. Eine neue Konfliktlinie innerhalb der Gesellschaft tut sich auf – zwischen den Erwachsenen, die den Wohlstand bewahren wollen, und den Jugendlichen, die gegen ein subtiles Unterdrückungssystem rebellieren, das vor Gewalt nach außen wie nach innen nicht zurückschreckt. Will man die Haare so lang tragen wie die britischen Musiker, fliegt man von der Uni, die Kontrolle der eigenen Sexualität mittels Pille ist nur verheirateten Frauen erlaubt, das Bedürfnis, aus der repressiven bürgerlichen Gesellschaft auszubrechen, wächst.

Viele junge Menschen hätten vielleicht gern ein Leben geführt wie das Paar in Jean-Luc Godards *Pierrot le Fou*, das vom Wohlstand gelangweilt in eine abenteuerliche Bonnie-und-Clyde-Existenz flüchtete. Doch zumindest in Amerika dürfte kaum jemand diesen Film gesehen haben, als er 1965 erschien. In den Kinos ließ die in einer heilen Alpenwelt spielende Musicalverfilmung *The Sound Of Music* mit Julie Andrews die Kassen klingeln. Die US-Filmproduktion war zu langsam, um dem Zeitgeist zu folgen, und zudem immer noch der Zensur unterworfen, der jede Form von Nacktheit und Sexualität zum Opfer fiel. Eine Rebellion gegen den Status quo und ein Gegenentwurf zur bestehenden Kultur mussten also in einem Medium stattfinden, das schneller und direkter war als der Film – der Musik. Und die wurde in der Tat lauter, härter und gefährlicher, die Texte wurden schärfer und fordernder. Pop wurde mehr als ein besonders bunt blühender Zweig der Kulturindustrie. Er stand für den, wie Diedrich Diederichsen schrieb, »von Jugend- und Gegenkulturen ins Auge gefassten Umbau der Welt, insbesondere für den von der herrschenden Wirtschaftsordnung verkraft- und verwertbaren Teil davon: sexuelle Befreiung, englischsprachige Internationalität, Zweifel an der protestantischen Arbeitsethik und den damit verbundenen Disziplinarregimes, aber auch für Minoritäten und ihre Bürgerrechte und die Ablehnung von Institutionen, Hierarchien und Autoritäten«.

»A Change Is Gonna Come« von Sam Cooke, der im Dezember 1964 ermordet worden war, und »People Get Ready« von den Impressions wurden 1965 zu Hits und waren noch klassische Protestlieder in der Tradition der Folk- und Bürgerrechtsbewegung; James Brown stellte die Rebellion vom Kopf auf die Eier und nahm innerhalb einer Stunde mit »Papa's Got A Brand New Bag« den ersten Funksong auf; und der König des Protestsongs, Bob Dylan, suchte nach einer neuen Sprache, die die eigene Unzufriedenheit mit dem Bestehenden und die Sehnsucht nach dem Neuen ausdrücken konnte. Er bediente sich dazu aber nicht etwa der erfolgreichen britischen Beatmusik, sondern der amerikanischen Song- und Literaturtradition, schloss Chuck Berry mit Woody Guthrie und Allen Ginsberg kurz und schrieb »Subterranean Homesick Blues«. Das Album nannte er *Bringing It All Back Home* – die Musik spielte wieder in Amerika.

Fünf Musiker, die sich in Los Angeles zusammenfanden, nachdem sie *A Hard Day's Night* gesehen hatten, arbeiteten derweil an einer Mischung aus Dylans Tiefsinn und Beatles-Pop und brachten als The Byrds mit ihrer Version von Dylans »Mr. Tambourine Man« die Verhältnisse zum Tanzen.

Letztendlich war es aber doch ein junger blasser Brite, der das Lebensgefühl der westlichen Jugend auf den Punkt brachte, als er eines Morgens in seiner Bude mit einem an »Dancing In The Street« von Martha and the Vandellas erinnernden Gitarrenriff im Kopf aufwachte und dazu noch halb im Traum die Zeile »I can't get no satisfaction« aufschrieb. Er hieß Keith Richards und spielte bei einer Blues- und R&B-Cover-Band, die sich The Rolling Stones nannte. Ihr Manager hatte ihn zusammen mit dem Sänger der Band, Mick Jagger, dazu verdonnert, eigene Songs zu schreiben, weil mit eigenen Liedern mehr Geld zu machen war. Die beiden waren seiner Aufforderung nur widerwillig gefolgt, gaben ihre ersten Versuche verschämt an andere Künstler weiter, mit »Heart Of Stone« trauten sie sich dann Ende 1964 doch – bis »Satisfaction«, im Mai 1965 erschienen, schließlich die erfolgreichste Single des Jahres wurde.

Zu der Zeit tourte Bob Dylan, wie man in D. A. Pennebakers Dokumentation *Dont Look Back* sehen kann, noch ein wenig missmutig mit akustischer Gitarre durch das Vereinte Königreich und musste sich vor jungen Fans für die elektrisch verstärkte A-Seite seines Albums *Bringing It All Back Home* rechtfertigen.

Zwei Monate später, im Juli 1965, scharte er eine laute Band um sich. Ausgerechnet beim Newport Folk Festival. Die Idee kam ihm, als einer der Organisatoren des Festivals, der Folk-Archivar Alan Lomax, die Paul Butterfield Blues Band angekündigt und dabei mit seinem Missfallen über deren elektrisch verstärkte Musik nicht hinter dem Berg gehalten hatte. Dylan kannte deren Gitarristen, Mike Bloomfield, bereits von den Aufnahmen seiner aktuellen Single, dem für Radioverhältnisse ellenlangen »Like A Rolling Stone«. Am Abend stieg er nach der zweiundsechzigjährigen Banjospielerin Cousin Emmy zusammen mit Bloomfield, dessen Bandkollegen Jerome Arnold am Bass und Sam Lay am Schlagzeug sowie Al Kooper an der Orgel und Barry Goldberg am Klavier in Lederjacke auf die Bühne und richtete zu tumultuöser Begleitung seine individuelle Unabhängigkeitserklärung an die Folk-Gemeinde, die ihn einst groß gemacht hatte:

»I ain't gonna work on Maggie's farm no more« schmetterte er, und ein großer Teil der Menge buhte.

Der Protestsänger von einst war nun ein hedonistischer New Yorker Hipster, der im Chelsea Hotel abgestiegen war und ab und zu auch in der Factory, einem neu eröffneten Kunstsalon im East Village, vorbeischaute. Hier produzierte Andy Warhol einen Superstar nach dem anderen. Der neueste Schrei hieß Edie Sedgwick – ein asthmatisches, psychotisches Model mit Alkoholproblemen, das auch »Like A Rolling Stone« inspiriert hatte. Die Single landete auf Platz zwei der US-Charts – zunächst hinter »Help!« von den Beatles, dann hinter »Eve Of Destruction« von Barry McGuire, die beide inhaltlich ohne Dylan niemals möglich gewesen wären – und offenbarte sich schließlich als die Nasenspitze eines noch viel größeren Ungeheuers, das wenige Wochen später folgen sollte: *Highway 61 Revisited*, das erste Album des Pop, das mehr war als eine Ansammlung von Songs, ein geschlossenes Kunstwerk nämlich, das eine wilde Reise durch die surreal verfremdeten Vereinigten Staaten beschrieb – der amerikanische Traum auf LSD könnte man sagen. Das Halluzinogen, das man in Hippie-Kreisen bald auf den Namen Acid taufte, war damals – ebenso wie die Experimente des Psychologen Timothy Leary mit selbigem – in aller Munde.

Der Schriftsteller Ken Kesey veranstaltete mit seiner Künstlerkommune The Merry Pranksters in der Bay Area von San Francisco Partys, die ganz auf die Wirkung des LSD-Trips setzten und daher *acid tests* genannt wurden. Bei der ersten Party dieser Art spielte eine Band namens The Warlocks, die sich wenig später in The Grateful Dead umbenannte. Bei der zweiten überzeugte Kesey gemeinsam mit seinem Freund Allen Ginsberg die Kriegsbefürworter der Hells Angels mittels Acid und Dylan-Platten davon, dass sie im Unrecht waren.

Ein Zahnarzt hatte John Lennon und George Harrison im April 1965 auf den ersten LSD-Trip geschickt. Die beiden hatten gerade mit den Beatles und Regisseur Richard Lester pflichtschuldig einen weniger inspirierten Nachfolger ihres ersten Kinofilms *A Hard Day's Night* fertiggestellt. Während der Dreharbeiten hatten ein Swami, der Harrison auf den Bahamas ein Yoga-Buch in die Hand gedrückt hatte, und ein Sitar-Spieler in einem Londoner Restaurant den Gitarristen bereits auf einen noch viel längeren Trip geschickt, der ähnliche revolutionäre Auswirkungen auf die Popmusik haben sollte wie die Droge.

Aber es würde bis Ende des Jahres dauern, bis die Beatles Zeit fanden, all die neuen Einflüsse zu verarbeiten und ihre, wie man mit dem englischen Dichter William Blake sagen könnte, *Songs Of Experience* aufzunehmen. Erst mal mussten sie vor fünfundfünfzigtausend kreischenden Teenagern im New Yorker Shea Stadium spielen, ihr Idol Elvis Presley treffen und die Queen, die ihnen ein paar noch relativ bescheidene Orden anheftete, weil sie die britischen Exportschlager Nummer eins waren. Drei Tage später gingen sie ins Abbey Road Studio, um mit den Arbeiten an ihrer nächsten Platte, *Rubber Soul*, zu beginnen, ihrem ersten Album mit Werkcharakter, an dem sich im folgenden Jahr in puncto Raffinesse und Originalität alle messen lassen mussten.

Auch wenn 1965 also das Album-Zeitalter anbrach, schien sich das Jahr doch noch mal in einer dreiminütigen Single zu verdichten: »My Generation« von The Who. Der Song benannte den entflammten Generationenkonflikt und stellte ihn mit Härte und roher Gewalt aus. Gitarrist und Songwriter Pete Townshend hatte damit begonnen, sein Instrument auf der Bühne regelmäßig zu zertrümmern, und berief sich dabei – er war Kunststudent – auf den deutschen Aktionskünstler Gustav Metzger und seine »Auto-Destructive Art«. Pop gab sich einen Kunstanstrich, um als Stimme der Jugend ernst genommen zu werden, und andere Medien – Literatur, Film, bildende Kunst etc. – gaben sich den Anstrich des Pop, um besser verkäuflich zu sein.

Andy Warhol und sein Regisseur Paul Morrissey erwogen zum Beispiel, das Management einer Band zu übernehmen, um mit dem so verdienten Geld neue Filme zu produzieren. Im East Village gab es mit den Beat-inspirierten Fugs und dem psychedelischen Folk-Duo The Holy Modal Rounders zwei denkbare Klienten. Mitte Dezember 1965 sah Morrissey im Café Bizarre dann allerdings die ganz in Schwarz gekleidete Band The Velvet Underground und stellte sie Andy Warhol vor. Der war begeistert, hatte allerdings Zweifel, ob der linkische Lou Reed als Identifikationsfigur und Frontmann taugte. Das deutsche Model Christa Päffgen alias Nico schien da eine reizvolle Alternative. Während die Popmusik das Singles-Zeitalter furios zu einem Ende brachte und sich allmählich in die psychedelischen Höhen des Album-Zeitalters aufschwang, an der Westküste die

Hippie-Bewegung Fahrt aufnahm und der »Summer of Love« noch bevorstand, arbeiteten im tiefsten New Yorker Untergrund also schon die ersten Künstler an der Musik für den Kater danach. All das passierte 1965 – in dem Jahr, in dem die populäre Musik erwachsen wurde und sich als eine bleibende gesellschaftliche Kraft des Pop etablierte. Daher ist es das wichtigste Jahr des Pop, wie wir ihn heute kennen.

Doch die technologische Entwicklung hat längst einen Umbruch eingeleitet, die Idee des Albums droht zu verblassen, jüngere Generationen entwickeln durch neue Nutzungsformen einen anderen Zugang zur Welt des Pop. Welchen Einfluss das auf die gesellschaftliche Wirkung von Musik haben wird, lässt sich nicht sagen, doch womöglich wird man irgendwann in der Eröffnung der Musiktauschbörse Napster 1999, dem Launch des Online-Portals YouTube 2005 oder der Entwicklung des ersten legalen Musikstreamingdienstes Spotify ein Jahr später entscheidende Wendepunkte in eine neue Ära erkennen, und 1965 wird nichts anderes sein als ein Jahr in der Jungsteinzeit des Pop.

Was ist noch gleich das beste Album aller Zeiten?

Diese Frage wird besonders in Magazinen und auf Websites, die sich mit Musik beschäftigen, recht regelmäßig gestellt. Was darauf hindeutet, dass sie sich nicht eindeutig beantworten lässt. Wie auch? Im Gegensatz zum Sport oder zur Wirtschaft lässt sich der Wert eines Albums nicht an Ergebnissen ablesen. Die Frage, welches Album man für das beste aller Zeiten hält, hängt vor allem von der subjektiven Qualität der Empfindung ab, die man spürt, wenn man es hört. Diese wird bei uns allen von unterschiedlichen Erinnerungen, Ideologien, Selbstbildern und Lebenseinstellungen geprägt. Natürlich spielen auch die kulturelle und soziale Wirkung eines Werks bei der Bewertung eine Rolle; aber letztlich geht es, wenn man ehrlich ist, vor allem um Geschmacksfragen, und über die streiten wir ja äußerst gern. Und genau das machen sich die Macher solcher Bestenlisten zunutze.

Auffällig oft finden sich auf den vorderen Plätzen dieser Listen Werke aus den mittleren bis späten Sechzigerjahren: *Sgt. Pepper's Lonely Hearts Club Band* von den

Beatles etwa, *Blonde On Blonde* von Bob Dylan, *Electric Ladyland* von Jimi Hendrix, das Debüt von Velvet Underground & Nico oder *Pet Sounds* von den Beach Boys. Passt nicht so recht zu der allgemeinen Auffassung, Popmusik müsse immer nur aufregend und neu und wild und ein Spiegel der gegenwärtigen Gesellschaft sein. Die Gesellschaft, die diese Alben spiegeln, gibt es seit einer halben Ewigkeit nicht mehr. Damals herrschte der Kalte Krieg, die USA kämpften in Vietnam, Deutschland war geteilt, die Fernseher flimmerten noch, und zwar meist in Schwarz-Weiß, und Frauen mussten hierzulande ihre Männer fragen, ob sie eine Arbeit annehmen durften. Diese Platten sind zeitlich genauso weit von uns entfernt, wie sie vom Ersten Weltkrieg entfernt waren. Warum wollen uns die Kritiker weismachen, sie seien trotzdem immer noch bedeutend?

Die Sechziger haben natürlich nicht nur durch Pop eine zentrale Stellung. Sie stehen auch gesellschaftlich in der westlichen Welt für einen Umbruch. Eine Generation emanzipierte sich von den Werten ihrer Vorfahren, entdeckte neue Formen des Lebens und Zusammenlebens, stellte die Entfaltung der eigenen Persönlichkeit vor Pflichtgefühl und Autorität und nutzte die Musik als Medium dieses Wandels. All das dürfte die Platten dieser Zeit mit Bedeutung aufgeladen haben. Hinzu kommt natürlich die Nostalgie. Vielleicht ist die Vorherrschaft der Sechzigerjahre in solchen Listen ab und zu auch dem fortgeschrittenen Alter der befragten Experten geschuldet, die ihrer Jugend ein Denkmal setzen wollen. Doch es gibt auch historische Gründe für eine solche Wahl:

Die Popmusik trat ihre Weltherrschaft Mitte der Sechziger an. Teenager waren mit so viel Kaufkraft ausgestattet wie noch nie und konnten sich nicht mehr nur Singles leisten, sondern auch teure LPs. Die Künstler jener Zeit konnten also damit beginnen, ihre Schaffenskraft nicht länger nur auf einzelne Songs, sondern auf die Konzeption ganzer Alben auszudehnen, sie loteten die narrativen und musikalischen Möglichkeiten des Formats aus und definierten es somit überhaupt erst als künstlerisches Medium. Künstler aus dem Jazz oder dem für eine ältere Zielgruppe gedachten leichten Entertainment (z.B. Frank Sinatra) hatten das Potenzial des Formats schon früher entdeckt, doch die Vorstellung davon, was ein Popalbum eigentlich ist, ist bis heute von den Platten aus der zweiten Hälfte der Sechziger geprägt.

Das Album wurde zum großen und bereits erwachsenen Bruder der jungen, wilden Single. Mit ihm konnte man sich über die großen und existenziellen Themen austauschen. Seine Schöpfer wurden behandelt wie Genies. Dafür war übrigens der ehemalige Beatles-Publizist Derek Taylor verantwortlich, der Mitte der Sechziger eine PR-Agentur in Los Angeles betrieb und sich unter anderem um die Vermarktung des aktuellen, musikalisch recht anspruchsvollen und (kosten-)aufwendig produzierten Beach-Boys-Albums *Pet Sounds* kümmern sollte, das in den USA nach der Veröffentlichung im Mai 1966 drohte, zu einem sehr teuren Flop zu werden. Im Juli 1966 schrieb Taylor im Magazin *Go!* unter dem Pseudonym »60er-Hollywood-Reporter Jerry Fineman«: »Dies ist Brian Wilson. Er ist ein Beach Boy. Einige sagen, er sei mehr. Einige sagen, er sei ein Beach Boy und ein Genie«, und schloss seine Lobpreisung des Produzenten, Sängers und Songwriters mit den dramatischen Worten: »Er wurde schon oft ein ›Genie‹ genannt, und es ist eine Last.«

Natürlich hatte bis dahin *niemand* Wilson ein Genie genannt (Taylor beziehungsweise der feine Mann Fineman dafür gleich zwei Mal). Ein solches Attribut war für Popmusiker bis dahin nicht vorgesehen, sondern der hohen Kunst überlassen. Und dem Jazz. Das legendäre Plattenlabel Blue Note veröffentlichte Anfang der Fünfzigerjahre einige Aufnahmen des exzentrischen Komponisten Thelonious Monk unter dem Titel *Genius Of Modern Music*. Das war erst mal nur eine Behauptung. Aber ein Jahrzehnt später zweifelte niemand mehr daran, dass Monk ein Genie war (völlig zu Recht übrigens). Vermutlich hatte Taylor aus dieser Geschichte gelernt. Durch seine Kampagne wurde Wilson zum Sinnbild des einsamen romantischen Genies der Popmusik, und *Pet Sounds* gilt als sein Vermächtnis, bevor er dem Wahnsinn verfiel.

Ein solcher Mythos kann entscheidend sein, wenn es um die Wahl des besten Albums aller Zeiten geht. Menschen lieben Geschichten, Letztere gehören bekanntlich ebenso zu einem Werk dazu wie die Musik. Auch das ein Grund, warum Alben aus dieser sagenhaften Zeit, als Entstehung von Musik noch etwas Geheimnisvolles war und nicht jeden Tag mit Bildern und Videos aus dem Studio in den sozialen Medien dokumentiert wurde, oft in den Ranglisten die Nase vorn haben.

Auch mir ist eine Faszination für solche Popmythen

nicht fremd. Zum Beispiel liebe ich die Idee, dass die hipste Person des Planeten, ein spilleriges, von Amphetaminen aufgekratztes androgynes Wesen, das sich Bob Dylan nannte, 1966 mit einigen New Yorker Freunden ins konservative Countrynest Nashville einfiel, weil es dort die besten Musiker gab, um in der Music Row – so heißt dort der Bezirk mit den Tonstudios – ein Album mit New Yorker Nachtstücken aufzunehmen. So entstand die erste Doppel-LP des Pop, *Blonde On Blonde*, die ich meist nenne, wenn ich nach *meinem* besten Album aller Zeiten gefragt werde. Wenn ich ehrlich bin, ist das beste Album aller Zeiten aber auch oft das, das ich im Moment höre.

Ist Pop politisch?

Wenn man an politische Musik denkt, denkt man vermutlich als Erstes an Protestlieder, deren Texte sich in der Regel gegen Krieg, Rassismus und Machtmissbrauch richten. Gegen die Herrschenden und ihre Machenschaften zu singen, ist eine alte Tradition, die sich Jahrhunderte zurückverfolgen lässt. Mit Popmusik hat das zunächst mal nichts zu tun. Im Gegenteil. Die amerikanischen und englischen Folksänger, die in den Fünfziger- und frühen Sechzigerjahren Protestlieder sangen, sahen sich, ebenso wie die deutschen Liedermacher jener Zeit – wie Franz Josef Degenhardt oder Dieter Süverkrüp –, als Gegenstimme zur Zerstreuung spendenden und damit die herrschenden Zustände unterstützenden Unterhaltung des damals populären Rock 'n' Roll und Schlager.

Der Rock 'n' Roll hatte natürlich durchaus aufwiegelndes, ja geradezu revolutionäres Potenzial. Nur lag das eben nicht so auf der Hand wie etwa bei explizit politischen Liedern. Und so waren Popmusiker für die meisten Folksänger nichts anderes als Agenten der Industrie, die unter dem Deckmantel der Unterhaltung zum Konsum aufforderten. »Kulturindustrie« nannten die Frankfurter

Philosophen Theodor W. Adorno und Max Horkheimer dieses leichte Entertainment, das, so schrieben sie in ihrer *Dialektik der Aufklärung*, bei seinen Hörern die Ausbildung der Fähigkeiten zum kritischen Denken verhindere und somit die Herrschaft stabilisiere.

In der Tat waren etwa in der Zeit des Nationalsozialismus Film und Schlager für den Reichspropagandaleiter Joseph Goebbels wichtige Instrumente zu Machterhaltung, Zerstreuung und Mobilisierung des Volkes gewesen, und vor diesem Hintergrund erklären sich die Zeilen, die Adorno sechs Jahre nach Ende des Zweiten Weltkriegs über die Kulturindustrie schrieb: »Es gehört zum Mechanismus der Herrschaft, die Erkenntnis des Leidens, das sie produziert, zu verbieten, und ein gerader Weg führt vom Evangelium der Lebensfreude zur Errichtung von Menschenschlachthäusern so weit hinten in Polen, dass jeder der eigenen Volksgenossen sich einreden kann, er höre die Schmerzensschreie nicht mehr.« Die Unterhaltung diente dazu, von Unrecht und Gräueltaten abzulenken und ihre Konsumenten zu verblenden.

Aber was ist nun zum Beispiel mit dem lange Zeit als Protestsänger geltenden Bob Dylan? Gehörte er auch zu besagter Kulturindustrie? Er hatte die amerikanische Bürgerrechtsbewegung in der ersten Hälfte der Sechziger mit Protestliedern wie »Blowing In The Wind«, »Masters Of War«, »A Hard Rain's A-Gonna Fall« und »The Times They Are A-Changing« versorgt und sang im August 1963 beim Marsch auf Washington vor dem Lincoln Memorial mit Joan Baez an seiner Seite, bevor Martin Luther King seine epochale »I have a dream«-Rede hielt.

Als Dylan zwei Jahre später beim Newport Folk Festival, so einer Art Kirchentag der Folkbewegung, in Lederjacke und gepunktetem Hemd mit jener elektrisch verstärkten Bluesband Lieder im Hipster-Slang sang, brach für viele kritisch denkende und politisch engagierte Menschen eine Welt zusammen: Ihr Messias war zum Feind übergelaufen. Er machte jetzt Pop, hing mit Andy Warhol ab, der die Ware zum Kunstwerk erhoben hatte (die beiden verstanden sich allerdings nicht besonders gut), und raunte bekifft oder bedröhnt surrealistische Poeme, statt Lieder gegen Rassismus oder den Krieg in Vietnam zu schreiben, die jeder mitsingen konnte.

Tatsächlich war Bob Dylan von diesem Moment an kein Protestsänger im üblichen Sinn mehr. Aber seine künstlerische Desertion zur Popmusik sorgte dafür, dass man dort bald auch die Texte viel wichtiger nahm und nicht mehr länger nur leichte Liebesschnulzen und Junge-trifft-Mädchen-und-sie-fahren-mit-dem-Auto-rum-und-na-Sie-wissen-schon-Geschichten erzählte. Künstler wie John Lennon hatten sich schon vorher von Dylan zu ihren ernsteren, ambitionierteren Texten inspirieren lassen. Popmusik musste nun nicht mehr nur in die Beine gehen, sondern auch in den Kopf. Die Texte führten von da an meist nach innen, statt die politischen Umstände zu kritisieren. Pop wurde auch verbal – nicht nur als Form – zu einem Sprachrohr der Jugend, die hier ihre Bedürfnisse, aber auch ihre Ängste artikulieren konnte.

Als in der Nachfolge der Beatles und Bob Dylans die Popmusiker begannen, ihre eigenen Stücke zu schreiben, statt sich ihr Material von professionellen Songwritern auf den Leib schneidern zu lassen, hörte man im Radio auf einmal Lieder, die sich um Existenzielleres drehten als Händchenhalten. The Who riefen in »My Generation« mehr oder weniger zur Revolte gegen die Alten auf und wünschten sich, lieber zu sterben, als alt zu werden. Die Rolling Stones sangen darüber, wie sie an der Welt und dem von der Werbung propagierten Materialismus verzweifelten, weil sie durch ihn nämlich gar nicht das bekamen, was sie wirklich brauchten: »(I Can't Get No) Satisfaction«.

Die Anliegen afroamerikanischer Künstler waren in Zeiten von Rassismus und Rassentrennung weitaus dringlicher, drehten sich nicht so sehr um Befindlichkeiten, sondern tatsächlich um gesellschaftliche Missstände. Der politische Inhalt lag auf der Hand. In der schwarzen Musiktradition, auf der die Popmusik zu einem großen Teil beruht, war es allerdings auch kein so großes Problem, zwischen ernster und leichter Muse zu wechseln, tagsüber Gospel und Spirituals zu singen und abends Blues und Soul. Durch die ihnen offen entgegengebrachte Bewunderung vor allem junger weißer Blues- und R&B-Zauberlehrlinge aus Großbritannien wie der Stones, der Yardbirds oder der Animals wurden ihre Stimmen lauter. Aretha Franklin zeigte sich als starke Frau und verlangte »Respect«, und beim Gospel- und DooWop-inspirierten afroamerikanischen Gesangstrio The Impressions übernahm Curtis Mayfield das Kommando und schrieb tanzbare Songs mit sozialem Gewissen.

Den Mainstream, das Überpopuläre, die Massenware,

die jenseits visionärer Künstler wie Dylan, den Beatles oder den ebenfalls nicht mehr länger von Sonne, Strand und Surfen singenden Beach Boys noch immer die Charts beherrschte, scherte das alles kaum. Als im Mai 1968 die Studenten in Paris auf die Straßen gingen, hörte man in Frankreich vor allem den britischen Schmachttenor Tom Jones. Und in Deutschland erschien in diesem Monat das erfolgreichste Album des Jahres, das insgesamt neun Monate an der Spitze der Charts verharren sollte. Darauf sang der zwölfjährige Hendrik – genannt Heintje – Simons aus dem niederländischen Bleijerheide einen Song für seine Maaaamaaaaa und Gute-Nacht-Lieder wie »Wenn kleine Kinder schlafen gehen« und »Weißt du, wie viel Sternlein stehen«. Selbst der Adorno-Schüler, Studentenaktivist und Achtundsechziger-Vordenker Hans-Jürgen Krahl war in Frankfurt bekannt dafür, in seiner Stammkneipe an der Jukebox immer wieder Heintjes »Mama« anzuwählen. Aber was hatte das mit der Ermordung Benno Ohnesorgs oder dem Anschlag auf Rudi Dutschke zu tun? Dem Kanzler mit NS-Vergangenheit Kurt-Georg Kiesinger? Der großen Koalition? Den Notstandsgesetzen? Dem Zeitungsmonopol des Springer-Verlags?

In den USA waren Simon & Garfunkel mit ihrem Soundtrack zu Mike Nichols Film *Die Reifeprüfung* und ihrem psychedelischen Album *Bookends*, das in Liedern über Geburt, junge Liebe, Trennung, Alter und Tod ein ganzes Leben nacherzählt, die erfolgreichsten Interpreten. Was hatte das mit Vietnam zu tun? Mit den Morden an Martin Luther King und Robert Kennedy in jenem

Jahr? Könnte man hier mit Adorno von einem »Verblendungszusammenhang« sprechen?

Aber dann gab es wiederum Popmusik, die diese ganz konkreten Erschütterungen aufnahm. Sowohl schon etablierte Künstler wie die Rolling Stones, die vom »Street Fighting Man« sangen, oder die Beatles, die in ihrem »Revolution« die Frage stellten, die die Linke zu jener Zeit bewegte: Ist beim Widerstand gegen das System Gewalt gerechtfertigt? Vor allem aber in den zahlreichen Subkulturen zeigte sich eine Auseinandersetzung mit neuen Formen des Zusammenlebens, die im Kleinen politisch vorleben sollten, was im Großen nicht funktionierte. Und gerade in diesen Subkulturen ist Pop immer politisch gewesen.

Der Begriff Politik kommt ursprünglich von »Polis«, dem Wort, mit dem die alten Griechen ab etwa achthundert vor Christus ihre Stadtstaaten bezeichneten. Diese verwalteten sich selbst, strebten nach politischer und wirtschaftlicher Unabhängigkeit, hatten einen eigenen Kalender mit Fest- und Feiertagen und eigene Gesetze, vor denen jeder Bürger gleich behandelt wurde (es gab allerdings auch Nicht-Bürger, dazu gehörten Sklaven und, je nach Polis, auch Frauen).

Die Szenen und Subkulturen, die sich in der Popmusik meist jenseits des Mainstreams ausbildeten, glichen diesen kleinen Staaten – auch sie hatten eigene Rituale und Symbole, funktionierten nach eigenen Gesetzen und einer eigenen Sprache. Sie waren Gegenentwürfe zur herrschenden Kultur, gelebte Utopien oder – wie es der französische Philosoph Michel Foucault nannte –

Heterotopien, »wirkliche Orte, wirksame Orte, die in die Einrichtung der Gesellschaft hineingezeichnet sind, sozusagen Gegenplatzierungen oder Widerlager, tatsächlich realisierte Utopien [...], gewissermaßen Orte außerhalb aller Orte, wiewohl sie tatsächlich geortet werden können«.

Die erwähnte Künstlerkommune des Schriftstellers Ken Kesey, die Merry Pranksters, reiste mit einem bunt bemalten Bus durch die Vereinigten Staaten, um Partys mit der damals noch legalen und – wie es hieß – bewusstseinserweiternden Droge Lysergsäurediethylamid, kurz LSD, zu veranstalten und die öde materialistische, fortschrittsgläubige US-Kultur umzukrempeln. Zu Hause in San Francisco ließ sie diese Happenings gern musikalisch von ihrer Hausband begleiten, den Grateful Dead.

Um »The Dead«, wie sie auch genannt wurden, und andere Gruppen wie Jefferson Airplane und Big Brother And The Holding Company mit der Sängerin Janis Joplin entstand im Stadtteil Haight-Ashbury, in dem es billig alte Häuser im viktorianischen Stil zu mieten gab, eine Szene. Junge Fans zogen aus dem ganzen Land hierher, machten Kunst und freie Liebe, lebten friedlich in Kommunen, nahmen Drogen. Bald beschränkte sich diese neue Bewegung, die man die Hippies nannte, nicht mehr länger auf einen Stadtteil, sondern erfasste große Teile der westlichen Welt. In Deutschland schaffte sie es gar auf den Titel des *Spiegel*. Man sprach hierzulande allerdings verächtlich von »Gammlern«.

Das utopische Potenzial der Popmusik sah man auch hierzulande eher *jenseits* des Mainstreams. Die Aufbruchsstimmung und die Suche nach einer neuen künstlerischen Sprache, einer Identität und alternativen Lebensentwürfen, das Ausbrechen aus den herrschenden Verhältnissen, das Anti-Hierarchische des Kommunenlebens, das Anti-Imperialistische, Anti-Autoritäre und Anti-Traditionalistische, das Revolutionäre und Anarchische, die zusammenmontierten Theorien und das Wortgeklingel der Außerparlamentarischen Opposition fanden etwa in der Musik der Kölner Band Can auf ihrem ersten Album *Monster Movie* eine Entsprechung. Jedes Bandmitglied hatte dieselbe Verantwortung in diesem Klangkollektiv aus Schülern des Avantgarde-Komponisten Karl-Heinz Stockhausen, die irgendwann, gemeinsam mit dem jungen Gitarristen Michael Karoli, die Popmusik für sich entdeckt hatten. Soli und Virtuosentum waren verpönt, weil beides vor allem auf der Reproduktion des Erlernten basierte.

Can interessierten sich für die Erkundung des Neuen, Unerforschten. Stundenlang improvisierte die Band im Tonstudio, schnitt alles mit, um dann aus den interessantesten Momenten einen Track zu montieren. Die Entscheidungen, die die Musiker trafen, waren ästhetischer Natur, der Prozess ihrer Produktion aber war durchaus ein politischer – das Gegenmodell zur kontroll- und autoritätsgeprägten, mit dem Slogan »Keine Experimente« überschriebenen Adenauer-Ära. In ihren Stücken steckte all das, was ihr Entstehungsort und ihre Entstehungszeit *nicht* waren, nämlich die Vision eines anderen und besseren Lebens und eines anderen und besseren (Deutsch)Land(e)s. Der musikalische Gegenentwurf zur

Bonner Republik und zum sogenannten Rheinischen Kapitalismus entstand also nur wenige Kilometer den Fluss rauf.

Währenddessen kämpfte die musikalisch eher unbehauene und urwüchsige Berliner Band Ton, Steine, Scherben mit Worten. »Musik ist eine Ware«, schrieb ihr Sänger und Texter Ralph Möbius, der sich später Rio Reiser nennen sollte, in einer Westberliner Szenezeitung. »Wir schreien laut, was alle kennen und in sich reinfressen: ›Ich bin unzufrieden! Wir sind unzufrieden!‹ Jeder soll wissen, dass er nicht allein ist. Zusammen werden wir es schaffen, wenn wir aufhören, uns untereinander kaputt zu machen. Macht kaputt, was euch kaputt macht. Unsere Feinde sind unsere Unterdrücker. Zerstört das System, das euch zerstört. Unsere Musik soll das Gefühl der Stärke geben. Wir haben nichts zu verlieren, außer unserer Angst. Unser Maßstab bist du.«

Immer wieder wurde in Subkulturen von Punk über Hip-Hop bis Techno ein Nichteinverstandensein mit den herrschenden Verhältnissen formuliert. Pop war immer auch eine Strategie der Dissidenz, man setzte der herrschenden Kultur eine Gegenkultur entgegen, in der sich der Widerspruch in Symbolen, Botschaften und Songs zeigte, in der die Entrechteten und Randständigen mächtig waren und im Zentrum der Aufmerksamkeit standen und die gewünschten Lebens- oder Liebesformen praktiziert werden konnten. Wurden diese kleinen Subkulturen plötzlich populär, weil etwa eine zugehörige Band einen Hit landete, adaptierte der Mainstream deren ästhetische Oberfläche, um Klons zu erschaffen und von dem Erfolg der Band aus dem Untergrund zu profitieren. Die wenigsten Subkulturen haben diesen Raubbau überlebt, doch für einen kurzen Moment konnten sie die eigentlich herrschaftsstabilisierende Unterhaltungsindustrie dazu einspannen, den kulturellen Wandel voranzutreiben.

Die Welt des Pop ist in den vergangenen Jahren unübersichtlicher geworden. Subkulturen bilden sich in der durch soziale Medien entgrenzten Welt nicht mehr unbedingt an einem Ort, sondern in Netzwerken. Aber gerade der Widerspruch gegen die Politik oder Nicht-Politik des US-Präsidenten Trump und die Verurteilung der zunehmenden, rassistisch motivierten Polizeigewalt in den USA – so wie er in Songs von Hip-Hop-Künstlern wie Kendrick Lamar oder Beyoncé laut wird – zeigt die noch immer gültige Fähigkeit des Pop, sich an Politik und Herrschaftssystemen zu reiben. Während Lamar sich mit Momentaufnahmen des afroamerikanischen Lebens zu Wort meldet und die herrschenden Verhältnisse in seinen Texten abbildet, arbeitet Beyoncé vor allem mit starken Bildern. Im Video zu ihrem Song »Formation« sah man sie 2016 vor überfluteten Häusern auf dem Dach eines versunkenen Polizeiwagens stehen – eine Anspielung auf die mangelnde Hilfe der US-Regierung vor allem für die schwarze Bevölkerung bei der 2005 von Hurricane Katrina ausgelösten Flutkatastrophe einerseits und der jüngsten rassistisch motivierten Polizeigewalt gegen Afroamerikaner andererseits. Bei ihrer Show in der Halbzeitpause des Super Bowl im selben Jahr trugen ihre Tänzerinnen Black-Panther-Uniformen.

Am 31. Dezember 2018, an dem ich dies hier schreibe, veröffentlichte die junge Rapperin Fatimah Warner, die sich Noname nennt, ein Stück mit dem programmatischen Titel »Song 31«, in dem sie die Rolle des Künstlers innerhalb der kapitalistischen Verwertungszusammenhänge, das gerade vergangene Weihnachtsfest, Massentierhaltung und das amerikanische, die schwarze Bevölkerung diskriminierende Rechtssystem zusammendenkt:

I sell pain for profit, not propaganda
I know cancer's origin linked to Santa
I know Santa's origins linked to money
Mass production of cattle, the slaughtering for the yummy
These niggas is clever, the prison no better
The ghost of the living
we ain't talking about Reggie on Christmas, we almost forget him
What's a casket to a holdin' cell if a nigga ain't in it?
Only reason why I'm steady fadin' and still independent

Gerade in Fragen der Identitätspolitik, die sich um die Rechte von Frauen, Schwarzen, Schwulen oder Minderheiten dreht, ist Pop noch immer eine wichtige Stimme, denn hier ist Anderssein das Salz in der Suppe, hier kann man sich als Mann feminin und als Frau maskulin geben, kann ein weißer Sänger mit einer vermeintlich schwarzen und eine schwarze Sängerin mit einer vermeintlich weißen Stimme singen – im Pop kann jeder sein, wer er sein möchte, kann Grenzen überschreiten und lernt darüber, tolerant gegenüber Unterschieden zu sein.

Das in der Vergangenheit oft bemühte Bild vom Künstler als »Sprachrohr einer Generation« funktioniert heute nicht mehr, denn mit den sozialen Medien gibt es mittlerweile Kommunikationsmittel, durch die sich jeder selbst in öffentliche Debatten einschalten und gehört werden kann. Dennoch ist auffällig, dass gerade in politischen Krisenzeiten noch immer die große verändernde Kraft der Popmusik heraufbeschworen wird. Denn es gibt keine andere Kunstform, die so viele Menschen verbinden kann, um für eine gemeinsame Sache zu kämpfen. Pop kann die Welt nicht retten, aber wir können Pop *einsetzen*, um die Welt zu retten.

Ist das Motto Sex, Drugs & Rock'n'Roll noch zeitgemäß?

Sex, Drugs & Rock 'n' Roll. In dieser heiligen Trias werden der Hedonismus und das wilde Leben, die man mit der Popmusik verbindet, gerne zusammengefasst. Der englische Songwriter, Pub-Rocker und auch für die Entstehung von Punk ungemein wichtige Ian Dury hat diesen Slogan 1977 in ein sehr lässiges Lied gegossen und somit unvergänglich gemacht:

Sex and drugs and rock and roll
Is all my brain and body need
Sex and drugs and rock and roll
Are very good indeed.

Sex, Drogen und Rock 'n' Roll seien alles, was sein Hirn und sein Körper bräuchte, singt er also. Natürlich schwingt in dieser bestechend schlichten Botschaft eine gehörige Portion Ironie mit, aber es ging Dury tatsächlich darum, einen alternativen Lifestyle zu propagieren: Es gibt mehr als das langweilige, einschränkende Leben der Eltern. Darum ging es im Pop ja von Anfang an. Man kann sagen, dass er in diesen vier eher schmucklosen Zeilen schon alle wichtigen Themen der populären Musik aufgegriffen hat. Schließlich wurden Popsongs nach dem Zweiten Weltkrieg für den wachsenden Markt der Heranwachsenden geschrieben, die ihren Körper entdeckten und aus den autoritären gesellschaftlichen Strukturen ausbrechen wollten – diese waren ihnen qua Erziehung auch in den eigenen Kopf gepflanzt worden. Um all die Komplexe und Hemmungen, die Schranken und Tabus zu überwinden, so schien es, waren entgrenzende Rauschmittel das probate Mittel. Die befeuerten zudem die Kreativität und Ausdauer der Musiker. Es ist sicher auch kein Zufall, dass diese neue Musik in den Fünfzigern den Namen Rock 'n' Roll bekam – denn damals war das in erster Linie ein Slangausdruck für Sex.

Den Rausch und den Sex hat der Rock 'n' Roll allerdings nicht so exklusiv für sich, wie man denken könnte. Schon Charles Darwin dachte in seinem berühmten Buch *Die Abstammung des Menschen* Musik und Sex zusammen und schrieb: »Musikalische Noten und Rhythmus eigneten sich die männlichen oder weiblichen Vorgänger der Menschheit zuerst an, um das andere Geschlecht zu bezaubern.«

Auch in Liedern wurden Sexualität, Rausch und Musik schon weit vor Chuck Berry und Little Richard zusammengedacht. In der zweiten Strophe des 1841 von Heinrich Hoffmann von Fallersleben geschriebenen »Lieds der Deutschen« (die dritte ist heute die deutsche Nationalhymne) heißt es: »Deutsche Frauen, deutsche Treue / Deutscher Wein und deutscher Sang / Sollen in der Welt behalten / Ihren alten schönen Klang«. Wein, Weib und Gesang – das ist der direkte Vorgänger von Sex, Drugs & Rock 'n' Roll.

Doch der Ursprung beider Dreiheiten liegt noch weiter in der Vergangenheit. Schon Martin Luther wird der Vers »Wer nicht liebt Wein, Weib, Gesang, der bleibt ein Narr sein Leben lang« zugeschrieben. Mit einigem metrischen Geschick kann man das durchaus zu Ian Durys Song singen. Und das ist nun wirklich ein Schock, dass der Ahnherr der doch eigentlich eher lustfeindlichen Protestanten schon so sehr Rock 'n' Roll gewesen sein soll. Noch schockierender allerdings scheint die Tatsache, es hier mit einer deutschen Erfindung zu tun zu haben. In der englischsprachigen Welt taucht »wine, women and song« tatsächlich erst im neunzehnten Jahrhundert, also dreihundert Jahre nach Luther, erstmals auf.

Friedrich Nietzsche machte aus der Verbindung von Musik, Sex (na ja, er schreibt »Wonne«) und Rausch gar eine Staatsangelegenheit: In seinem Buch *Die Geburt der Tragödie aus dem Geiste der Musik* von 1872 heißt es:

> *Singend und tanzend äussert sich der Mensch als Mitglied einer höheren Gemeinsamkeit: er hat das Gehen und das Sprechen verlernt und ist auf dem Wege, tanzend in die Lüfte emporzufliegen. Aus seinen Gebärden spricht die Verzauberung. Wie jetzt die Thiere reden, und die Erde Milch und Honig giebt, so tönt auch aus ihm etwas Übernatürliches: als Gott fühlt er sich, er selbst wandelt jetzt so verzückt und erhoben, wie er die Götter im Traume wandeln sah. Der Mensch ist nicht mehr Künstler, er ist*

Kunstwerk geworden: die Kunstgewalt der ganzen Natur, zur höchsten Wonnebefriedigung des Ur-Einen, offenbart sich hier unter den Schauern des Rausches.

Nietzsche schrieb das ganze Buch auch im Hinblick auf die Musik Richard Wagners, denn er wollte zeigen, dass dessen Werk ein ebenso hoher Rang in der europäischen Kultur gebührte wie der griechischen Tragödie (das junge Deutsche Kaiserreich hatte bei Veröffentlichung des Buchs gerade den Krieg gegen Frankreich gewonnen, und Größenwahn machte sich breit).

Bei Wagner, so die Einschätzung des Philosophen, fänden die beiden Motoren der Kunst, das Ordnende und Formgebende (nach dem griechischen Gott der Musik und des Gesangs sprach er vom Apollinischen) und das Rauschhafte (nach dem griechischen Gott des Weines sprach er vom Dionysischen) endlich wieder zusammen. Wir sehen also: Wein und Gesang funktionierten schon bei den alten Griechen – das mit dem »Weib« war da allerdings eher zweitrangig, denn die Knabenliebe galt, wenn man dem Philosophen Platon glauben darf, als das höchste der Gefühle. Insofern knüpft das Motto »Sex, Drugs & Rock 'n' Roll« eigentlich bei den Griechen an, weil es sich für alle Geschlechter und sexuellen Präferenzen sowie unterschiedlichste Rauschmittel geöffnet hat.

Besonders emanzipatorisch ging es deswegen allerdings im Rock 'n' Roll noch lange nicht zu. Sex, Drugs and Rock 'n' Roll war in der Geschichte des Pop vor allem ein heterosexuelles Jungsding. Die Posterboys hießen Jimi Hendrix, Jim Morrison, Sid Vicious, Bon Scott,

Robert Plant und Mick Jagger. Die vier Erstgenannten sind dann auch konsequenterweise einen Drogentod gestorben, der den Mythos um diese Formel erst nährte. Janis Joplin, die einzige weibliche Kandidatin für diese Runde der »größten Drogentoten des Rock 'n' Roll«, wäre somit eine Märtyrerin für die Emanzipation. Zumal sie auch in Sachen Sexualität zeigte, dass der Rockstar, der mit seiner Potenz und Verfügbarkeit prahlt und sich nimmt, was er will, nicht unbedingt männlich sein muss.

Doch aus heutiger Sicht scheint Sex, Drugs & Rock 'n' Roll eher wie eine Entschuldigung für Machtmissbrauch und sexuelle Verwerfungen im männlich dominierten Musikgeschäft, in dem die sexuelle Potenz von männlichen Künstlern lange heroisiert und Tatbestände wie sexuelle Belästigung und Vergewaltigung tabuisiert waren. Von Mick Jagger, Jimmy Page und David Bowie sind etwa Geschichten überliefert, dass sie mit minderjährigen Groupies verkehrten, dem Bassisten der Glam-Band Kiss, Gene Simmons, wurde bereits in mehreren Fällen sexuelle Belästigung vorgeworfen, und Jerry Lee Lewis heiratete seine dreizehnjährige Cousine. Es handelt sich hier in erster Linie um das, was man ein strukturelles Problem nennt. So wurde und wird Sex, Drugs & Rock 'n' Roll nicht selten als Freifahrtschein männlicher Künstler missverstanden. Mit sexueller Befreiung hat die Formel daher oft leider so gar nichts zu tun.

Die wahren sexuellen Befreier, so schrieb die Musikkritikerin Ann Powers, gehörten daher zu einer Band, die nicht unbedingt als eine Ansammlung von Sexgöttern galt: die ungewaschenen, vollbärtigen Hippies von

The Grateful Dead. Niemals sind sie auf der Bühne – wie Jagger, Morrison oder Hendrix – durch das betonte Zurschaustellen ihrer männlichen Zeugungskraft aufgefallen, und auch die Gitarrensoli von Jerry Garcia und Bob Weir waren eher weiblich fließend als männlich eruptiv. Das war keine Kopulationsmusik. Das Publikum bewegte sich frei von vorgegebenen Formen und (Geschlechter-)Rollen im Ausdruckstanz. Vor allem Frauen hätten das, so Powers, als befreiend empfunden – neben der Musik spielte da aber sicher auch die Einnahme von LSD eine Rolle, denn wer in seinem eigenen Trip gefangen war, dachte in der Regel nicht daran, jemand anderen sexuell zu dominieren, sprich: zu begatten.

Jahrzehnte später machten Teilnehmerinnen von Raves eine ähnliche Erfahrung: Unter der Techno-Droge Ecstasy waren alle so entspannt, fühlten sich frei und zugleich mit der Welt verbunden – und niemand wurde übergriffig, zumal die Männer aufgrund der Nebenwirkungen ihres Aufputschmittels meist eh keinen mehr hochbekamen. Also Cuddling, Drugs & Techno? Geht nicht so gut über die Zunge und hat außerdem seine besten Tage lange hinter sich.

Aber auch Sex, Drugs & Rock 'n' Roll hat sein Haltbarkeitsdatum längst überschritten, ist vor langer Zeit zum Klischee geronnen, das man im besten Fall ironisch verwendet und im schlimmsten als Entschuldigung für meist männlichen Machtmissbrauch. Der Sex ist zudem nach dem Aufkommen von Aids in den Achtzigern nicht mehr ganz so frei, die Drogen helfen auf Dauer weder der Produktivität noch der Kreativität, und die sich um sie rankenden Heldenepen aus der Pop-Steinzeit sind mittlerweile erfolgreichen Entzugsgeschichten gewichen. Abgesehen davon ist der Begriff »Rock 'n' Roll« längst im Rentenalter. Er wurde 1951 vom amerikanischen DJ Alan Freed auf Musik gemünzt, das ist fast siebzig Jahre her. Geht man von dort noch mal siebzig Jahre zurück, ist man in der Spätromantik, bei Richard Wagner und der »Wonnebefriedigung des Ur-Einen« nach Nietzsche.

Der Herrenwitz »Wein, Weib und Gesang« und das männliche Dominanz und Selbstzerstörung ausstrahlende »Sex, Drugs & Rock 'n' Roll« können das Lebensgefühl, das heute mit Popmusik verbunden wird, nicht mehr abbilden. Es braucht sicher eine neue Formel, die die globale Vernetzung, die Virtualität und das Verschwinden der klar definierten Geschlechtergrenzen abbildet: Queer, Quasi & Connected. Nur ein Vorschlag.

Welches Geschlecht hat Pop?

Auf der Bühne ist man nicht man selbst. Man zeigt die Seiten von sich, die man anderen zeigen möchte, man inszeniert sich. Man kann aggressiver sein als im wahren Leben oder sensibler, extrovertierter oder melancholischer, männlicher oder weiblicher. Das, was wir unter männlich und weiblich verstehen, geht weit über die biologischen Tatsachen hinaus, hat mit sozialen Rollen und Zuschreibungen zu tun, man wird zum Mann oder zur Frau erzogen und von anderen zum Mann oder zur Frau gemacht. Die Kunst bietet eine Möglichkeit, all das infrage zu stellen, jemand anders zu werden und verschiedene Rollen auszuprobieren, eine andere gesellschaftliche Position einzunehmen, die Hautfarbe zu wechseln und eben auch das Geschlecht.

So konnte Little Richard im prüden Amerika der Fünfziger feminine Klamotten tragen und Make-up benutzen, so wie es heute *queere*, also von den heterosexuellen Normen abweichende Menschen aller Schattierungen tun. Die Beatles konnten als britische Arbeiterklassensöhne die Lieder amerikanischer Girl Bands wie der Supremes oder der Ronettes singen und ihren

Harmoniegesang nachahmen. David Jones aus Südlondon, der sich David Bowie nannte, konnte sich als androgynes Wesen vom andern Stern inszenieren. Patti Smith, die Gedichte und Texte für Musikmagazine schrieb und die Muse ihres Freunds war, des damals noch ebenso unbekannten Fotografen Robert Mapplethorpe, inszenierte sich als eine nicht weniger wilde androgyne Zwillingsschwester von Keith Richards. Der Sänger Sylvester umgab sich mit Transgender-Frauen und Cross-Dressern und wechselte sein Geschlecht wie andere Leute ihre Unterwäsche. Die Tochter eines italienischstämmigen Automechanikers und einer frankokanadischen Röntgenassistentin aus dem Mittleren Westen, Madonna Louise Ciccone, wurde von der Jungfrau schon im nächsten Video zum »Material Girl«, vom Vamp zur Domina, vom Sexsymbol zur Feministin. Der Leidensmann und unfreiwillige Gitarrenheld Kurt Cobain trug Frauenkleider. Die lesbische Gitarristin Annie Clark alias St. Vincent konnte die maskulinen Posen und frickeligen Riffs ihrer männlichen Kollegen in knappem Einteiler mit Netzstrümpfen und hohen Stiefeln als feministische Geste umdeuten und der britische Sänger Antony Hegarty von sich sagen, dass er zwar im Moment ein Junge sei, aber irgendwann eine schöne Frau sein würde – und kurz darauf das weibliche Zeitalter ausrufen, um sich schließlich als Sängerin Anohni neu zu erfinden und gegen Krieg und die Zerstörung des Planeten anzusingen.

»Rock bietet einen imaginären Raum, in dem man seine sexuelle Identität bekräftigen oder ausweiten oder ihren Grenzen gar ganz entfliehen kann«, schrieben die

Musikkritiker Simon Reynolds und Joy Press in ihrem Buch *Sex Revolts*. Die britische Journalistin Suzanne Moore nannte das »Gender-Tourismus«. Das Infragestellen und Auflösen von Geschlechtergrenzen war in der Popmusik immer angelegt, wurde aber in den vergangenen Jahren verstärkt thematisiert. Außer durch Anohni oder St. Vincent nicht zuletzt von Frank Ocean, der sich im immer noch ziemlich machohaften afroamerikanischen Rap als betont queer inszeniert. Oder von Héloïse Letissier, die sich zunächst Christine & The Queens nannte und dann nur noch Chris und sich selbst als »pansexuell« bezeichnete. Alle haben es sich zur Aufgabe gemacht, das fließende, nicht festlegbare Geschlecht des Pop von der Bühne in die Wirklichkeit zu holen.

Und natürlich gilt diese sexuelle Freiheit nicht nur für die Künstler, sie zeigt sich auch bei den Fans. So erinnert sich der australische Songwriter Robert Forster in seinen Memoiren, wie er Anfang der Siebzigerjahre David Bowie entdeckte und sich die Frage stellte, was denn nun eigentlich attraktiver sei, der Sänger oder seine Musik:

> *»Ich habe wegen Bowie nicht meine sexuelle Orientierung infrage gestellt, und ich bin auch nicht gleich losgestürmt, um seine Frisur zu kopieren – obwohl ein paar Jungs in der Schule tatsächlich plötzlich ein bisschen stacheliger daherkamen –, aber es war dennoch bemerkenswert, dass der schönste Popstar der frühen Siebziger ein Mann war. Am anderen Ende der Stadt wurde ein Junge, ein Jahr jünger als ich, in einem Internat von seinen Mitschülern aufgezogen, weil er ein Bowie-Poster über seinem Bett hängen hatte.«*

Der Junge war sein späterer Bandpartner Grant McLennan. Tatsächlich waren es Poster von männlichen Rockstars, die in den Sechzigern in Jugendzimmern die Bilder angehimmelter weiblicher Schauspielerinnen oder Pin-ups ersetzten, und viele heterosexuelle Jungs verliebten sich Anfang der Siebziger in Bowie und in den Achtzigern in Morrissey, oder sie verkleideten sich bei Vorführungen der *Rocky Horror Picture Show* als Transvestiten, trugen auf Konzerten der britischen New-Wave-Band The Cure Lippenstift …

Man darf sich allerdings vom heutigen Geschehen auf der Bühne und im Publikum nicht täuschen lassen: Dahinter sind die Strukturen, in denen die Musikindustrie organisiert ist, immer noch männlich dominiert. Sowohl die entscheidenden Positionen bei Plattenlabels sind mit Männern besetzt als auch die meisten (nicht mehr ganz so entscheidenden) im Musikjournalismus, und wenn man von einem Künstler liest, der als »Genie« gefeiert wird, kann man in der Regel davon ausgehen, dass es sich um einen Mann handelt, da hat sich seit der großen Zeit von Bob Dylan und Joni Mitchell nichts geändert: Ersterer wird in den Geschichtsbüchern als Großdichter geführt, Letztere in den meisten Fällen als eigenwillige Künstlerin (gemeint ist: feinnervig, hysterisch, seltsam, hat sogar ihre Tochter nach der Geburt zur Adoption freigegeben) und im besten Fall als Feministin. Natürlich ist sie viel mehr als das. Sie hat auf einzigartige Art und Weise Folk und Jazz zusammengeführt und auf musikalischem wie lyrischem Gebiet einen unverwechselbaren Stil entwickelt, der vor allem deswegen so wenig

Nachahmer fand, weil es eben wenige Popmusiker mit vergleichbarem Talent gab und gibt. Wäre sie ein Mann, man würde sie als das unerreichte Genie schlechthin handeln.

Die gegenwärtigen Umwälzungen im Vertrieb, der Nutzung und Vermittlung von Musik sind aber auch eine Chance, die patriarchalen Strukturen auszuhebeln. Nicht nur die aufregendste Musik der vergangenen Jahre stellte immer wieder die starre gesellschaftliche Konstruktion von Geschlechtsidentität infrage, plädierte für fließende Übergänge und war queer und transgender. Auch einige der besten Texte über Pop fanden sich in queeren und feministischen Blogs oder wurden für Magazine, Zeitungen und Websites der Mainstream-Medien von Autorinnen verfasst, für die Musik mehr ist als ein Feld, das man mit coolem Wissen dominieren kann. Popmusik ist für sie immer eine Kunstform, in der sich Grenzen überschreiten und Utopien leben lassen, in der es nicht nur männlich und weiblich, hetero-, homo- und bisexuell gibt – ein Weg in die Freiheit.

Von Britney Spears zu Billie Eilish: Warum war die letzte Pop-Revolution endlich im Sinn des Feminismus?

Neulich saß ich in einem Kölner Café am Eigelstein und bemerkte eine junge Frau in einem pinkfarbenen Kapuzenpullover, die auf ihr Mobiltelefon schaute. Anscheinend, um Bilder von sich zu machen, denn das einen alten Fotoapparat imitierende Klick-klick-klick der Kamera-App hatte mich überhaupt erst auf sie aufmerksam gemacht. Als sie sich zur Seite drehte, ereilte mich ein kleiner kurzer Schock, weil ihr Gesicht aussah, als sei es mit einem Fotoeditor bearbeitet worden: die Haut koloriert, die Züge weich gezeichnet, die Kontraste – Augenbrauen, Mund – verstärkt, die Augen hervorgehoben und Manga-artig verbreitert. Da saß vielleicht gar kein Mensch, sondern ein virtuelles Wesen, erzeugt von einer Rechenmaschine.

Ich musste an die einer schönen Frau nachempfundene Maschinenfrau aus Fritz Langs *Metropolis* denken, die die Arbeiter betört und aufwiegelt. Die Idee des künstlichen Menschen hat in der Kunst ja eine lange Tradition. Meist waren diese Schöpfungen angstbesetzt, strebten nach Weltherrschaft und danach, den weniger widerstandsfähigen organisch abbaubaren echten Menschen abzulösen und auszurotten. Aber man kann in der Verschmelzung von Mensch und Maschine auch eine Utopie finden. Wie die amerikanische Feministin Donna Haraway, die 1985 einen Essay mit dem Titel *A Cyborg Manifesto* veröffentlichte. Cyborgs sind Mischformen aus Mensch und Maschine, und Haraway erkannte in dieser Verbindung eine Chance, die Grenzen von Körper- und Geschlechtlichkeit hinter sich zu lassen. Die alten Stereotype, mit denen Männlichkeit und Weiblichkeit, weiße und schwarze Hautfarbe belegt waren, konnten außer Kraft gesetzt werden, die Gegensätze zwischen den Geschlechtern und Ethnien würden nicht länger gelten. Die Technologie könnte helfen, eine Gleichheit zwischen allen Menschen herzustellen, unabhängig von Herkunft und Geschlecht.

Es sollte aber nach ihrem Essay noch eine ganze Weile dauern, bis diese Art der Cyborgs aus der Science-Fiction und der sozialen Utopie in die Wirklichkeit und somit auch in das erwähnte Café in Köln finden würde. Der Weg führte Ende der Neunziger über die Popkultur. Da gab es einen regelrechten Cyborg-Boom. Cyborgs tauchten in Musikvideos von Künstlerinnen wie Missy Elliott und Björk und Fernsehserien wie *Buffy The Vampire Slayer* und *X-Files* auf.

1999 erschien der erste Popstar, der tatsächlich ein Cyborg zu sein schien, auf der Tanzfläche: Britney Spears. Im Video zu ihrem ersten Hit »...Baby One More Time« sieht man sie zunächst als Lolita in Schuluniform, die nach dem Pausenklingeln zu einer Maschinenmusik in einen Tanz verfällt. Man könnte meinen, sie sei eine ganz normale Schülerin. Aber ihre Stimme verrät sie. Sie klingt nämlich nicht besonders menschlich, eher wie ein maschinell erzeugtes Maunzen. Und ihr Lied handelt von der Einsamkeit, die sie umbringt. Sie scheint sich an ihren Schöpfer zu wenden, den sie »boy« nennt und der sie zum Leben erweckte (»the reason I breath is you«), es gibt nichts, was sie nicht für ihn tun würde, sie hat das alles nicht geplant, er soll ihr zeigen, wie alles sein soll, ohne ihn verliert sie ihren Verstand und so weiter.

Ein Jahr später, die Stimme klingt nun noch artifizieller, erscheint sie im »Oops, I Did It Again«-Clip einem Mars-Astronauten in einem roten Jumpsuit aus Gummi. Im selben Jahr wird die Welt im Kinofilm *Matrix* zur Simulation, und 2001 wird in *Lara Croft: Tomb Raider* die virtuelle Titelfigur zur lebendigen, von der Schauspielerin Angelina Jolie gespielten Frau.

Im Video zu »Toxic« schließlich morpht Spears sich 2003 in unterschiedlichste Identitäten – sie ist tatsächlich der Cyborg, der alle Grenzen sprengen kann. Aber nicht so, wie Donna Haraway ihn sich vorgestellt hat, denn die befreiende feministische Bedeutung bleibt – wie vorher auch schon – voll auf der Strecke, Spears ist eher eine Art Cyber-Barbie, ein für den männlichen Blick hergerichtetes weibliches Produkt. Solche Figuren gibt es in dieser Zeit nicht nur in der Unterhaltungsbranche, sondern weit darüber hinaus vermehrt. Die plastische Chirurgie macht es möglich. Mit den nötigen finanziellen Mitteln kann frau ihren Körper – Nasen, Busen, Po, Wangenknochen – um nicht organische Teile erweitern und selbst zu Britney werden. Das Gesicht straffen oder aufspritzen und somit einen Verjüngungseffekt erreichen, den man bisher nur mit Fotobearbeitungsprogrammen am Bildschirm erzielen konnte, und den eigenen Körper zudem mittels Fitnessgerätschaften gezielt neu formen.

Natürlich war die Nutzung all dieser neuen Instrumente zur Cyborgwerdung nicht allein den Frauen vorbehalten. Aber gesprochen, geschrieben und theoretisiert wurde vor allem über sie. Britney Spears wurde schließlich von einer neuen Art Cyborg abgelöst. Man sah ihn an der Seite von zwei jungen Frauen vor einem weißen Hintergrund tanzen. Alle drei trugen einen engen Leotard, und man hätte zunächst meinen können, es handelte sich um eine Girl Group aus den Sechzigerjahren, denn der Clip war in Schwarz-Weiß gehalten, und die drei vermittelten eine recht konservative Botschaft, sangen sie doch aus der Sicht einer Frau, die nach der Trennung ihrem Ex entgegenhielt, er hätte sie heiraten sollen.

Die Musik klang allerdings zu sehr nach Hip-Hop für die Sechziger, die Tanzbewegungen waren ein wenig zu aufreizend und erinnerten zudem an einen vor allem in queeren Clubs populären, sehr expressiven Stil, der sich J-Setting nennt und erst in den Siebzigern von den Majoretten der Jackson State University Marching Band erfunden wurde. Und, na ja, eine der drei Tänzerinnen war halt ein Cyborg. Das verriet die metallische linke Hand, die aussah, als gehörte sie einem Roboter. Es war die Hand von Sasha Fierce, der selbstbewussten, erotisierten

Bühnenpersönlichkeit der Sängerin Beyoncé Knowles. Der oben beschriebene Clip zu ihrem Song »Single Ladies (Put A Ring On It)« ging, wie man heute sagt, viral, wurde massenhaft nachgeahmt und parodiert, und die Ergebnisse wurden auf der Videoplattform YouTube hochgeladen. Sogar der damalige US-Präsident Barack Obama und seine Frau Michelle versuchten sich am »Single Ladies«-Tanz.

Der Clip war zu einem Meme geworden, einer teilbaren digitalen Information, Beyoncé/Sasha war von einem Cyborg zu einem Avatar, einer künstlichen Person im virtuellen Raum geworden. Und das mit den einfachsten Mitteln. Der Clip war eigentlich nur ein spontaner Gag gewesen, der nach dem wesentlich aufwendigeren Video zu Beyoncés Song »If I Were A Boy« gedreht worden war, weil die Sängerin bei YouTube einen choreografierten Tanz aus einer Folge der *Ed Sullivan Show* von 1969 gesehen hatte. »Single Ladies (Put A Ring On It)« war bis dahin die B-Seite zu »If I Were A Boy« gewesen, wurde aber durch den Clip, der leicht von Nachahmern adaptierbar war, wesentlich erfolgreicher und machte Pop zu einem virtuellen sozialen Phänomen.

Für die Quantensprünge des Pop waren visuelle Medien immer von großer Bedeutung. Man konnte nur Superstar werden, wenn man selbst zum bildhaften Zeichen wurde. Elvis wurde erst durch das Medium Film zum weltweiten Phänomen, die Beatles durch die Fernsehübertragung ihres Auftritts in der *Ed Sullivan Show*, Michael Jackson, Madonna, Prince und so weiter durch die auf dem dafür eingerichteten Sender MTV in Dauerrotation gespielten Videoclips. Mit »Single Ladies (Put A Ring On It)« verbreitete sich Pop nun über die sozialen Medien, Künstler wie Beyoncé, Lady Gaga oder Kanye West wussten das zu nutzen.

Eine der erstaunlichsten Karrieren über diese neuen Kanäle, bei der die von Stereotypen emanzipierte Selbsterschaffung eine Rolle spielte, ist die der 1989 geborenen Sängerin Taylor Swift. Ursprünglich galt sie als Countrystar, bediente also ein Genre, in dem es darauf ankam, sich als möglichst authentisches Provinzmädchen von nebenan zu inszenieren.

Das änderte sich bei den »2009 MTV Video Music Awards« in der New Yorker Radio City Music Hall. In der Kategorie »Best Female Video« war Swift für den Clip zu ihrem Song »You Belong With Me« nominiert. Dort wird sie eben als genau dieses Countrymädchen von nebenan inszeniert, das sich in den Nachbarsjungen verliebt hat, der gerade am Telefon einen Streit mit seiner Freundin hat. Die trägt High Heels und kurze Röcke, führt die Cheerleader an und fährt Cabrio. Die Sängerin hingegen trägt Turnschuhe, T-Shirts und eine große Brille, spielt in einer Marching Band und tanzt im Schlafanzug auf dem Bett. Natürlich gibt es ein Happy End, und sie taucht in einem langen weißen Kleid – Zeichen der Unschuld und Heiratswilligkeit – auf dem Abschlussball ihrer Stufe auf, der ebenfalls anwesende Nachbarsjunge ist hin und weg, und die beiden gestehen sich ihre Liebe.

Auf der Aussageebene sind sich »You Belong With Me« und das in derselben Kategorie nominierte »Single

Ladies (Put A Ring On It)« also recht ähnlich. In der Ausführung ist Swifts Clip aber bieder und spießig, weiß und heterosexuell, Beyoncés dagegen aufregend und mehrdeutig. Da kann man schon verstehen, dass der ein oder andere sich über die Vergabe des Preises an Swift aufregte.

Als sie ihre Dankesrede hielt, nahm der Rapper Kanye West ihr mit den Worten »Ich freu mich wirklich für dich und lass dich gleich ausreden« das Mikrofon aus der Hand, um ziemlich lautstark zu erklären, Beyoncé habe zu »Single Ladies (Put A Ring On It)« einen der besten Videoclips aller Zeiten gemacht. Dann gab er dem betretenen Mädchen im silbernen Glitzerkleidchen das Mikro zurück und verließ die Bühne.

Bei allem Verständnis, das man hier aufbringen kann, war das ein klassischer Fall von mächtiger Mann demütigt junge Frau. West erklärte hinterher, es sei ihm vor allem darum gegangen, dass schwarze Künstler bei solchen Verleihungen immer leer ausgingen. Guter Punkt natürlich, aber mal abgesehen davon, dass Beyoncé schließlich den Preis für das »Video Of The Year« gewann, hätte er, um sein Anliegen deutlich zu machen, nicht eine neunzehnjährige Sängerin demütigen müssen. Er hätte sich dafür auch Eminem auswählen können, der in der Kategorie »Best Hip-Hop Video« gegen Jay-Z und ihn selbst gewann.

Natürlich war diese ganze Aktion männliches Machtgebaren, und tatsächlich funktionierte das ziemlich gut. Auf einmal war West der gute, edle Ritter und Swift ein dummes und uncooles Weißbrot, das mit Liedern aus dem

Mädchentagebuch über Erste-Welt-Probleme die Jahrhunderte währende Unterdrückung der Afroamerikaner in den Vereinigten Staaten repräsentierte und dafür auch noch einen Preis bekam. Hashtag »white supremacy«.

Von diesem Moment an hieß über Taylor Swift reden über Feminismus und Rassismus reden. In ihre Rolle als Galions- und zugleich Hassfigur musste die junge Sängerin erst mal hineinwachsen. Aber sie lernte schnell, und in den folgenden Jahren liefen diese Diskurse in ihren Songs und Inszenierungen immer irgendwie mit: Auf ihrem nächsten Album, das den programmatischen Titel *Speak Now* trug, bezog sie Stellung zu Wests Aktion (»It's okay, life is a tough crowd / 32 and still growin' up now / Who you are is not what you did / You're still an innocent«), und im Video zur Single »Mean« nahm sie sich auf den Schienen vor einem heranbrausenden Zug liegend selbst die Fesseln ab und tauschte die Countryscheune gegen den Broadway ein.

Auf dem Nachfolger *Red* von 2012 dokumentiert sie den Wandel vom unschuldigen Mädchen zum selbstbewussten Vamp, auf *1989* tauschte sie zwei Jahre später Gitarren gegen Computermusik und Dolly Parton gegen Madonna und erklärte, sie würde alles, was die Leute über sie denken und schreiben – nichts im Kopf, zu viele Dates, und niemand bleibt bei ihr –, einfach abschütteln:

I'll never miss a beat
I'm lightning on my feet
And that's what they don't see.

Im Video zu dem zitierten Song mit dem Titel »Shake It Off« zeigte sie sich selbstironisch als bleiche Ballett-Elevin, die die coolen Moves des schwarzen Hip-Hop und R&B einfach nicht draufhat, um dann in eine Art Rap zu verfallen, in den sie den typischen Kleine-weiße-Mädchen-Ausruf »Oh, my God« eingebaut hatte. Natürlich war dieses Tanzvideo auch eine Anspielung auf »Single Ladies (Put A Ring On It)«, und tatsächlich wurde Swift in den folgenden Monaten selbst zu einem Social-Media-Avatar. Bald brauchte sie die traditionellen Medien nicht mehr. Sie selbst wurde das Medium, inszenierte sich über Instagram in einem klugen Mix aus Glamour und Intimität, zeigte sich in Modezeitschriftenposen, gab Einblicke in die Produktion von Songs und Videos und sogar in ihre private Umgebung. Sie hatte die Kontrolle über die Situation mittels sozialer Medien zurückgewonnen, sich mit deren Hilfe als Popstar neu erschaffen.

Kanye West rappte 2016 auf seinem Track »Famous«, er glaube, er könne immer noch Sex mit Taylor Swift haben, schließlich habe er diese »Bitch« berühmt gemacht. Die so Belästigte nutzte Wests erneuten Übergriff für eine feministische Ansprache bei den Grammy Awards. »All die jungen Frauen da draußen« sollten sich nicht einreden lassen, jeman(n)d anders sei für ihren Erfolg verantwortlich. West und seine Frau Kim Kardashian behaupteten anschließend, Swift habe die frauenfeindliche und beleidigende Liedzeile einst selbst genehmigt. Der Hashtag »TaylorSwiftIsASnake« boomte daraufhin bei Twitter. Niemand schien ihr die Opferrolle abzunehmen. Sie zog sich zurück.

Als sie im August 2017 vor einem Gericht in Denver erscheinen musste, war sie Angeklagte und Opfer zugleich. Sie hatte am Rande eines Konzerts mit einem Radio-DJ und dessen Freundin für ein Foto posiert, und der Anfang Fünfziger hatte ihr dabei seine Hand unter den Rock geschoben; sie ließ ihn darauf aus der Halle entfernen; der Mann verlor seinen Job und klagte auf eine Entschädigung. Swift, die schon im Jahr zuvor ihre Kollegin Kesha bei einem Rechtsstreit wegen sexueller Belästigung eines Produzenten mit einer Viertelmillion Dollar unterstützt hatte, nutzte den Gerichtstermin, um ihren weiblichen Fans mit auf den Weg zu geben, sich gegen jegliche Form sexueller Übergriffe zu wehren.

Kurz darauf veröffentlichte Swift auf ihrem Instagram-Account, von dem sie zuvor alle Bilder entfernt hatte, kurze geheimnisvolle Clips, die eine Schlange zeigten. Ein erstes neues Lebenszeichen in den sozialen Medien, dem bald der erste Videoclip zum neuen Album folgte: »Look What You Made Me Do« brach alle Klickrekorde. Die Idee hinter dem dunklen Clip, der auf einem Friedhof beginnt: Wie würde es aussehen, wenn alles, was man über Taylor Swift geschrieben hat, stimmen würde?

Man sieht sie als Zombie aus dem Grab kriechen; wie einst Britney Spears in einer Badewanne voller Diamanten liegen; auf einem von Schlangen umzüngelten Thron sitzen, der in Anspielung auf den Cäsar-Mitmörder Brutus die Inschrift »Et tu, Brute« trägt; als betrunkenes Party-Girl, das ihren goldenen Maserati vor die Wand setzt, und anschließend im Wrack sitzend mit einem Grammy posierend – ihre Frisur erinnert dabei an eine frühere Haarmode ihrer Erzfeindin Katy Perry, die ihr einst einige Tänzer abspenstig gemacht hatte.

Dann sieht man Swift als teuflisches Mädchen im goldenen Käfig schaukeln; als Katzenlady und Domina und als toughe Geschäftsfrau mit acht Tänzern, die wie ihr Ex-Lover, der Schauspieler Tom Hiddleston, auf einigen Paparazzi-Fotos alle »I ♥ TS«-Tops tragen. Sie traue niemandem und niemand traue ihr, singt sie dazu. Sie sei die Schauspielerin, die in unseren Albträumen auftrete. Es tue ihr leid, die alte Taylor könne gerade nicht zum Telefon kommen, hört man sie dann noch in den Hörer sagen. Warum? Weil sie tot sei.

Am Ende zeigt der Clip eine Reihe ihrer früheren Inkarnationen vor einem Flugzeug stehend, auf das jemand in pinkfarbenen Lettern »Reputation« geschmiert hat, und sich gegenseitig angiftend: »Hör endlich auf, so zu tun, als wärst du immer nett. Du bist so fake«, zischt die Vamp-Taylor aus der *Red*-Ära dem Countrymädchen aus der *Fearless*-Zeit zu, das daraufhin gleich anfängt zu heulen, und eine neue Taylor im Biker-Outfit rollt genervt die Augen: »Und schon fängt sie wieder an, das Opfer zu spielen.« Dann sieht man die Taylor, die 2009 bei den MTV Music Video Awards von Kanye West düpiert worden war, wie sie sagt: »Ich würde es sehr schätzen, nicht mehr länger Teil dieser Erzählung zu sein.« Genau das hatte sie bereits ein Jahr zuvor in einem Instagram-Post über die Diskussion zu Wests »Famous« geschrieben. Selbst die großen Videoinszenierungen folgten also dem Drehbuch, das sie bereits in den sozialen Medien schrieb.

»Wir denken, dass wir jemanden kennen, aber in Wahrheit ist das Einzige, was wir kennen, die Version von ihnen, die sie uns zeigen wollen«, schrieb Taylor Swift am Ende ihres Klappentexts zum zugehörigen Album *Reputation*. In dem, was sie uns von sich zeigte, spiegelte sich die Welt, in der wir leben: die Hysterie der sozialen Medien; das stereotype Bild, das viele noch immer von weiblichen Künstlern haben; die Art, wie Männer versuchen, Macht über diese Frauen auszuüben, und der längst nicht überwundene Rassismus in der westlichen Gesellschaft und Unterhaltungsindustrie.

Taylor Swift hat es nicht nur geschafft, mit diesen Stereotypen zu spielen, sondern sich jenseits von ihnen neu zu erschaffen. Sie nutzt, wie ihre Kolleginnen Beyoncé und Lady Gaga, die Macht der Bilder. Denn Geschichten werden heutzutage überhaupt vor allem visuell erzählt. In dieser Hinsicht hat die Instagram-Story den Song an Relevanz und Popularität bei einer jungen Zielgruppe wohl längst eingeholt. Und natürlich lässt sich mit Bildern viel leichter eine alternative, virtuelle Realität schaffen, die von den Usern sozialer Medien schnell als zweite Wirklichkeit anerkannt wird. In diesem Umstand mag eine Gefahr liegen, aber auch ein utopisches Potenzial. Die Wunschmaschine Pop wird wirklich.

Vor allem junge Frauen eifern dem digitalen, sich selbst erschaffenden Cyborg Taylor Swift nach. Sowohl am Eigelstein in Köln als auch in Los Angeles. Die kalifornische Songwriterin Billie Eilish ist ein *digital native*. Im Alter von vierzehn Jahren lud sie ihre Version eines Songs, den ihr sechs Jahre älterer Bruder geschrieben hatte, beim Online-Musikdienst Soundcloud hoch und hatte kurz darauf das zum Musikindustrie-Giganten Universal gehörende Label Interscope am Haken. Nicht dass sie es gebraucht hätte, denn das sphärische Liebeslied war schon durch das Teilen in sozialen Medien zu einer Art Hit geworden. Auch die von Weltschmerz kündenden Lieder, die sie danach veröffentlichte, trafen ihre Teenagerzielgruppe direkt ins Herz, und sie bekam wahrscheinlich mehr Instagram-Follower als Paul McCartney in den Sechzigern Liebesbriefe. Sie konnte ihre Fans erreichen, ohne ein einziges Interview zu geben – der Zeitschrift *Vanity Fair* gab sie trotzdem im Abstand von einem Jahr gleich zwei, bei denen sie jeweils dieselben Fragen beantwortete. Der Interview-Clip wurde auf YouTube zigmillionenfach angeklickt, und das einst super-einflussreiche Magazin konnte sich nun wenigstens für einen Moment im Social-Media-Ruhm der Künstlerin sonnen.

2019 veröffentlichte Billie Eilish ihr erstes Album. Auch das hätte sie eigentlich gar nicht nötig gehabt. Aber es ist bestimmt schön, sich so was ins Regal oder die Musikbibliothek zu stellen. Und natürlich klang es nicht wie ein Album. Es klang wie eine Ansammlung von Songs, die verschiedene Moods und Playlisten bediente. Billie Eilish denkt nicht in Genres, sie ist ein Mensch gewordener Shuffle-Modus. Damit wurde sie zum Weltstar. Sie musste dazu keinen kurzen Rock tragen und keine sexy Posen machen, um eine überholte Form von Weiblichkeit zur Schau zu stellen, die ihr männliche Manager oder Marketingstrategen vermutlich nahegelegt hätten, um aus ihr eine neue Britney Spears zu machen. Sie trägt Hoodies, weite Sweater und Basketball-Shorts und spielt das Spiel des Pop nach ihren eigenen Regeln. Sie zeigt das von sich, was sie zeigen möchte.

Auf welchem Weg kam Hip-Hop zur Weltherrschaft?

Kein Genre war in den vergangenen dreißig Jahren einflussreicher und lebendiger als Hip-Hop. Hip-Hop ist überall. Nicht nur im Radio und der Werbung, in den Playlisten und den Film-Soundtracks, auch in unserer Kleidung (Hoodies und Baggy Pants), auf unseren Häusern, U- und S-Bahnen (die Graffitis) und in unserer Sprache: Wenn wir »chillen« oder sich zwei Typen »battlen«, wenn wir etwas »derbe« finden oder »fett«. Wenn jemand einen anderen mit »du Opfer« anspricht oder mit »Digger«. Wenn die Syntax ein wenig schräg ist und die Wörter klingen, als kämen sie eher aus der Nase als aus dem Mund.

Hip-Hop entstand ganz langsam Anfang der Siebziger in New York. Genauer gesagt in der Bronx. Der Städteplaner Robert Moses hatte in den Dreißigerjahren den Auftrag erhalten, das Profil der Stadt zu verändern, die sozialen Brennpunkte zu entschärfen, die Arbeiterwohnviertel zu zerschlagen. Für den Bau des Cross-Bronx-Expressway ließ er noch in den Sechzigern Hunderte Wohn- und Geschäftsgebäude abreißen, etwa einhundertsiebzigtausend Menschen wurden zwangsumgesiedelt, andere flohen. Hausbesitzer verscherbelten ihre Immobilien oder zündeten sie an, um wenigstens die Versicherungssumme zu kassieren. Der südliche Teil der Bronx wurde zur Geisterstadt, bis die Stadtregierung begann, hier sozial schwache afroamerikanische Familien anzusiedeln, zudem zogen puerto-ricanische und jamaikanische Migranten in die leer stehenden Häuser.

Einer von ihnen war Clive Campbell aus Kingston, der sich DJ Kool Herc nannte und bei Partys in den verlassenen oder besetzten Wohnblocks der Bronx und im Club Twilight Zone auflegte. Bald spielte er nicht mehr einfach die neuesten Soul-, Funk- und Discoplatten, sondern beschränkte sich auf deren tanzbare instrumentale Passagen und spielte diese wieder und wieder. Andere DJs folgten ihm, begannen eigene Techniken zu entwickeln. Allen voran Joseph Saddler aus dem karibischen Barbados, der sich das Pseudonym Grandmaster Flash gegeben hatte und mittels mehrerer Plattenspieler unterschiedliche Stücke beatgenau übereinanderlegte (man nennt das Cutting), Platten schnell rückwärtsdrehte, um eine bestimmte Passage zu wiederholen (Backspinning) und die Geschwindigkeit eines Plattentellers zu verändern, um den Sound zu manipulieren.

Die Idee, bestimmte Momente aus bereits existierenden Musikstücken in andere Musikstücke einzubauen, nannte man ab Anfang der Achtziger Sampling, die Musik, die dabei entstand, bezeichnete man immer öfter als Hip-Hop. Der dazu praktizierte Tanz hieß anfangs B-Boying, wurde aber schnell als Breakdance populär.

Die DJs ließen sich meist von sogenannten Masters of Ceremony begleiten, die verbal die Stimmung aufheizten und bald schon versuchten, inspiriert von Sprechsängern wie den politisch motivierten Dichtern The Last Poets oder Gil Scott-Heron, in ihren Ansagen und Parolen Botschaften unterzubringen, die über ein »Clap your hands everybody«, »Let's hear it for ...« oder »Move on up« hinausgingen. Den so entstandenen rhythmisierten Sprechgesang nannte man nach dem englischen Wort für Plaudern oder Schwätzen Rap.

Wenn der Rap die sprachliche Ausdrucksform des Hip-Hop war, war Graffiti die visuelle. Hip-Hop war spontane Kunst im öffentlichen Raum – in und an den verlassenen Häusern und auf den Straßen der Bronx. Doch dann kam die Sängerin und Songwriterin Sylvia Robinson 1979 auf die Idee, ein Hip-Hop-Stück *aufzunehmen*, also gewissermaßen zu konservieren, und unter ihrem Label Sugar Hill zu veröffentlichen. Sie stellte ein Trio aus drei Rappern zusammen, das sie The Sugarhill Gang nannte, ließ sie über die Basslinie des Disco-Hits »Good Times« der New Yorker Band Chic improvisieren und veröffentlichte das Stück – allerdings ohne Chic um Erlaubnis zu bitten – unter dem Titel »Rapper's Delight«. Der Song schaffte es in den USA in die Top Fifty der Charts, im Vereinten Königreich und Deutschland gar in die Top Five. Und das populäre Stück machte auch gleich alle Hörer mit dem neuen Genre vertraut, im Text erklärte die Sugarhill Gang alles, was man wissen musste:

I said a hip hop
Hippie to the hippie
The hip, hip a hop, and you don't stop, a rock it out
Bubba to the bang bang boogie, boobie to the boogie
To the rhythm of the boogie the beat
Now, what you hear is not a test I'm rappin' to the beat

Ahmir Khalib Thompson war acht Jahre alt, als er den Song im November 1979 zum ersten Mal im Radio hörte. »Ich war mit meiner Schwester zu Hause, und wir starrten die ganze Zeit aufs Radio, während das passierte«, erinnerte er sich vierunddreißig Jahre später in seinen Memoiren, mittlerweile war er selbst eine Hip-Hop-Größe geworden, nannte sich Questlove und war der Schlagzeuger der Roots, die in den Neunzigern zu einer der profiliertesten, musikalisch vielseitigsten und reflektiertesten Formationen des Genres geworden waren. Später erkor sie der Comedian Jimmy Fallon zur Hausband seiner *Tonight Show*.

»Ich war wie gelähmt«, erinnerte sich Questlove weiter. »Es war, als wären wir vom Blitz getroffen worden.« Von einem Tag auf den anderen habe sich mit »Rapper's Delight« die Welt verändert, schrieb er. Gerade noch war Michael Jacksons Album *Off The Wall* das große Ding gewesen, dann sei diese vollkommen neue Musik unvermittelt im Radio aufgetaucht.

Das nächste Erweckungserlebnis traf ihn ähnlich überraschend, als er im Februar 1986 die damals äußerst populäre Serie *The Cosby Show* schaute, in der der 2018 wegen sexueller Nötigung in mehreren Fällen zu einer

Gefängnisstrafe verurteilte Komiker Bill Cosby den Familienvater und Arzt Cliff Huxtable spielte und als einer der ersten Repräsentanten einer schwarzen Mittelklasse in die Fernsehgeschichte einging. In einer Folge wurden Huxtables Kinder Denise und Theo in einen kleinen Unfall mit einer Limousine verwickelt, auf deren Rückbank der blinde Soul-Sänger und -Songwriter Stevie Wonder saß. Der lud daraufhin die ganze Familie Huxtable ins Tonstudio ein. Dort führte er ihnen seine Instrumente vor. Für Questlove der wichtigste Moment der Hip-Hop-Geschichte: »99 Prozent von uns sahen da zum ersten Mal, wie ein Sampler funktionierte«, schrieb er.

Ein Sampler war zu jener Zeit ein unglaublich teures Tasteninstrument, auf dem man jede Taste mit einem Musiksample belegen konnte – einem Auszug aus einem bekannten Song also oder einem eigens aufgenommenen Sound, egal ob Musik, Geräusch oder Sprache. So legte Wonder in der Episode der *Cosby Show* das Geplapper der Huxtable-Kinder auf seine Tasten, um damit zu musizieren. Niemand konnte ahnen, dass diese Szene mal die gesamte Popmusik verändern würde. »Damals war es nur eine coole Sache in einer Sitcom«, so Questlove, »aber als Reaktion darauf hat eine ganze Generation talentierter, ambitionierter schwarzer Kids sich ehrfürchtig so weit in ihren Sesseln nach vorne gelehnt, bis sie herausfiel.«

Die aus den Sesseln Gefallenen sparten schließlich auf eigene Sampler, die gegen Ende des Jahrzehnts einigermaßen erschwinglich wurden und dem Hip-Hop zu seinem Siegeszug verhalfen. Und trotz der afroamerikanischen Ursprünge war es das Album von drei weißen Künstlern, das es als erstes an die Spitze der US-Charts schaffte: *Licensed To Ill* von den Beastie Boys.

Prägende Figuren des Goldenen Hip-Hop-Zeitalters waren die New Yorker Gruppen Public Enemy und A Tribe Called Quest, die sozialkritische und politische Texte mit Jazz-, Soul- und Funk-Samples verbanden. Doch bald waren es nicht mehr ausschließlich Künstler von der Ostküste der Vereinigten Staaten, die Hip-Hop-Platten machten. Im von Gewalt und Bandenkriminalität geprägten Compton, einer Vorstadt von Los Angeles, entstand eine neue Spielart des Genres, in der Rapper ihre Erlebnisse verarbeiteten und verherrlichten: Gangsta Rap. Die Gewalt beschränkte sich nicht auf die Texte der Stücke. Es kam zu einem regelrechten Kampf zwischen den Hip-Hop-Szenen der West- und der Ostküste, der sich vor allem um den New Yorker Rapper The Notorious B. I. G. und sein Label Bad Boy Records und den ebenfalls aus New York stammenden, aber an der Westküste lebenden Tupac Shakur und dem Label Death Row Records entspann.

Artis Leon Ivey Jr. schrieb 1995 zu einem Sample aus Stevie Wonders Hit »Pastime Paradise« aus den Siebzigern einen Text, in dem er von seinem Leben auf den Straßen von Compton erzählte. Er sei mit der Vorstellung aufgewachsen, dass sich alles um Macht und Geld drehe, Gewalt und Mord probate Mittel zum Erreichen dieser Ziele seien und Überleben mehr oder weniger Glückssache sei. Dies seien die Regeln im Paradies der Gangster, in dem keiner zu erkennen scheine, dass sich die Gewalt, die er ausübe, immer gegen seinesgleichen richte – doch genau aus diesem Grund müsse dieses trügerische »Gangsta's Paradise«, so auch der Titel des Stücks, überwunden werden. Ein Jahr nach »Gangsta's Paradise« wurde Coolios Freund Tupac Shakur in Las Vegas erschossen. Ein paar Monate später erwischte es auch Notorious B. I. G.

2015 hielt der wie Coolio in Compton aufgewachsene Kendrick Lamar im letzten Song seines Meisterwerks *To Pimp A Butterfly* Zwiesprache mit Shakur. Während der sich sicher war, dass man der Gewalt gegen Afroamerikaner nur mit Gegengewalt begegnen konnte, lag für Lamar die letzte Hoffnung in der Musik.

Hip-Hop blieb nach dem Tod von Shakur die bestimmende Musik in den Vereinigten Staaten. Künstler wie Jay-Z, Missy Elliott, Lauryn Hill, Kanye West, Eminem und das Duo OutKast wurden zu Superstars, doch das Genre blieb nicht bei sich, ging immer wieder Verbindungen mit anderen Stilen ein: In R&B- und Neo-Soul-Stücken sind Rap-Einlagen seit den Neunzigern gang und gäbe. Und auch Rock-, Punk- und Metalbands arbeiteten mit Hip-Hop-Elementen.

In der Bundesrepublik gab es Hip-Hop zunächst als Parodie. Die Moderatoren Thomas Gottschalk, Frank Laufenberg und Manfred Sexauer nahmen 1980 als G. L. S.-United eine deutschsprachige Version von »Rapper's Delight« mit dem Titel »Rapper's Deutsch« auf. Tommy Engel, Sänger der famosen Kölner Mundart-Band Bläck Fööss, rappte vier Jahre später die Hip-Hop-Persiflage »Huusmeister Kaczmarek«. In der Deutschen

Demokratischen Republik gab es Mitte der Achtziger durch den von Harry Belafonte produzierten Film *Beat Street* eine kleine Hip-Hop- und vor allem Breakdance-Revolution – ohne Einspruch der SED-Funktionäre, die Hip-Hop, ähnlich wie den Blues, als Musik der vom US-Kapitalismus unterdrückten Minderheit duldeten.

Nach der Wiedervereinigung versuchten Künstler verstärkt, die aus den afroamerikanischen Gettos stammende, von einem sozial und ethnisch gespaltenen Land erzählende Musik auf deutsche Verhältnisse zu übertragen. Am überzeugendsten tat dies anfangs eine Band aus Heidelberg, die sich Advanced Chemistry nannte, da ihre Zusammensetzung sich tatsächlich wie eine chemische Verbindung aus vielen unterschiedlichen Elementen las: Frederik Hahn alias Torch war Deutscher mit haitianischen Wurzeln, Toni »L« Landomini ein Sohn italienischer Eltern, Kofi Yakpo, der sich Linguist nannte, kam aus Ghana, Gonzales Maldonado alias Gee-One aus Chile und Michael Jean Pierre Dippon, in Hip-Hop-Kreisen als DJ Mike MD bekannt, war waschechter Schwabe.

Sie standen in der Tradition des sozialkritischen Rap von Public Enemy und A Tribe Called Quest. In ihrem bekanntesten Song, »Fremd im eigenen Land«, erzählten sie von ihren Erfahrungen als Migrantenkinder, von Rassismus, Polizeigewalt und Arbeitslosigkeit:

Das Problem sind die Ideen im System
Ein echter Deutscher muss auch richtig deutsch aussehen
Blaue Augen, blondes Haar, keine Gefahr
Gab's da nicht 'ne Zeit, wo's schon mal so war?

»Gehst du mal später zurück in deine Heimat?«
Wohin? Nach Heidelberg? Wo ich ein Heim hab?
»Nein, du weißt, was ich mein …«
Komm, lass es sein. Ich kenn diese Fragen, seitdem ich klein bin, in diesem Land vor zwei Jahrzehnten gebor'n
Doch frag' ich mich manchmal: Was hab ich hier verlor'n?

Den Song hatten sie bereits 1990 geschrieben, doch als er zwei Jahre später erschien, wirkte er wie ein Echo auf die rechten Anschläge auf Flüchtlingsunterkünfte in Hoyerswerda, Lichtenhagen und Mölln. Advanced Chemistry waren Pioniere einer Bewegung, die im selben Jahr mit der Single »Die Da?!« der Fantastischen Vier ihren kommerziellen Durchbruch erlebte. Deren Raps waren großenteils unpolitisch, oft lustig bis albern, aber auch sie setzten sich mit dem Thema der kulturellen Aneignung eines afroamerikanischen Genres auseinander.

Es ist wahr, Hip-Hop aus Europa kommt aus der Retorte
Das wird auch so bleiben, benutzen wir nur fremde Worte
Denk nicht so verdreht, werde Sprechgesangspoet
Ein silbensprudelnder Interpret, dessen Reime jeder sofort versteht
Nur in der Muttersprache kann der Spaß am Wortspiel funktioniern
Nur so kannst du den Sinn der Worte gut akzentuiern
Sprachliches Selbstbewusstsein, das ist das Prinzip
Mach dich frei von Vorurteilen und genieße diese Hip-Hop-Musik

Mitte der Neunziger wurde deutscher Hip-Hop durch Bands wie Freundeskreis, Blumentopf, Massive Töne, das Rödelheim Hartreim Projekt und Sabrina Setlur extrem populär. Auch das Gangsta-Rap-Genre wurde spätestens durch das Berliner Label Aggro Berlin mit Künstlern wie Sido, Bushido und Fler hierzulande etabliert.

Seit Advanced Chemistry sind in Deutschland lebende Migranten ein wesentlicher Teil der hiesigen Hip-Hop-Kultur. Themen wie Rassismus, Diskriminierung bei der Jobsuche, Arbeitslosigkeit und Kriminalität sind wichtige Themen in ihren Texten, und ihr Jargon wurde Teil der Jugendsprache.

In den USA hat Hip-Hop mittlerweile die Hochkultur erreicht. Der bereits erwähnte Kendrick Lamar wurde 2017 für sein Album *Damn* mit dem Pulitzerpreis ausgezeichnet. Das Werk sei – so hieß es in der Begründung – eine »eindringliche Momentaufnahme, die die Komplexität des modernen afroamerikanischen Lebens« einfange.

Es scheint tatsächlich, als wäre Hip-Hop, diese in einer Geisterstadt entstandene Musik sozial ausgegrenzter Migranten und benachteiligter Afroamerikaner, wie kein anderes Genre der populären Musik dafür geschaffen, unsere komplexe und unübersichtliche Zeit abzubilden. Es ist nicht das Singen oder das Spielen eines Instruments, sondern das Sampling, die Idee des Zitierens, Teilens und Rekontextualisierens, die unser digitales Zeitalter am besten auf den Punkt bringt und der Lebenswelt Jugendlicher entspricht, die noch immer die treibende Kraft und Kernzielgruppe für neue Musik sind. Man kann im Internet durch die Geschichte der Musik flanieren, Sounds und Videos anklicken, abspielen, stoppen, skippen, neu starten, wiederholen und sich so den Soundtrack seines Tages sampeln. Fließend, unmerklich wird man vom Konsumenten zum Hip-Hop-Künstler. Hip-Hop ist überall.

Welche Rolle spielt deutsche Musik in der Popwelt?

Die Heimat der Popmusik sind die Vereinigten Staaten. Folk, Jazz, Blues. Alle Zutaten, die es brauchte, um diese magische Mischung zuzubereiten, fanden im multiethnischen Land der angeblich unbegrenzten Möglichkeiten zusammen. Als der Rock 'n' Roll in den Sechzigern seinen Schwung verlor, brauchte es ein paar Wiederbelebungsversuche und Verfeinerungen aus Großbritannien, um Pop auf Dauer in unseren Köpfen und Herzen zu verankern.

Pop ist also vor allem immer eine amerikanische und britische Angelegenheit gewesen. Deutschland war da eher ein Entwicklungsland. Als etwa am 25. September 1965 mit dem *Beat-Club* von Radio Bremen die erste Popmusiksendung für junge Menschen im deutschen Fernsehen ausgestrahlt wurde, versuchte sich die Band Yankees aus Bremen mit »Halbstark« äußerst ungelenk an einer Eins-zu-eins-Übertragung der britischen Beatmusik und sang von blonden »Bienen mit Bändern in den Haaren«.

Gerade mal sechs deutsche Produktionen schafften es an die Spitze der US-Charts, die in Sachen Pop lange das

Maß aller Dinge waren: Der Bandleader und Komponist Bert Kaempfert, der später auch für Frank Sinatra den Welthit »Strangers In The Night« schrieb, schaffte es mit dem Titel »Wonderland By Night«; die Münchner Disco-Formation Silver Convention mit »Fly, Robin, Fly«; die beiden zum Playback ihres Produzenten Frank Farian mimenden Typen von Milli Vanilli mit »Baby Don't Forget My Number«, »Girl I'm Gonna Miss You« und »Blame It On The Rain« und der Hamburger DJ Felix Jaehn mit dem Remix des Songs »Cheerleader« vom jamaikanischen Reggae-Sänger Omi. Das erfolgreichste Album deutscher Interpreten im Ausland war das Comeback-Album *Back For Good* von Modern Talking aus dem Jahr 1998. Weitere hiesige Künstler mit internationalen Erfolgen: Nena, Lou Bega, Boney M., Enigma, Snap!, Scooter, Robin Schulz und die Scorpions.

Auf die Entwicklung der Popmusik hat das alles keinen besonders großen Einfluss ausgeübt. Und wenn man Pech hat, wird man auf Reisen als Deutscher popmusikalisch immer noch vor allem als Angehöriger der Nation eingeordnet, die David Hasselhoff liebt, der ja mit seinem vom Berliner Horst Nussbaum alias Jack White geschriebenen Song »Looking For Freedom« 1989 die Berliner Mauer niedergesungen haben soll. Es ist mit einigem Aufwand verbunden, dieses Missverständnis aus dem Weg zu räumen. Aber das ist eine andere Geschichte.

Eigentlich hat nationale Identität im Pop nichts zu suchen. Auch nicht, wenn man sich auf die Musikszene seines Landes sehr viel einbildet und sehr betrunken ist. Es gibt da das schöne Beispiel des englischen Songwriters Elvis Costello, der Ende der Siebziger amerikanischen Kollegen gegenüber schwer angetrunken über schwarze Musik im Allgemeinen und die USA im Besonderen herzog. Seine Beispiele waren Ray Charles und James Brown. Wobei er das Pech hatte, neben einer schlagkräftigen Frau zu sitzen, die einst mit Ike Turner und anderen schwarzen Künstlern gesungen hatte: Bonnie Bramlett – die den armen Costello sodann mit einem gezielten Kinnhaken vom Barhocker fegte. Natürlich hat er das alles später bereut. Nicht nur, weil seine Karriere in den USA damit erst mal beendet war, sondern auch, weil die beleidigten Künstler eigentlich in seinen persönlichen Olymp gehörten.

Mit dieser britischen Eigenschaft, das, was man eigentlich gut findet, erst mal mit Spott zu überziehen, erklärt sich auch die Bezeichnung, mit der man auf der Insel Anfang der Siebziger die neue psychedelische Musik belegte, die aus Deutschland kam und so gar nichts mit dem Blues und Rock 'n' Roll amerikanischer und britischer Bands jener Zeit gemein hatte: Krautrock. »Krauts« war ein Schimpfwort, das Briten oder Amerikaner – oder beide – während des Ersten Weltkriegs für die Feinde aus Deutschland benutzten (wohl deswegen, weil man Sauerkraut für das deutsche Nationalgericht schlechthin hielt). Doch hinter dem Wort »Krautrock« verbarg sich bald aufrichtige Wertschätzung für diese eigenartigen Spielarten von elektronischer Musik, Psychedelic-, Jazz-, Art- und Prog-Rock, die da von Bands wie Can, Tangerine Dream, Ash Ra Tempel, Popol Vu, Faust, Amon Düül und Neu! kam.

Sie machten Platten, die allesamt sehr eigen waren und die Popmusik auf äußerst spannende neue Wege führten. Wenn man heute einen jungen Menschen in einem Berliner Secondhand-Plattenladen oder auf einem Flohmarkt in der Krautrockkiste wühlen sieht, ist es immer noch recht wahrscheinlich, dass es sich um jemanden mit britischer Staatsangehörigkeit handelt. Es kommt zudem selten vor, dass auch nur eine der oben genannten Bands jemals im öffentlich-rechtlichen deutschen Fernsehen auftaucht. Die BBC dagegen produzierte 2009 eine Dokumentation mit dem typisch britisch-humorvollen (denn man zeigt den Deutschen natürlich immer gern, wer den Krieg gewonnen hat) Titel *Krautrock: The Rebirth of a Nation*, in der dieser Musik für die nationale Identitätsbildung im Nachkriegsdeutschland eine weitaus höhere Bedeutung zugemessen wird, als sich belegen lässt.

Entscheidend für die Popularität dieser Musik bei vergleichsweise jungen Briten ist das Standardwerk *Krautrocksampler. One Head's Guide to the Great Kosmische Musik* des britischen Punk- und Post-Punk-Musikers Julian Cope. In der Einleitung zu seinem Buch schrieb er, wenn er im Deutschland der Sechzigerjahre aufgewachsen wäre, hätte er entweder Krautrock gemacht, oder er wäre gestorben: »Es wäre unmöglich gewesen, mit dem Wissen zu leben, dass meine Eltern in Beziehung zu einem Verbrechen standen, das über biblische Ausmaße hinausging. Ich hätte mich in einer Rockete (im Englischen schreibt Cope statt »rocket« – also Rakete – »Rockit«) zum Mars geschossen – und das ist ziemlich genau der Pfad, dem viele der besten deutschen Rock-'n'-Roll-Künstler folgten.«

Die Flucht vor der Vergangenheit ins nach der Mondlandung erschlossene All – das war ein gutes Bild. Schließlich konnten die betörenden Klänge des Krautrock nicht aus dem alten Nazi-Deutschland stammen, gegen das Copes Heimatland gerade noch gekämpft hatte. Sie mussten von einem anderen Ort kommen, weit entfernt gelegen in den Tiefen des Raumes und der Zeit – daher nannte man diese Klänge auch Kosmische Musik.

Besonders bekannt oder gar berühmt sind die wegweisenden Krautrockbands in ihrer Heimat nie geworden. Can hatten einen Hit mit ihrem Song »Spoon«, weil der 1971 das Titelstück des WDR-Straßenfeger-Krimis *Das Messer* gewesen war. Selbst die erfolgreichste Band aus dem Krautrockumfeld (von dessen Ästhetik sie sich allerdings bald entfernte) hat ihre größte Anhängerschaft wohl immer noch in Großbritannien. Dabei entwarfen die beiden studierten Musiker Ralf Hütter und Florian Schneider aus Düsseldorf, die sich Kraftwerk nannten, eine explizit deutsche Ästhetik. »Die lebendige Kultur Mitteleuropas wurde in den Dreißigerjahren gekappt, und all die Intellektuellen gingen in die USA oder nach Frankreich, oder sie wurden eliminiert«, erklärte Hütter 1976 in einem Interview. »Wir nehmen diese Kultur der Dreißigerjahre an dem Punkt auf, an dem sie verlassen wurde, und dies auf einer spirituellen Ebene.«

Doch der Blick von Kraftwerk ging nicht nur zurück: In der nüchternen Synthesizer-Musik, die sie seit ihrem vierten Album *Autobahn* von 1974 produzierten, den vom Industriedesign inspirierten Plattencovern, der emotionslosen Stimme, die von Autobahnen, Radioaktivität, Zügen, Robotern und Computern erzählte, waren die technologische Entwicklung und die damit verbundenen Veränderungen der Arbeits- und Lebenswelt jener Jahre aufgehoben. 1977 erschien mit *Trans Europa Express* ein Album, das voll und ganz aus automatisierter Musik bestand. Da konnte das nächste – und bis heute wohl bekannteste – Werk der Band fast nur *Die Mensch-Maschine* heißen.

Die Kraftwerk-Ästhetik mutete zudem wie eine Parodie auf den bundesrepublikanischen Fortschrittsglauben an und wurde, auch gerade weil sie ein Klischee des Deutschseins bediente, international erfolgreich. Man amüsierte sich drüber, dass man sich in Deutschland nicht amüsieren konnte und selbst die Musik nach Arbeit klang. »Fun«, so schrieben Theodor W. Adorno und Max Horkheimer über dieses schreckliche Lachen, »ist ein Stahlbad.«

Das verbindet Kraftwerk in gewisser Weise mit der anderen international enorm erfolgreichen und einflussreichen deutschen Band: Rammstein. Der Sänger Till Lindemann rollt seine Rs über einen eckigen, zum Mitklatschen animierenden Stechschritt-Rhythmus und Gitarren mit Saiten, die mindestens so hart wie Kruppstahl sind. Eine stählerne Romantik, die mindestens so deutsch klingt wie Kraftwerk; nur dass Lindemann nicht kühl und emotionslos über Technik singt, sondern mit dunkel dräuender, nicht selten allerdings durchaus menschmaschinenhafter Stimme über Fleisch und Blut, Körper und Sex, Missbrauch und Gewalt.

Es ist jedoch sicher nicht allein die Musik, die Rammsteins Erfolg ausmacht. Ihre brachialen, pyrotechnisch ausgefeilten Bühneninszenierungen, die sich aus deutschem Expressionismus, wagnerianischem Größenwahn, den sexuellen Vorlieben des Leopold von Sacher-Masoch und des Marquis de Sade und proto-faschistischer Ästhetisierung von Gewalt und Krieg bediente, zeigen das Klischee eines Deutschlandbildes, das man aus alten Dokumentationen und Stummfilmen kennt und das, durch die historische Distanz abgesichert, mit einer gefährlichen Coolness aufgeladen wird. Das gefiel 1996 auch dem dunklen Romantiker unter den amerikanischen Autorenfilmern, David Lynch, der gleich zwei Rammstein-Lieder für den Soundtrack seines Films *Lost Highway* auswählte.

Dagegen waren Kraftwerk in vielerlei Hinsicht die Inspiration für die einzige populäre Musikrevolution, die tatsächlich maßgeblich in Deutschland stattfand, auch wenn der Ursprung in Chicago lag. Da hatte Ende der Siebziger der vom Disco-Trend gelangweilte DJ Frankie Knuckles im Club Warehouse begonnen, afroamerikanischen Soul und Funk mit elektronischer Musik aus Europa, wie eben beispielsweise Kraftwerk sie machten, zu verbinden. »That sound they play down the House«, nannten Fans diese neue Tanzmusik, oder kurz: House.

Im Lauf der Jahre wurden die Beats durch im Viervierteltakt mit deutlich über einhundert Schlägen pro Minute pumpende analoge Drumcomputer des japanischen Herstellers Roland härter und monotoner. Acid House hieß diese neue Spielart, die man vierhundertfünfzig Kilometer östlich von Chicago in der von Massenarbeitslosigkeit, Gewalt und Kriminalität geschüttelten ehemaligen Autometropole Detroit in einer härteren, raueren Variante pflegte. Auf der Zusammenstellung *Techno! The New Dance Sound Of Detroit* fand sich ein Track des DJ Juan Atkins mit dem Titel »Techno Music«, und bald nannte man diese Musik daher Detroit Techno.

House und Techno wurden spätabends von den Radiowellen auch in beide Teile Berlins getragen – in der Sendung S-F-Beat im zweiten Programm des Senders Freies Berlin (SFB) mit der ehemaligen Punk-Sängerin Monika Dietl und beim Rundfunk im amerikanischen Sektor (RIAS) in Barry Graves' Studio 89 – und fand ziemlich schnell Adepten und Nachahmer. Etwa Gabi Delgado, den Sänger und Textdichter der Neue-Deutsche-Welle-Pioniere DAF (»Tanz den Mussolini«), der gemeinsam mit einem DJ, der sich Westbam nannte, in Berlin die erste House-Party Deutschlands organisierte.

Westbam war eine Kurzform von Westfalia Bambaataa, bürgerlich hieß der Plattenaufleger Maximilian Lenz, kam aus dem westfälischen Münster und hatte sein Pseudonym in Anlehnung an den New Yorker Hip-Hop-DJ Afrika Bambaataa gewählt. Mehr oder weniger parallel dazu plante ein junger Mann in Berlin einen Marsch für die Liebe, der inspiriert war von den ekstatischen Acid-House-Partys in England, die man Raves nannte und die wie ein zweiter Summer of Love über die Insel gekommen waren. Der junge Mann nannte sich

Dr. Motte, hieß bürgerlich Matthias Roeingh und hatte in einer Band mit dem von DAF inspirierten Namen DPA (für Deutsch-Polnische Aggression) gespielt.

Motte meldete seine Demonstration unter dem Motto »Friede, Freude, Eierkuchen« ordnungsgemäß bei der Berliner Stadtverwaltung an. »Die Begründung war klar«, erklärte er später. »Friede – das ist ja auch Abrüstung auf allen Ebenen. Freude – Musik als Mittel der Verständigung. Eierkuchen – für gerechte Nahrungsmittelverteilung.« Diesen Marsch nannte er Love Parade. Man traf sich am 1. Juli 1989 um vier Uhr nachmittags an der Nordseite des Wittenbergplatzes in Schöneberg. Die Musik – Neunzigminutenkassetten mit Mixes von Westbam, Kid Paul, Johnzon und Dr. Motte selbst – dröhnte von zwei alten VW-Bullis und einem Citroën herunter, als die kleine Gruppe von nach wohlwollenden Schätzungen hundertfünfzig Ravern den Kurfürstendamm hinuntermarschierte. Siebenhundertsiebzig Mark hat der Spaß alles in allem damals gekostet.

Nach dem Fall der Mauer nisteten sich die Raver in den leer stehenden Immobilien von Berlin-Mitte ein, die für Spontanpartys wie geschaffen schienen und bald auch die ersten Clubs beherbergten. Das Mobiliar fand man auf der Straße, denn viele Bürger von Ostberlin hatten sich von ihren eingewechselten Westmark eine neue Inneneinrichtung gekauft. In den House- und Techno-Tempeln zeigte sich der Sozialismus also quasi in einer neuen, wenn man so will: dekonstruierten Form.

Der Berliner Techno war härter, dunkler, kompromissloser als etwa der aus der anderen Rave-Metropole Frankfurt, und man pflegte enge Kontakte nach Detroit. »Warnung«, hieß es auf Flyern für die vom Leipziger Wolfram Neugebauer, der sich DJ WolleXDP nannte, gegründete Partyreihe Tekknozid (ein Kofferwort aus Techno und Acid, bei dem das doppelte »k« eine neue musikalische Härte andeuten sollte). »Tekknozid ist kein neues Synonym für Disco. Härteste Techno-Beats aus House, Industrial, Hip-Hop, Electronic Body Music (E. B. M.), New Beat und Acid wirken im Zusammenspiel von psychedelischen Licht- und Effektinstallationen auf das Unterbewusstsein. In totaler Ekstase verlieren sich die Grenzen von Zeit und Raum. Visionen aus dem Unterbewusstsein eröffnen den Blick in den Cyberspace, jenen undefinierbaren Datenraum hinter Monitoren, Synthesizern und Satellitenantennen.«

Es war eine bunte Mischung aus vielen verschiedenen Subkulturen, die sich in den neuen Clubs traf: von der sehr prominent vertretenen und für die Ästhetik des Techno entscheidenden Schwulenszene über die Fans elektronischer Musik, Hip-Hop-Hörer und Breakdancer bis zu Punks und gar Rockern. Gelbliche Tabletten mit einem Spalt in der Mitte, Zitronendrops nicht unähnlich, machten die Runde. Es handelte sich um ein Amphetamin, genauer gesagt: Methylendioxy-N-methylamphetamin, kurz MDMA oder auch Ecstasy genannt. Etwa siebzig Mark kostete damals eine Tablette, die man aber aufgrund des Spaltes in der Mitte und der intensiven Wirkung gut teilen konnte – einen Beipackzettel gab es nicht dazu. Zu den Nebenwirkungen gehörten Schwindelgefühle, Übelkeit, Schweißausbrüche, erweiterte Pupillen,

Mundtrockenheit, Kiefermahlen, Herzrasen, Ansteigen der Körpertemperatur und Austrocknung, Panikattacken, Depression, psychotische Störungen, Nieren- und Leberversagen sowie Kreislaufkollaps.

Die Wirkungen, die man sich von dem Präparat erhoffte, waren, wenn sie eintraten, weitaus angenehmer. Man fühlte sich entspannt, wollte vielleicht sogar die Welt umarmen vor Liebe und Glück oder suchte aufgrund eines verstärkten Körperempfindens die Nähe anderer Menschen – was bei Raves nicht selten zur Bildung sogenannter Knutschkugeln führte, die aus sich gegenseitig herzenden und umschlingenden Ecstasy-Konsumenten bestanden. Alle waren eine große harmonische Familie. Die Kommune 1 konnte sich damals auch nicht besser gefühlt haben, zumal dort alles ausdiskutiert werden musste – dafür war es in einem Techno-Club viel zu laut.

Als sich auf der dritten Love Parade am 6. Juli 1991 insgesamt sechstausend Techno-Jünger aus dem ganzen Land zusammenfanden, hatte auch Deutschland endlich seinen kleinen Summer of Love. Nur zwei Wochen nachdem der Bundestag in Bonn beschlossen hatte, Berlin zur neuen Hauptstadt der Bundesrepublik Deutschland zu machen (was dann erst im Oktober umgesetzt wurde), wurde die Stadt zur Hauptstadt der ersten gesamtdeutschen Jugendkultur – und wie bei den Studentenprotesten 1968 war Frankfurt das andere Zentrum der Bewegung.

Der große Unterschied zu damals bestand jedoch darin, dass Techno vollkommen unpolitisch war. Zumindest auf den ersten Blick. Anders als Punk, der seine negative Energie zum Teil aus seiner Verweigerungshaltung gegen das herrschende System und der Verneinung der Zukunft gezogen hatte und für alle Beteiligten in erster Linie ein Ego-Ding war, war Techno verbindend, lebensbejahend und schien wie selbstverständlich eine friedliche Zukunft zu feiern, in der alle im Wohlstand lebten.

Man konnte in diesem hoffnungsvollen Hedonismus überhaupt so etwas wie eine positive Utopie erkennen, von der eine kurze Zeit lang nicht wenige glaubten, sie könne im freien Raum zwischen den Systemen des Kapitalismus und des Kommunismus, den einst die Mauer in ihrem Schatten verborgen hatte, Wirklichkeit werden. Hier blühten zwar nicht, wie Helmut Kohl es 1990 in Aussicht gestellt hatte, die Landschaften, dafür strahlten die Ruinen des alten kaputten Berlins.

»Es war eine sehr hoffnungsvolle Zeit«, erklärte der DJ und Produzent Mijk van Dijk in der *oral history* des Techno, *Der Klang der Familie*. »Es waren so viele Dinge weg: die Mauer, der Ost-West-Konflikt. Alles schien sehr strahlend, das Jahr 2000 glitzerte. Alle sprachen von Cyberspace, Future, Brain Machines. Computer galten in den Achtzigerjahren als Inbegriff des Überwachungsstaates, und plötzlich war das etwas, um sich selbst zu verwirklichen, um neue Musik zu machen. Eine Befreiungsmaschine, keine Überwachungsmaschine.«

Im Zentrum der ersten gesamtdeutschen Jugendbewegung stand also wieder die alte Kraftwerk-Idee, den technischen Fortschritt in Kunst zu verwandeln. Und dass die Musik mehr nach Maschine als nach Mensch klingt, passt eben gut ins Bild, das man im Ausland von den Krauts hat. Es ist sicher kein Zufall, dass es Künstler wie Kraftwerk und Rammstein und Genres wie Krautrock und Techno sind, die mit den stereotypen »deutschen Tugenden« und Ästhetiken spielen, die in der Popwelt den größten Eindruck hinterlassen haben. Und das nicht nur durch kommerziellen Erfolg (der war etwa im Fall von Krautrock abseits der eigentlich nicht dazugehörenden Kraftwerk nicht sonderlich groß), sondern auch, indem sie internationale Nachahmer fanden. Deutsche Musik ist für den Pop ein Stahlbad.

Was muss man tun, um in Deutschland ein Superstar zu werden?

Zwei der drei meistverkauften Alben in Deutschland stammen von Herbert Grönemeyer (das dritte ist von Phil Collins): *4630 Bochum* und *Mensch*. Und in den Titeln scheint schon der ganze Mann drinzustecken, auf den sich hierzulande, wie es scheint, alle einigen können. Zu Beginn seiner Karriere, Anfang der Achtziger, war er noch vor allem ein Schauspieler. In Wolfgang Petersens Oscar-nominiertem Zweiter-Weltkrieg-Drama *Das Boot* gab er den Kriegsberichterstatter Leutnant Werner, einen blassen, eher weichen Typen, der von den harten Kerlen der Besatzung des titelgebenden U-Boots, das sich während des Atlantikkriegs auf Feindfahrt befindet, nicht recht ernst genommen wird. Mit ihm konnte man sich identifizieren. So kreidebleich, wie er bei der ersten Tauchfahrt war, als das Boot unter dem Wasserdruck ächzte und die Nieten aus ihren Löchern sprangen, war man schon allein vom Zusehen.

Drei Jahre später wurde Grönemeyer mit seinem fünften Album, *4630 Bochum*, so was wie der Inbegriff des Ruhrpotts und der rechtschaffenen Maloche. Deshalb würde man ihn nie einen Superstar nennen. Dabei ist er vermutlich einer der wenigen, die wir haben, denn er erfüllt alle Kriterien: Jeder hat schon mal von ihm gehört, kann den ein oder anderen Songtitel nennen, vielleicht sogar ein paar Textzeilen mitsingen, er füllt die großen Hallen und landet mit jeder Platte ganz vorne in den Charts. Er singt nicht schön, aber laut. Er musiziert nicht kunstvoll, aber ehrlich. Und gefühlt ehrlich sind auch seine Texte. Das klingt alles nicht leichtfüßig, sondern tatsächlich nach harter Arbeit.

Wir haben ihn endlich wieder, unseren Nationalstolz
Wir atmen auf, es stirbt der Wald
Wir sind eben aus ganz besonders deutschem Holz
Oh-oh-oh, wir sind eiskalt
Oh-oh-oh, wir sind wieder wer, wer nur?
Zweifelsfrei deutsch pur

sang er Mitte der Achtziger in seinem Lied »Tanzen«. Und gut zwanzig Jahre später hieß es in »Kopf hoch, tanzen« etwas gekünstelter:

Wieso macht man Fehler auch zweimal
Und sind Seelen nur verwandt und nicht gleich
Warum gibt's dein Lächeln nur als Extra
Denn du küsst so wund

Das Deutschsein und das Tanzen scheinen bei Herbert Grönemeyer zusammenzuhängen. Letztgenanntes ist ihm auf der Bühne harte Arbeit. Als ich ihn im März

2019 in einer von einem schwäbischen Automobilhersteller gesponserten Berliner Mehrzweckhalle sah, ballte er nach jedem mit vielerlei tapsigen Gesten und Schritten dargebotenen Lied die Faust, wie Boris Becker es einst tat, wenn er einen Gegner niedergekämpft hatte, und presste ein kurzes »Ja!« hervor.

Er füllte an diesem Abend unter großen Anstrengungen die Rolle aus, die man ihm vor über dreißig Jahren zugedacht hatte. Manchmal übertrieb er es etwas damit. Im Schauspielfach, in dem er ja gelernt hat, nennt man das *overacting*, was ein bisschen nach Überarbeitung klingt. Keine Frage, er schuftete für sein Geld. Und als Kumpel und bester Freund vertraute er dem Publikum an, was der schönste Song sei, den er je geschrieben habe, um dann selbstkritisch zu erklären, dass das Lied »noch wachsen« werde und »Potenzial« habe. Dann redete er seinen Freunden ins Gewissen: In Zeiten, in denen rechte Parteien wieder in die Parlamente einziehen, dürfe man »keinen Millimeter nach rechts« rücken und müsse »Haltung zeigen«, sagte er eindringlich. Und die achtzehntausend Menschen, die ihm zusahen und -hörten, hatten bei diesem Frontalunterricht tatsächlich ihren Spaß, standen auf, klatschten, schunkelten, sangen. Es hatte was von einer Großveranstaltung des Erwachsenenbildungswerks.

Vielleicht ist das Teil unseres mentalen Programms, dass wir erzogen werden wollen. In der deutschen Popmusik wird der Takt gerne mal mit dem erhobenen Zeigefinger geschlagen, und man mag es, wenn die Stars sich ehrlich geben – raue und unverstellte Stimmen scheinen dafür ein Beleg.

Rio Reiser, der Sänger von Ton, Steine, Scherben, war vermutlich der Urvater dieser Schule. Seine Band entstand ja auch quasi aus einer pädagogischen Einrichtung, dem Lehrlingstheater Rote Steine, das er mit Freunden gegründet hatte, um Jugendlichen zu zeigen, wie der Klassenkampf geht. Nach den parolenhaften Songs seiner Berliner Hausbesetzerjahre wie »Macht kaputt, was euch kaputt macht« und »Keine Macht für Niemand« entwickelte er, mittlerweile mit seiner Band in einer Landkommune lebend, eine neue Form der Rockpoesie, wie es sie in der deutschen Sprache bis dahin nicht gegeben hatte – sie vereinte die Ernsthaftigkeit der Liedermacher mit der Direktheit und dem Hedonismus des Rock, das Politische mit dem Innerlichen.

Sein Gegenpart war ein in Hamburg lebender Sänger und ehemaliger Jazzrock-Schlagzeuger, der sich die deutsche Sprache mundgerecht zubereitete, indem er sie schnoddrig vernuschelte und mit flapsigen Szenesprüchen versetzte. Er hieß Udo Lindenberg, sang über den bundesdeutschen Alltag und, wenn er ein »heiße(s) Mädchen aus Pankow« kennenlernte, auch mal über den gesamtdeutschen.

Herbert Grönemeyer hat sich nie an der romantischen Poesie von Reiser versucht, auch den Swing und die Lässigkeit, die Lindenberg in seiner Anfangszeit auszeichneten, hat er nie gehabt. Seine sprachlichen Bilder sind eher gut gemeint als elegant, sein Gesang ist ein barsches Bellen. Und doch hat er von beiden gelernt, von Rio Reiser hat er die Ehrlichkeit und das Sendungsbewusstsein, von Lindenberg die Künstlichkeit – klingt wie ein Widerspruch, ist aber keiner. Er hat sich die Kunstfigur des »ehrlichen Entertainers mit Charakter« erschaffen, des, wie Bruce Springsteen es mal in einer Selbstbeschreibung treffend formulierte, »rich man in a poor man's shirt«. Er lädt den eigentlich nach Glamour strebenden Pop mit Normalität auf.

Dem gegenüber steht die Schlagerwelt, die vollkommen unpolitisch und eigentlich auch gänzlich unromantisch die Normalität mit stereotypen Bildern von Glück auflädt. Wenn diese Lieder Kleider wären, sie hingen in vielfacher Ausführung auf den Stangen niedrigpreisiger Kleidungsdiscounter in allen deutschen Innenstädten. Das billige Glück kann sich jeder leisten.

Der größte Schlagerstar der vergangenen Jahre, die im russischen Krasnojarsk geborene Helene Fischer, scheint die ideale Projektionsfläche für die Fans dieser Musik, weil sie als Persönlichkeit hinter ihrem emotionslosen Lächeln nicht zu erkennen ist. Ihre vermeintliche Vielseitigkeit, die durch viele verschiedene Outfits und artistische Einlagen statt durch musikalische Variation inszeniert wird, lässt wiederum den Eindruck entstehen, es handle sich bei ihrer Kunst vor allem um eines: um harte Arbeit. Die scheint also durchaus ein entscheidender Faktor für das Superstarpotenzial in Deutschland zu sein. Nur der ewige Udo Lindenberg tänzelt lässig und ohne jede Anstrengung an allen vorbei.

Lebt Elvis wirklich noch?

Es gibt zwei Dinge, die mir sofort einfallen, wenn ich an den Tod von Elvis Presley denke. Das eine ist der allseits bekannte und mittlerweile auch ein wenig öde »Elvis lebt!«-Mythos, der immer noch ab und zu in der amerikanischen Presse auftaucht, wenn mal wieder irgendein Fan den King of Rock 'n' Roll in einem Supermarkt gesichtet haben will. Das andere ist ein Zitat von John Lennon, der kurz nach Presleys Tod am 16. August 1977 sagte, dass dieser nicht erst jetzt gestorben sei, sondern »an dem Tag, als er zur Army ging«.

An beiden Aussagen ist wohl etwas Wahres dran, und ich würde noch eine dritte hinzufügen, die vielleicht erklärt, warum das so ist. Sie stammt aus dem Buch *Starlust – The Secret Fantasies of Fans* von Fred Vermorel: »Ein gangbarer Weg, Menschen zu konsumieren, ist, sie auszulöschen.«

Sam Phillips' Ausspruch, er suche nach einem weißen Mann, der einen schwarzen Sound und ein schwarzes Gefühl vermittle, ist Legende geworden. Der amerikanische Kulturtheoretiker Greil Marcus hatte zu diesen ersten Studio-Auftritten von Elvis seine ganz eigene Meinung:

»Ich höre einen jungen Mann, weiß wie der Wal, der deswegen besonders war, weil er in seiner besten Musik völlig sein eigener Herr bleiben konnte.« Wie schwarz oder wie weiß Elvis klang, ist letztlich vielleicht nebensächlich, wichtig ist tatsächlich die Beobachtung, dass der Sänger in diesem Moment ganz sein eigener Herr war. Er tat, wonach ihm war, ohne von einem Produzenten, einem Manager oder sonst wem kontrolliert zu werden.

Doch die Kontrolle sollte er bald verlieren. Denn im August 1955 wurde der legendäre Colonel Parker sein Manager und bestimmte seine Geschicke, befahl ihm, was er zu tun hatte. Wirklich bändigen ließ Presley sich da allerdings noch nicht. Der Presley-Biograf Michael Ventura schrieb über Elvis' erste öffentlichen Auftritte: »Elvis war ein leibhaftiger Bruch in der weißen Realität. Ein klaffender Spalt in die Natur der westlichen Welt.« Durch seine Musik und das aufreizend-sinnliche Kreisen seiner Hüften sprengte Presley alle Werte und Symbole, an denen sich das Gros der Jugendlichen im prüden Nachkriegsamerika bis dahin orientieren musste. Ein Schock für den Rest der Gesellschaft, ja: eine Gefahr, die es zu bekämpfen und auszulöschen galt.

Das passierte sehr subtil. Die Gesellschaft reagierte mit Vereinnahmung. 1958 gelang es ihr, den Körper des King unter Kontrolle zu bekommen: Elvis musste zur Armee. Er war für zwei Jahre außer Gefecht gesetzt. In dieser Zeit wurde aus dem Rebellen Elvis Presley ein ungefährlicher Mythos, auf den die US-Bürger alle möglichen Wünsche und Gefühle projizieren konnten. »In dem Moment, in dem er zur Armee ging, bewies Elvis, dass er smarter war, als es ihm irgendwer von uns zugetraut hatte: er ging in die Ewigkeit ein«, schrieb der Musikkritiker Lester Bangs und vergaß dabei, dass die treibende Kraft hinter der Entscheidung nicht der Sänger war, sondern sein Manager. Die Navy hatte angeboten, für ihn eine eigene Elvis-Presley-Kompanie aus seinen Freunden aufzubauen. Die Army bot ihm eine Tournee entlang der weltweiten Truppenstützpunkte an, um die Moral zu stärken und junge Männer zu ermutigen, sich zu verpflichten. Aber Parker versicherte seinem Schützling, wenn er ohne Sonderbehandlung seine zweijährige Militärzeit absolvieren würde, würde die Armee ihn zu einem größeren Star machen, als der Rock 'n' Roll es je können würde. Denn er wusste, dass durch die Pflichterfüllung und den Dienst fürs Vaterland auch die ältere Generation Presleys Charme nicht weiter widerstehen könnte.

Als Presley im März 1960 den Dienst quittierte, war er kein Rebell mehr und kein Rock 'n' Roller. Die Emotionen und Bedürfnisse der amerikanischen Mittelschicht ließen sich viel besser in seichten romantischen Hollywoodfilmen und Schnulzen bedienen. Er sang nun »Are You Lonesome Tonight« und »It's Now Or Never«. Mit diesen Liedern assoziierte man nicht mehr das aufreizend kreisende Becken, sondern nur noch die geschürzte Lippe. Elvis' Bild in der Öffentlichkeit war zur Karikatur verkommen, zum Klischee, zum »Wegwerfartikel«, wie Greil Marcus schrieb.

Mitte der Sechzigerjahre stand das mittlerweile durch die Filme vor allem bei der Jugend ramponierte Bild des

Kings in krassem Gegensatz zum immer noch jugendhaft schönen Körper Presleys. Als hätte er sich, wie der Protagonist in Oscar Wildes *Das Bildnis des Dorian Gray*, nachdem dieser ein Porträt von sich zum ersten Mal sah, gewünscht: »Wenn *ich* es doch sein könnte, der ewig jung bliebe und das Bild müsste altern.« Wie Dorian Gray, dessen Wunsch sich schließlich erfüllte, blieb auch Elvis makellos, während sein Image durch jeden seiner kommerziellen Sündenfälle ein Stück hässlicher wurde. Und wie Dorian Gray konnte auch Presley die Hässlichkeit seines Bildes eines Tages nicht mehr ertragen und versuchte, es zu zerstören.

Das war um Weihnachten 1968. Das *Comeback Special* für den Fernsehsender NBC. Ein letztes, unglaubliches Aufbäumen. Ein furioser Auftritt im engen schwarzen Lederanzug, der aus ihm wieder den sexuell aufgeladenen, gefährlichen Rock-'n'-Roll-Rebellen machte, der wieder die alten Hits sang: »Hound Dog«, »Heartbreak Hotel«, »Jailhouse Rock« … Natürlich war auch das eine Entscheidung seines Managers. Elvis war durch die letzten Kinoflops in der Filmwelt mittlerweile schwer vermittelbar. Eigentlich war's dann auch nur eine Aufführung des Mythos vom King of Rock 'n' Roll.

Und so teilte er auch hier das Schicksal des Dorian Gray: Das Bild war nach dem Angriff wieder makellos, er selbst jedoch begann zu altern. Aber das scherte niemanden mehr. Was zählte, war nur die glänzende Legende, das makellose Bild, das jeden Abend neu zelebriert werden musste. Elvis' Darstellung des eigenen Mythos sei für das Publikum derart befriedigend, dass er inzwischen ohne die geringste musikalische Identität dastehe, schrieb Greil Marcus in *Mystery Train*. »Er sieht aus wie Elvis«, begeisterte sich ein Fan 1972 in Las Vegas bei einem der Auftritte. Was an dieser Figur aussah wie Elvis, waren die Insignien der Geschichte vom »King of Rock 'n' Roll« – dargestellt durch den strassbesetzten *Anzug*.

Zunächst war es das rebellische Becken, dann nur noch die Lippe – die viele zweitklassige Rock-'n'-Roll-Mimen wie Billy Idol oder Chris Isaac nachäffen konnten –, nun der Anzug. Der Mythos hatte sich endgültig von Elvis Presleys Körper gelöst. Wer in dem Anzug steckte – der in den letzten Jahren seines Lebens drogenkranke, aufgedunsene, monströs-obszön gewordene »echte« Elvis oder ein Imitator –, war völlig gleichgültig, denn den »King« erkannte man nicht daran, wer er war, sondern daran, was er trug. Elvis Presleys Tod war da fast nebensächlich, denn der Mythos lebte jenseits des realen Körpers weiter und tut dies auch heute noch.

Das richtige Leben

Wie hört man Musik am besten – auf Schallplatte, CD oder doch gleich im Stream?

Mitte der Neunzigerjahre hätte ich es für pure Magie gehalten, wenn man mir ein Telefon gegeben hätte, mit dem ich in kürzester Zeit fast jeden jemals aufgenommenen Popsong hätte abrufen können. Damals hatte ich immer einen Zettel mit einer Liste von Plattentiteln im Portemonnaie, nach denen ich suchte. Ich konnte diese Liste natürlich auswendig, denn sie war eigentlich alles, worüber ich den ganzen Tag lang nachdachte. Aber wenn man vor einem Regal, einer Kiste oder einem Wäschekorb mit Schallplatten steht, kann man schon mal einen Blackout haben. Und der kann einem unter Umständen im entscheidenden Moment alles Sammlerglück zunichtemachen, weil man vergessen hat, unter »R« und vorsichtshalber auch unter »W« und besser zudem gründlich unter »Q«, »S«, »V« und »X« (konnte ja jemand falsch einsortiert haben) nach Wolfgang Riechmanns vergessenem Elektronik-Meisterwerk *Wunderbar* zu suchen. Und dann wäre eine einmalige Gelegenheit verstrichen. So wie wenn man sich einen Moment lang zur Seite dreht und nicht sieht, wie der Traumpartner an einem vorbeiläuft und einen dabei interessiert ansieht.

Mal langsam. Warum habe ich Mitte der Neunzigerjahre nach Schallplatten gesucht? Da war doch längst jeder den praktischen, knack- und knisterfreien silbernen Plättchen verfallen, die man CDs nannte. Eben. Genau das war der Grund. Ganze Generationen trennten sich damals von ihren Schallplatten, in deren Rillen die Zeit kleine Kratzer geschlagen hatte, um sich die gleiche Musik dann auf blitzblanken, von der Vergangenheit vollkommen unbeeindruckten CDs noch einmal zu kaufen. Dementsprechend waren die Preise für gebrauchte LPs im Keller – und die LPs selbst meist auch. Ich besaß einen billigen Dual-Plattenspieler und konnte so die gesammelten, nach altem Zigarettenrauch und eben feuchtem Keller müffelnden Werke von Randy Newman, Elvis Costello, Joni Mitchell und Franz Josef Degenhardt mit den doch überschaubaren finanziellen Mitteln eines studentischen Mitarbeiters erstehen. Nie hat der Generationenvertrag besser funktioniert.

Den wahren Schätzen musste man allerdings auch damals schon mindestens so lange hinterherjagen wie der großen Liebe. Es gibt Platten, nach denen ich tatsächlich nicht Jahre, sondern jahrzehntelang gesucht habe (manchmal auch ohne zu wissen, *dass* ich nach ihnen suchte) – auf Flohmärkten, auf Plattenbörsen, in Secondhandläden –, um sie dann an Orten zu finden, an denen ich absolut nicht damit gerechnet hatte: So zog ich etwa ein sehr gut erhaltenes Exemplar des Albums *On The Beach* von Neil Young aus einem Wäschekorb in einer antiquarischen Buchhandlung in Münster, fand das eigentlich unhörbar larmoyante Werk *Suite For Susan Moore And Damion* des amerikanischen Songwriters Tim Hardin in einem Laden für Elektrogeräte in Wattenscheid und eine Erstpressung von *The End Of An Ear*, der ersten Soloplatte des englischen Sängers, Jazz- und Prog-Rock-Schlagzeugers Robert Wyatt, zwischen Kinderbüchern und kommunistischen Zeitschriften aus den Siebzigern auf einem Hinterhof-Flohmarkt irgendwo in Glasgow.

Als ich Platten wie diese entdeckte, wusste ich, dass ich nur noch ein paar Minuten, vielleicht Stunden davon entfernt war, zum ersten Mal in meinem Leben die Musik zu hören, die man Jahrzehnte zuvor auf sie gepresst hatte. Den Abdruck davon konnte ich schon sehen – auf diesem Fossil aus Polyvinylchlorid. Ich stand direkt und gegenständlich mit der Vergangenheit in Verbindung.

Als ich später meinen ersten schnelleren Internetanschluss und meine erste Kreditkarte besaß, fand ich alles, was ich suchte, online. Kein frühes Aufstehen mehr, um auf Flohmärkten und Plattenbörsen vor Eintreffen des »gemeinen Pöbels« die Schätze zu sichern. Ein paar Klicks, den Rest erledigte die Post. Ich war begeistert! Und ich bestellte und bestellte. Aber es fühlte sich nicht richtig an. Es war zu einfach geworden und bedeutete nichts mehr. Am besten daran war noch die Zeit der Ungewissheit, wenn ich auf ein Paket aus Japan oder den USA wartete – der letzte Thrill lag darin, dass es ja immer noch verloren gehen konnte.

Heute kann ich fast alle Lieder von den bisher ungehörten und ungekauften Platten in einer Sekunde bei Streamingdiensten finden und abspielen. Natürlich gehe ich weiter in Plattenläden und stöbere auf Online-Plattformen für Händler und Sammler. Nicht mehr so oft und nicht mehr so obsessiv wie früher allerdings.

Einst konnte man sagen, es gehe einem als Plattensammler nicht um den Fetischcharakter einer Plastikscheibe und eines Pappcovers, sondern um die Musik an sich. Das unterschied einen von einem Briefmarkensammler, der sich lediglich an nicht entwertetem Porto, also einem Stück gummierten Papiers, verlustierte. Jetzt geht es beim Plattensammeln nur noch um die Jagd an sich. Die anschließende Belohnung ist eher gering, weil man die Musik ja eh längst aus dem Internet kennt, wenn auch – zugegebenermaßen – oft in geringerer Auflösung. Und es gibt natürlich Ausnahmen, auch ich bin womöglich im Besitz von Platten, deren Klänge niemals in den Weiten des Internets auftauchen werden.

Für die Leidenschaft ist die Situation nicht besonders förderlich. Wenn alles zu jeder Zeit verfügbar ist, verliert es schnell an Bedeutung, wird Teil des Alltags, so wie die vorbeirasenden Autos auf der Straße vor dem Fenster. Irgendwann nimmt man dieses Hintergrundrauschen nicht mehr wahr. Dann funktioniert Musik so, wie sie in Hollywoodfilmen schon seit Jahrzehnten eingesetzt wird: als subtiler, kaum bewusst wahrgenommener Stimmungsdimmer.

Wenn man sich heute bewusst in die Welt eines Songs oder eines Albums hineinversetzen will, braucht es ein wenig Anstrengung und Konzentration. Und da kommt wieder die gute alte Schallplatte ins Spiel. Sie hilft dabei, sich in eine Stimmung zu versetzen, in der Musik nicht selbstverständlich ist, sondern etwas Besonderes, ja Heiliges. Man steht vom Sofa auf, geht zum Regal, um nach der richtigen Platte zu suchen, stößt dabei auf andere Platten, die man – wenn man länger drüber nachdenkt – jetzt vielleicht sogar noch viel lieber hören würde, zieht schließlich eine schmale quadratische Pappe aus dem Regal, dreht sie, um sich das Cover anzuschauen, holt vorsichtig die Innenhülle hervor und zieht die Platte heraus, dreht vielleicht auch sie, damit einen die A-Seite anschaut, prüft den Grad der Verstaubung, öffnet den Deckel des Plattenspielers, legt die schwarze Scheibe auf den Teller, wischt mit dem antistatischen Tuch darüber, stellt den Plattenspieler an, setzt die Nadel in die Anfangsrille, schließt den Deckel und setzt sich wieder aufs Sofa. Wenn der erste Ton erklingt, ist man aufnahmebereit. Nach etwa zwanzig Minuten steht man auf, um die Platte umzudrehen, und so weiter.

Man verleiht dem Hören durch diese quasi ritualistischen Vorbereitungen eine höhere Bedeutung, fischt sie aus dem Stream der Gleichgültigkeit, streift den Alltag ab und begibt sich, ähnlich wie beim Praktizieren einer japanischen Teezeremonie, in eine andere Welt. Das scheint mir eigentlich das entscheidende Argument für das Hören von Schallplatten zu sein. Genannt wird aber meist ein anderes: der Klang.

Das analoge Abtasten einer Nadel erzeuge einen wärmeren und volleren Klang als die sterile digitale Abnahme eines Laserstrahls in einem CD-Abspieler oder die Wiedergabe einer möglichst klein komprimierten MP3-Datei von recht geringer Auflösung auf einem Telefon. Liebhaber klassischer Musik, die immer einen großen Wert auf Klangqualität legen, schwören allerdings noch immer auf die CD und halten den Schallplatten- oder, wie es heute meist heißt, Vinyl-Boom für eine seltsame Modeerscheinung sentimentaler Pophörer.

Giles Martin, Sohn des legendären Beatles-Produzenten George Martin, ist ein Experte auf dem Gebiet der analog und digital erzeugten Klänge. Er hat die größte Band der Welt quasi von seinem Vater geerbt und ist unter anderem dafür zuständig, deren Werk klangkosmetisch an die Gegenwart anzupassen, denn damals nahm man naturgemäß noch mit recht archaischem analogem Gerät auf und dazu lange Zeit noch in Mono. Während die Songs noch immer frisch sind, scheint ihr Klang für heutige Hörgewohnheiten sein Verfallsdatum überschritten zu haben (so wird es zumindest behauptet).

Giles Martin hat die Originaltonbänder digitalisiert, auf denen die Beatles einst aufnahmen, und mehrere Meisterwerke der Band neu abgemischt. Etwa den Heiligen Gral der Popmusik, *Sgt. Pepper's Lonely Hearts Club Band*. Das Ergebnis erschien 2017 zum fünfzigjährigen Jubiläum des Albums auf CD und LP. Und als ich den Produzenten nach den Unterschieden der beiden Medien fragte, erklärte er mir in aller Ausführlichkeit: »In Tonstudios arbeitet man heute nicht mehr mit analogen Tonbändern, man produziert digitale Dateien. Und auch für die LP-Version von *Sgt. Pepper* haben wir die Dateien benutzt, an denen ich sehr lange und akribisch mit meinen Assistenten gearbeitet habe. Und trotzdem sagen manche Menschen, die LP-Version klinge besser als die CD. Das liegt daran, dass bei der Produktion des Vinyls ein paar Höhen und Tiefen verloren gehen. Als wir das Vinyl von *Sgt. Pepper* geschnitten hatten und zum ersten Mal auflegten, haben wir festgestellt: Es klingt tatsächlich fantastisch. Und der Kontrollfreak in mir, der monatelang an diesen Aufnahmen gearbeitet hatte, hat sich darüber ein bisschen geärgert, weil das nicht das Ergebnis meiner Arbeit war. Es war mehr oder weniger Zufall, dass es gut klang. Es lag jenseits meiner Macht. Die CD-Version ist eins zu eins das Werk von mir und meinen Assistenten. Die LP-Version ist durch einen magischen Prozess gegangen, den niemand beeinflussen konnte. Sie klingt geschmeidig und warm, weil oben und unten an den richtigen Stellen ein paar Frequenzen abgeschnitten sind.«

Also, ja, Platten klingen manchmal besser als CDs. Aber CDs klingen – gerade, wenn sie auf den heute gängigen digitalen Aufnahmen beruhen – präziser. Bei einem analogen Medium wie der LP gibt es neben den abgeschnittenen Frequenzen noch weitere Faktoren, die den Klang verfälschen können. Es reicht bei einer Platte schon, wenn das Loch in der Mitte ein wenig zu groß (aber noch in der Norm) ist, und schon eiert sie ein wenig. Wenn der Antriebsriemen nicht richtig liegt oder spröde geworden ist, kann das auch die Drehgeschwindigkeit und somit die Tonhöhe beeinflussen, auch der Motor kann schuld daran sein, dass sich der Plattenteller nicht präzise dreiunddreißigeindrittel Mal pro Minute dreht. Es gibt ganze Zeitschriften, die sich mit den richtigen Riemen, Motoren, Tonarmen, Tellern und Nadeln von Plattenspielern beschäftigen. Und das ist natürlich nur eine der Klangkomponenten. Der richtige Verstärker, die dazu passenden Lautsprecher und Kabel wollen auch gefunden werden. Die Suche nach dem perfekten Klang ist eine Wissenschaft für sich, die nicht selten auch in Richtung Esoterik und Voodoozauber abdriftet. Wer bis jetzt dachte, Sommeliers schössen bei der Beschreibung eines Weins ab und zu übers Ziel hinaus, muss nur mal in eine Stereozeitschrift schauen – und wird sich wundern, was manche Ohren alles hören können oder ihre Besitzer zu hören glauben. Wie Beispiele aus dem erweiterten Bekanntenkreis zeigen, sollte man sich nicht zu weit in diese Klangwelt hineinbegeben. Irgendwann hört man die Musik nicht mehr, weil man sich eher auf Frequenzen konzentriert, und meidet schließlich bestimmte Künstler, »weil sie nicht gut klingen«.

Und wie klingt eigentlich ein Stream auf dem Telefon? Dadurch, dass die Dateien möglichst klein sein müssen, um sie schnell übertragen zu können, sind sie so sehr komprimiert, dass einiges an Dynamik und Räumlichkeit verloren geht. Da ein Großteil der Hörer heute fast ausschließlich Streams hört, hat sich auch die Produktion von Musik verändert: Sie wird mit immer größerem Lautstärkepegel produziert, damit sie uns auch in komprimierter Form besonders aufdringlich über Innenohrlautsprecher in den Kopf springt (und unser Gehör langsam, aber sicher zerstört). Jedes Instrument ist einfach nur laut, es gibt keine Abstufungen mehr, die uns das Gefühl geben, mit den Musikern in einem Raum zu sein. Eher haben wir das Gefühl, wir hören die Musik über die akustische Entsprechung eines zweidimensionalen Bildschirms.

Es gibt Situationen, in denen das aus Gründen der Bequemlichkeit und Mobilität vollkommen ausreicht. Doch wenn man sich in die Welt der Musik hineinbegeben will, wenn man mitten zwischen den Musikern stehen und zuhören will, was sie zu sagen haben, muss man auf ältere Aufnahmen zurückgreifen, ein heiliges Ritual vollziehen und sich der wundersamen Magie der Schallplatte hingeben.

Club oder Stadion – wo sieht man die besseren Konzerte?

Im Sommer 2018 hatte ich das große Glück, gleich zwei spektakuläre Konzerte sehen zu können. Das eine fand vor schätzungsweise neunzigtausend Zuschauern in einem riesigen Stadion statt, beim anderen drängten sich gerade mal zweihundertfünfzig Menschen in einem kleinen Kellerclub in Liverpool, dessen Name äußerst eng mit der Geschichte der Popmusik verbunden ist: dem Cavern Club.

Hier spielten Anfang der Sechzigerjahre die Beatles nach ihrem ersten Gastspiel in Hamburg regelmäßig, und hier sah sie ihr späterer Manager Brian Epstein zum ersten Mal. Der Club wurde 1973 geschlossen und wegen Bauarbeiten an einer U-Bahn-Strecke zugeschüttet – und ein Jahrzehnt später ein paar Meter weiter wieder mit Originalsteinen aufgebaut. Ein Kellergewölbe mit allerlei Reliquien aus der glorreichen Vergangenheit des Originalclubs, in dem jeden Tag Sängerinnen und Sänger mit akustischen Gitarren auf der kleinen Bühne stehen und Beatles-Lieder spielen. Doch wenn man an der Theke des nachempfundenen Cavern vorbeigeht, kommt man an eine Tür, die zu einem modernen Club mit großer Bühne und riesigen, für die Beschallung des nicht sonderlich großen Raumes mehr als ausreichenden Lautsprechertürmen führt.

Am 26. Juli 2018 war diese sogenannte Live Lounge bereits um zwei Uhr nachmittags so gut gefüllt, dass es niemandem mehr ohne Anrempeln des Nebenmanns möglich war, einen Schritt zu tun, geschweige denn seinen Arm zu heben. Auch ließ sich nicht mehr eindeutig sagen, ob der Schweiß, der einem die Arme hinunterlief, der eigene war oder der des Nebenmanns oder der Nebenfrau. Wir verschmolzen alle zu einem Körper. Ein sehr intimer Moment also. Wir waren in diesem Raum und der Erwartung auf das, was kommen würde, gefangen.

Bis auf die Uhrzeit vielleicht war das also geradezu der ideale Rahmen für ein Rockkonzert. Als die Musiker um Viertel nach zwei die Bühne betraten, wogte die Menge der Fans wie ein sturmumtostes Meer und klang auch so. »Liverpool!«, rief der Mann am Gesangsmikrofon. »Cavern!« Und: »These are words that go together well!« Und nichts passte besser zu den Worten »Liverpool« und »Cavern« als der Name des Künstlers, der dies gerade von der Bühne hinunterrief und dabei seinen eigenen Song »Michelle« paraphrasierte: Paul McCartney.

Wir, die zweihundertfünfzig glücklichen Menschen zu seinen Füßen, waren live dabei, wie einer der größten Songwriter aller Zeiten an seinen Ursprung zurückkehrte, seine Lieder dort spielte, wo alles begann. Es war so, als säße man in der Thomaskirche in Leipzig und lauschte Johann Sebastian Bach beim Orgelspiel – nur ein wenig lauter und heißer. Nach einem kleinen Jam, der die Gemüter nur unwesentlich kühlte, spielten McCartney und seine Band Eddie Cochrans »Twenty Flight Rock«, den Song, mit dem er 1957 John Lennon auf dem Kirchweihfest in Woolton so beeindruckt hatte, dass der ihn schließlich in seine Band nahm. Als er hier Anfang der Sechziger mit den Beatles gespielt habe, hätten sie nicht gewusst, ob sie überhaupt eine Zukunft haben, erklärte McCartney schließlich ergriffen von der Magie des Ortes – »aber ich glaube, es ist ganz okay gelaufen«.

Eine gute Show müsse immer auch in einem Pub funktionieren, hatte er mal in seinen Memoiren *Many Years From Now* erklärt. Und als wir an diesem Nachmittag im Cavern hörten, wie er mit seiner Band die alten Beatles- und Wings-Lieder »Magical Mystery Tour«, »Jet«, »All My Loving«, »Band On The Run«, »I've Got A Feeling« und so weiter spielte, war jedem klar, dass sie für Orte wie diesen geschrieben worden waren, um den Zuhörern in Herz und Beine, Magen und Geschlecht zu fahren.

Die vielen McCartney-Konzerte, die ich in großen Hallen und Stadien gesehen hatte, waren gegen den Auftritt im Cavern gemütliche Nostalgie-Veranstaltungen gewesen, bei denen die Kraft dieser Lieder im flächig beschallten weiten Rund verloren gegangen war; nur die Erinnerung hatte sie noch am Leben gehalten. Im Cavern drohte uns die Wucht der Musik jeden Moment umzuwerfen. Ein kathartischer Rausch, der einem einen Tränenschleier vor die Augen zauberte, hinter dem alles wie ein leicht verschwommener Traum erschien. Und die

Songs schallten nicht aus einer Kehle, sondern aus mindestens zweihunderteinundfünfzig.

Nun hat man ja dummerweise in der Regel nicht die Möglichkeit, Stars wie Paul McCartney in ihrer Heimatstadt oder sonst wo in einem kleinen Kellerclub spielen zu sehen. Aber an dem Beispiel lässt sich die unterschiedliche Wirkung von Club und Stadion doch ziemlich gut ablesen. Und ich habe auch schon äußerst eindrucksvolle Konzerte von weitaus weniger bekannten Künstlern in solchen verschwitzten kleinen Kaschemmen, Bars und Kellern gesehen, in denen sich die Energie der Musik auf das Publikum und die Energie des Publikums auf die Musiker übertrug, wo der Ort die Songs veränderte, Raum war für Spontaneität und Interaktion.

Die Magie des Moments, die an solchen Orten entstehen kann, ist jenseits davon nicht reproduzierbar. Und all das heißt eben *nicht*, dass es nicht auch wunderbare Konzerte in großen Hallen oder gar Arenen geben kann. Es ist nur eine andere Form von Musik, die dort funktioniert. Eine Musik, die keinen spezifischen Ort hat, sondern von Anfang an darauf ausgelegt ist, jeden überall und in welcher Darreichungsweise auch immer zu erreichen.

Das traf auf das zweite denkwürdige Konzert meines Sommers 2018 zu – im Londoner Wembley-Stadion. Nicht im alten Wembley-Stadion, in dem die deutsche Nationalmannschaft 1966 durch ein Nicht-Tor das WM-Finale gegen England verlor, sondern in einer nach dessen Abriss zwischen 2002 und 2007 an derselben Stelle von einem australischen Konzern erbauten hochmodernen Arena mit eingebauter Mall und verschließbarem

Dach. Dort gastierte im Juni 2018 an zwei aufeinanderfolgenden Abenden Taylor Swift.

Die Sängerin, die 2006 als Countrymädchen mit Wallemähne und akustischer Gitarre begonnen hatte, hatte sich inzwischen zum Pop-Vamp gewandelt und die Inszenierung des eigenen Images perfektioniert. Das zeigte sich auch auf der Bühne, wo sie immer wieder zwischen der Unnahbarkeit der Pop-Diva und der Nahbarkeit der besten Freundin hin- und hersprang. Von den Tänzerinnen und Tänzern auf Händen getragen, gab sie die Bienenkönigin. Doch ihre Mitstreiter waren so brillant gecastet, dass sie eben nicht wirkten wie ein gestähltes, perfekt choreografiertes Ballettensemble, sondern wie eine bunt zusammengewürfelte Clique, die tatsächlich dort oben auf der sehr hohen Bühne Spaß zu haben schien (wenn auch eher so aufgedreht und zahnweiß, wie die Darsteller eines Werbespots für Mineralwasser Spaß zu haben scheinen).

Die großen Showeinlagen wurden durch persönliche Ansprachen gebrochen. So erklärte Swift etwa, warum sie sich nach dem Erfolg ihres ersten richtigen Popalbums, *1989*, und dem Yellow-Press-Rummel um ihr Liebesleben zurückziehen musste: um über sich und ihre Repräsentation in den Medien nachzudenken. Davon handelte ihr jüngstes Album, *Reputation*. Und nach den Zeilen »My reputation's never been worse, so you must like me for me« aus ihrem Song »Delicate« verließ sie die große Bühne und gondelte in einer Art Schulterschluss mit den wahren Fans über das Publikum hinweg zu einer kleinen Bühne auf der anderen Seite des Stadions bei den billigen Plätzen. »Ich wollte mal sehen, wie's euch hier drüben so geht«, erklärte sie jungmädchenhaft – um mit den Sängerinnen Charli XCX und Camila Cabello, die zuvor vor dem noch halb leeren Stadion das Publikum hatten warmspielen müssen, ihren Hit »Shake It Off« zu singen und dann allein zur akustischen Gitarre zwei auf authentisch countryesk gestylte Popsongs.

Selbst einen Kostümwechsel bekam sie mitten in der Arena hin, bevor sie für die Fans mit zu wenig Taschengeld für Plätze in den ersten Reihen noch zwei ihrer größten Hits spielte und wieder nach vorne zur Hauptbühne gondelte, um sich dort ans Klavier zu setzen und wie jeden Abend eine Art Medley ihrer beiden Lieder »Long Live« und »New Year's Day« zu singen, in denen es um Augenblicke geht, die eine Ewigkeit oder doch zumindest ein ganzes Leben lang andauern.

Doch ihre Fans ließen sie nicht singen. Der Jubel nach dem Ausflug durchs Stadionrund wollte nicht enden. Taylor Swift schien mit den Tränen zu kämpfen, und jeder konnte es auf einer der riesigen Video-Leinwände sehen. So als hätte sie die Kontrolle verloren, saß sie minutenlang scheinbar hilflos auf ihrem Klavierschemel, strich schüchtern ihre Haare zurück, beugte sich schließlich zum Mikrofon, zögerte, um dann zu erklären, was alle schon wussten, dass ihr nämlich tatsächlich die Worte fehlten.

Später kam noch Niall Horan von der Boy Band One Direction auf die Bühne – und ich schaute in die ungläubigen Gesichter der Mädchen und jungen Frauen, die sich wohl fragten, wie ihre beste Freundin Taylor es geschafft hatte, dass dieser Weltstar zu ihr auf die Bühne gestiegen war.

Es war eine unglaubliche Inszenierung. Sie erzählte viel über unsere Zeit; die Vernetzung durch soziale Medien, die das Ferne so nah erscheinen lässt; die nicht über den Körper funktioniert, sondern über den Bildschirm. Auch die Musik von Taylor Swift wurde mittels Maschinen am Bildschirm für den Konsum über Maschinen mit Bildschirm produziert. Die Erfahrung, all das an der Seite von neunzigtausend Menschen zu erleben – die nicht, wie im Cavern Club, zu einem Kollektivkörper verschmolzen, sondern jeder für sich blieben, wobei gefühlt neunzig Prozent von ihnen nicht auf die Bühne oder die großen Leinwände schauten, sondern auf das eigene Mobiltelefon, um mitzufilmen und Fotos zu machen –, war irgendwie unheimlich, aber auch magisch: Das ortlose, unpersönliche virtuelle Netzwerk, in das wir uns Tag für Tag einloggen, hatte plötzlich Gesichter und Körper aus Fleisch und Blut bekommen.

Darf man bei Konzerten Fotos und Videos mit dem Telefon machen?

Das Internet ist nicht nur das größte Informations-, sondern auch das größte Emotionsarchiv. Hier kann man alles wiederfinden, und nichts, was man hier tut, geht verloren. Man kann über den Verlauf seines Browsers überallhin zurückkehren, alles noch einmal erleben. Im wahren Leben geht das nicht. Die Momente verfliegen. Natürlich gibt es Erinnerungen, aber die sind vielen im Zeitalter der hochauflösenden Kameras zu ungenau, oder man hat Angst, sie könnten verblassen wie ein altes Polaroid. Deswegen versuchen Menschen heute, die wichtigen Momente in ihrem Leben mit dem Mobiltelefon festzuhalten, sie im virtuellen Fotoalbum der sozialen Medien für immer abzuspeichern und mit der Welt zu teilen: Nach dieser Logik sind wir nicht mehr die Summe unserer Erfahrungen, sondern die Summe unserer geteilten Momente.

Aber das ist zumindest nach meiner Erfahrung vollkommener Quatsch. Als ich ein paar Minuten vor dem weiter oben beschriebenen Konzert von Paul McCartney schweißnass im rappelvollen Cavern Club stand, dachte ich allen Ernstes darüber nach, aus welcher Perspektive ich wohl das beste Foto meines großen Helden aufnehmen könnte, und ärgerte mich, dass ich keinen Empfang hatte, um es gleich irgendwo posten zu können. Als McCartney schließlich unter großem Jubel die Bühne betrat und mit seiner Band einen kleinen spontanen Jam anstimmte, machte ich mich daran, die Handykamera auf die Lichtverhältnisse zu kalibrieren und zu positionieren, um den wenige Meter vor mir stehenden ultimativen Beatle möglichst deutlich und ohne störendes Mikro im Gesicht zu treffen. Die Leute um mich herum taten es mir gleich. Niemand tanzte, alle schauten angestrengt auf ihre Bildschirme. Wer das sah, musste den Eindruck bekommen, es handle sich hier um eine Zusammenkunft älterer Herren, die von ihren nebenstehenden Töchtern zu Weihnachten ein kompliziertes technisches Gerät geschenkt bekommen hatten, dessen Funktionen sie nun gemeinsam zu ergründen versuchten. In diesem Fall bekam wohl Paul McCartney höchstpersönlich diesen Eindruck und stoppte seine Band in voller Fahrt mitten im ersten, an den einleitenden Jam anschließenden Song, Eddie Cochrans »Twenty Flight Rock«, um uns ein wenig verärgert zu fragen, ob uns denn niemand gesagt hätte, dass Fotografieren bei diesem Konzert nicht erlaubt sei. Das war das Beste, was uns passieren konnte. Alle steckten verschämt ihre Mobiltelefone in ihre Taschen, und die Stimmung wurde mit einem Schlag merklich besser, die Gesichter wurden gelöster und die Erfahrung war so intensiv, dass Tränen flossen. Das war der pure Stoff. Ohne jede Ablenkung.

Sobald man auf das Display des Telefons schaut, um ein Foto zu machen, hat man die Situation, in der man sich gerade noch befand, verlassen. Man wird vom Teilnehmer zum Beobachter, hat zwischen sich und der Erfahrung eine Scheibe eingezogen, ist ein Konsument von Bildern, kein aktiver Teil eines Ereignisses. Es ist kein Zufall, dass bei einem Konzert entstandene Bilder den Eindruck vermitteln, die Entfernung zur Bühne sei viel größer, als sie in Wirklichkeit (also aus den eigenen Augen betrachtet) scheint.

Die Erfahrung, an die man sich später erinnern kann, die einem noch einmal das Gefühl gibt, das man während des Konzerts hatte, verwehrt man sich, wenn man die ganze Zeit nach dem richtigen Motiv sucht. Abgesehen davon versperrt man anderen Konzertbesuchern natürlich mit seinem hochgehaltenen Telefon die freie Sicht; und es irritiert viele Künstler, wenn das Publikum lieber auf die mitgebrachten Displays schaut als auf die Bühne, mit den Gedanken ganz woanders ist und zum Klatschen keine Hand mehr frei hat. Bei Konzerten von Bob Dylan herrscht daher striktes Fotoverbot, und der Sänger und Gitarrist Jack White verlangt mittlerweile, dass seine Fans ihre Mobiltelefone zu Hause lassen oder doch zumindest an der Garderobe abgeben.

In der Regel dürfen Fotografen mit einem Fotopass vom Veranstalter während der ersten drei Songs eines Konzertes Bilder machen. Wenn man also auf keinen Fall auf ein eigenes Foto oder Video des angehimmelten Musikers verzichten will, sollte man sich auch an diese Regel halten, um dann anschließend das genießen zu können, weswegen man ursprünglich mal eine Konzertkarte gekauft hat: die Musik und die nie wiederkehrenden Momente.

Muss man kiffen, um Reggae zu mögen? Kann man Techno ohne Ecstasy genießen?

Ein alter Witz ist der vom Reggae-Fan, der, als ihm das Marihuana ausgeht, ruft: »Hey, mach mal einer die scheiß Mucke aus.« Wer schon mal Siebzigerjahre-Dub-Reggae gehört und dabei gekifft hat, wird wissen, dass da was Wahres dran ist. Tatsächlich sind Drogen sowohl bei der Produktion als auch bei der Rezeption von Musik nicht selten von Bedeutung. Aufputschmittel, um »drauf-«, und Sedativa, um »runterzukommen«. Halluzinogene als Stimulanzen für kreative Höchstleistungen, Opiate als Mittel der Weltflucht.

Jazzmusiker wie die Saxofonisten Charlie Parker und Lester Young konsumierten Heroin, das ihnen eine Zeit lang ermöglichte, bis spät in die Nacht auf der Bühne zu stehen, und zugleich ihre Frustration linderte, als afroamerikanische Künstler in segregierten Clubs vor einem ausschließlich weißen Publikum spielen zu müssen. Doch die Sucht forderte in beiden Fällen ihren Tribut: Lester Young starb mit fünfzig, Charlie Parker wurde nur vierunddreißig Jahre alt. Die beiden gehören in eine lange Reihe von Drogentoten in der Musikgeschichte.

Die Beatles standen ihre stundenlangen Rock-'n'-Roll-Shows in Hamburger Clubs Anfang der Sechziger mit dem vergleichsweise weniger bedenklichen Aufputschmittel Preludin durch (bis auf den damaligen Schlagzeuger Pete Best, der sich weigerte, die Pillen zu schlucken, und öfter auf seinem Hocker einnickte). Auch in der britischen Subkultur der immer adrett gekleideten Mods schwor man auf Amphetamine, liebte die Klarheit, mit der manche Dinge wahrgenommen werden konnten, und die sich einstellende Euphorie.

Als die Beatles am 28. August 1964 im Delmonico Hotel in New York City Bob Dylan trafen, der ihnen ihren ersten Joint anbot und sie somit zum Marihuana brachte, veränderte sich ihre Musik. Vor allem John Lennons Songs verloren nach und nach den mitreißenden Beat und schauten plötzlich nach innen: »You've Got To Hide Your Love Away«, »Nowhere Man« und »In My Life« sind gute Beispiele für die neue Stimmung, die das neue Rauschmittel heraufbeschwor. Mitte der Sechziger lernten Lennon und Gitarrist George Harrison auch LSD oder Acid kennen, das in den USA in der Psychiatrie, aber auch von Armee und Geheimdienst eingesetzt wurde. Der Psychologe und spätere Drogenpapst Timothy Leary ging davon aus, dass LSD das menschliche Bewusstsein erweitern könne.

Tatsächlich verändert die Droge die Wahrnehmung und führt zu einem intensiveren Erleben und verändertem Zeitempfinden. Diese Wirkungen sollten nicht nur der Musik der Beatles einen entscheidenden Dreh geben. Neue Bands wie Pink Floyd oder The Grateful Dead nutzten in der zweiten Hälfte der Sechziger die Wirkung von Acid für ihre Kunst: Die Stücke wurden länger und komplexer, es ging nicht mehr darum, möglichst eingängige Melodien zu finden, sondern den in den Texten beschriebenen Trip in Klängen abzubilden. Diese Musik lief nicht im Radio, man hörte sie versunken und bedröhnt mit Kopfhörern vorm heimischen Plattenspieler liegend.

In Jamaika entwickelte sich unter dem Einfluss von Amphetaminen in den Fünfzigern der Ska, eine beschleunigte, auf der Zwei und der Vier betonte Mischung aus amerikanischem Rhythm and Blues, Jazz und Boogie-Woogie. In den Tanzhallen war der Teufel los. Die Rude Boys – so nannten sich die schwarze Anzüge und Pork-Pie-Hüte tragenden Ska-Fans aus den Arbeitervierteln von Kingston – ließen sich von der Musik aufpeitschen und lieferten sich Kämpfe auf Tanzflächen und Straßen.

Künstler wie Lee »Scratch« Perry und Toots Hibbert mit seiner Band The Maytals kamen schließlich auf die Idee, den Ska ein wenig zu entschärfen und das Tempo aus den Stücken zu nehmen, so entstand der wesentlich entspanntere Reggae. Marihuana spielte dabei eine entscheidende Rolle, denn in der jamaikanischen Rastafari-Kultur ist das Rauchen von Ganja, wie man es dort nennt, ein religiöser Akt, man liest dazu die Bibel oder hört eben seit Ende der Sechziger Reggae.

Als in der britischen Rockmusik das Bewusstsein durch zu viel Erweiterung allmählich ein wenig ausgeleiert schien, Bands wie Pink Floyd und Emerson, Lake & Palmer allzu sehr in ihrem eigenen Trip gefangen waren und die Popmusik im Radio abweisend und kalt klang, weil sie fest in den Händen des zudem vom Kokain erzeugten Größenwahns war, kehrten die Amphetamine zurück: Die rebellische und nihilistische Punk-Kultur setzte jedoch nicht auf die schicken Pillen, die die Mods einst einwarfen, sondern zierte sich zunächst ein bisschen, um dann aber umso mehr Speed, kodeinhaltigen Hustensaft und schließlich auch härtere, selbstzerstörerische Substanzen wie Heroin, Klebstoff oder Methamphetamin einzunehmen.

Mitte der Neunziger unterstützte ein anderes Amphetamin die letzte wirklich große musikalische und subkulturelle Revolution: Das vom Pharmakonzern Ernst Merck entwickelte 3,4-Methylendioxy-N-methylamphetamin, kurz MDMA, sollte eigentlich die zwischenmenschliche Kommunikation verbessern und in der Paartherapie eingesetzt werden. Aber die sich einstellende Euphorie und das Bedürfnis nach körperlicher Nähe lösten 1988 in England, vor allem im Club Hacienda in Manchester, einen zweiten Summer of Love aus: ekstatisch und weltumarmend tanzten Menschen zu den repetitiven House-Beats der DJs.

Man sieht an diesen wenigen Beispielen: Für eine innovative Musikszene braucht es auch den richtigen Ort, die richtige Zeit, die richtigen Leute – und manchmal eben die richtigen Drogen; nicht nur aufseiten der Künstler, sondern auch der Fans, Zuhörer und Mittänzer.

Pädagogischer Hinweis zum Schluss: Der Reggae von den großen Meistern ihres Faches wie Lee »Scratch« Perry oder den Wailers vermag einen auch ohne Einnahme irgendwelcher Mittelchen in eine Trance zu versetzen, und man kann sich zu Tracks von Juan Atkins, Jeff Mills oder dem frühen Westbam in einen Rausch tanzen, ohne vorher Pillen eingeworfen zu haben. Die beste Musik ist in der Regel Stimulanz genug, da braucht es Geschmacksverstärker in Form von Drogen dann nur bedingt.

Darf man Musik von Rechtspopulisten, Pädophilen und Vergewaltigern hören?

Der 30. Januar 2019 war eigentlich ein ganz guter Arbeitstag. Eine Mail der Plattenfirma Universal mit dem Betreff »RYAN ADAMS kündigt sein neues Album *Big Colors* an – Albumstream« flog in mein Postfach. Auch wenn die Musik dieses amerikanischen Songwriters, den ich Anfang der Nullerjahre sehr gemocht habe, mich in den vergangenen fünfzehn Jahren nicht mehr sonderlich interessiert hat, klickte ich den Link der guten alten Zeiten wegen an und lauschte beim Öffnen der Post seinem neuen Album. Das Anschlagen der akustischen Gitarre und die vertraute Stimme verfehlten ihre Wirkung nicht: Erinnerungen an seine unschlagbaren Platten von vorgestern und die Konzerte, die ich seinerzeit mit Freunden besucht hatte, kamen wieder hoch, und ich war im Begriff, mich in eine alte Liebe neu zu verlieben.

Zwei Wochen später erschien auf der Website der *New York Times* ein Artikel, in dem der zu diesem Zeitpunkt Vierundvierzigjährige gleich von mehreren Frauen beschuldigt wurde, er habe seine Macht als erfolgreicher männlicher Musiker ausgenutzt und sei in Worten und Taten emotional und sexuell übergriffig geworden. Eine der Musikerinnen, die von Adams anzügliche Nachrichten bekamen, sei seinerzeit gerade mal vierzehn Jahre alt gewesen. Der Künstler bestritt alle Vorwürfe, aber in den sozialen Medien war unter dem für solche Fälle bereits etablierten Hashtag MeToo der Teufel los. Kurz darauf kündigte die Plattenfirma an, das neue Adams-Album werde nicht wie geplant erscheinen.

Mein erster Gedanke war, dass nun – ähnlich wie zuvor im Filmgeschäft nach den Anschuldigungen gegen den Produzenten Harvey Weinstein und dessen Verhaftung – weitere Fälle dieser Art folgen würden, denn mir war klar, dass die Musikindustrie mindestens ebenso sehr von männlichem Machtmissbrauch infiziert ist (siehe das »Sex, Drugs & Rock 'n' Roll«-Kapitel) und eine Aufarbeitung lange fällig war. Und die würde vermutlich auch einige alte Helden zu Fall bringen.

Mein zweiter Gedanke war: Was wird denn jetzt aus meiner neu entfachten Liebe für Adams' Musik – und wie werde ich damit umgehen, wenn weitere wertgeschätzte Künstler sich nun als sexuelle Aggressoren entpuppen?

Als der amerikanische R&B-Sänger R. Kelly Anfang des Jahrtausends der Pädophilie beschuldigt wurde, war die Sache für mich klar: Ich würde seiner Musik keine Beachtung mehr schenken. Andererseits hatte ich sie auch vorher nicht sonderlich oft gehört und habe nach seinen außergerichtlichen Zahlungen, die zum Fallenlassen der Anklagen führten, auch nicht damit angefangen. Ähnlich gelagerte Anschuldigungen gegen Michael Jackson hielten mich seinerzeit allerdings nicht davon ab, die Platten der Jackson 5 oder seine ersten Soloalben weiter zu hören. Die homophoben Predigten Bob Dylans in seiner sogenannten christlichen Phase, in denen auch Frauen nicht immer besonders gut wegkommen und ganz sicher nicht als gleichberechtigt gelten, versuchte ich eher werkimmanent historisch zu deuten und hörte ansonsten über sie hinweg (bei der Veröffentlichung einiger Live-Aufnahmen aus jener Phase ließ die Plattenfirma sie auch gleich weg). Und die rechtspopulistischen Äußerungen des britischen Sängers Morrissey und seine Verteidigung Harvey Weinsteins und des ebenfalls wegen sexueller Belästigung angeklagten Schauspielers Kevin Spacey ließen mich nicht die Platten seiner ehemaligen Band The Smiths zum Plattenhändler tragen.

In meinem Bücherregal finden sich Werke von Faschisten (Heidegger, Hamsun, Céline, Benn) und Mördern (Burroughs, Althusser, Fallada), die ich durchaus mit Gewinn gelesen habe – nicht, weil sie Faschisten und Mörder waren, sondern weil sie Menschen waren, die zweifelten und liebten und hassten, Probleme hatten und Schwächen, die sie in ihrer Kunst und ihrer Philosophie thematisierten und verarbeiteten. Aber sie alle waren lange tot, als ich ihre Bücher kaufte. So profitierten sie wenigstens nicht davon, und ich musste mir nicht vorwerfen, die Verbrechen und Verfehlungen unterstützt zu haben, die unentschuldbar und verurteilenswert waren. Denn das Problem scheint mir doch vor allem darin zu liegen, dass man einen Künstler, dessen Verhalten man verurteilt, nicht auch noch finanziell unterstützen und somit zwangsläufig seine Machtposition untermauern möchte.

Ansonsten ist für die Verurteilung eines Straftäters nicht der Leser oder Musikhörer zuständig, sondern das Rechtssystem. Die Kunst beurteilt man nach ästhetischen Kriterien und der Wirkung, die sie auf einen hat. Selbst das Werk eines Unmenschen kann einen vermutlich zu einem besseren Menschen machen. Große Künstler sind logischerweise nicht zwangsläufig gute Vorbilder, es mag sogar welche geben, deren Kunst so überzeugend ist, weil sie einen sozial auffälligen Charakter haben oder weil sie unter psychischen Störungen leiden. Viele von ihnen versagen im Leben und triumphieren in der Kunst.

Man muss seine alten Platten also nicht wegschmeißen, wenn sich ein Künstler irgendwann in seiner Karriere als ein Scheusal oder Verbrecher entpuppt. Man muss nicht alles, was er erschaffen hat, verurteilen – nicht jedes seiner Werke ist von einem bösen Geist beseelt. Selbst das Jahrhundertscheusal Charles Manson hat ein anrührendes Liebeslied geschrieben, das die Beach Boys unter dem Titel »Never Learn Not To Love« mit himmlischen Harmonien interpretiert haben. »Love and understanding is for one another«, heißt es da. Ist ja erst mal nicht falsch.

Aber natürlich werden die Verwerfungen des Künstlers in jedem Fall Teil all jener Geschichten, die wir mit seiner Kunst verbinden, und wir werden seine Lieder in Zukunft anders hören. Wenn wir seine Musik trotzdem aus künstlerischen Aspekten weiterempfehlen wollen, sollten wir auch diese Geschichten erzählen und die Platten des betroffenen Musikers öfter mal verleihen, anstatt unsere Gegenüber zum Kauf anzustiften.

Kann man in der Popmusik alt werden?

In den Fünfzigern wurden Popsongs meist von jungen Künstlern für ein noch jüngeres Publikum gespielt und gesungen. Doch so wie die Hörer erwachsen wurden, wurde es auch die Musik – ab Mitte der Sechziger ging es plötzlich um *mehr* als Teenie-Probleme. Statt zu kindischen Singles zu tanzen, konnte man sich in ernsthafte, manchmal (eventuell nach Konsum der richtigen Rauschmittel) geradezu hoch philosophische und spirituelle Alben versenken, die im sonst tristen Leben Sinn stiften konnten und einem eine Haltung vermittelten, die einen aufrechter durch die Welt gehen ließen.

Und so wie die Musiker nicht gedachten, aus dem bunt blinkenden Karussell namens Pop auszusteigen, taten es auch ihre Hörer nicht. Schon 1976 wurde Paul McCartney von einem australischen Journalisten vor einem Konzert seiner Band Wings gefragt, ob er sich nicht allmählich zu alt fühle für Rock 'n' Roll. Damals war er vierunddreißig. Vierzig Jahre später füllte er immer noch die Arenen dieser Welt.

Ende der Siebziger sah es tatsächlich kurz so aus, als würde der Punk die im Jahrzehnt zuvor populär gewordene Musikergeneration in Rente schicken. »No Elvis, Beatles, or The Rolling Stones in 1977«, schrien beispielsweise The Clash. Aber die mitgealterten Fans der Pop-Veteranen sahen das anders. Sie mussten Platten und Konzerttickets nicht mehr länger vom Taschengeld absparen, sondern waren als Erwachsene mit mehr Kaufkraft ausgestattet als jemals zuvor und fütterten viele ihrer Helden auch in den für diese meist kreativ eher mageren Achtzigern durch.

Anfang der Neunziger gab es plötzlich ein neues Rollenmodell im Pop: den coolen Alten. Der erste war vermutlich der kanadische Songwriter Neil Young, der von vielen jungen erfolgreichen Musikern wie etwa Kurt Cobain von Nirvana und Eddie Vedder von Pearl Jam verehrt wurde, weil er 1979 auf seinem Album *Rust Never Sleeps* bereits die klassische Rockmusik mit der Attitüde des Punk zusammengedacht hatte, wie sie es auch versuchten.

Der Countrysänger Johnny Cash, noch einmal dreizehn Jahre älter als Young, feierte 1994 das unwahrscheinlichste Veteranen-Comeback. Er nahm zwar seit den Fünfzigerjahren stetig neue Platten auf – es waren insgesamt schon über siebzig –, aber er galt trotz eines kleinen Erfolgs in der Countrysupergruppe The Highwaymen Anfang der Neunziger mit seiner konservativen Gesinnung und seinen gottesfürchtigen Liedern als extrem gestrig. Dann kam Rick Rubin. Der rauschebärtige Produzent hatte mit Hip-Hop-Künstlern wie den Beastie Boys, der Metal-Band Slayer und den Punk, Funk und Hip-Hop kombinierenden Red Hot Chili Peppers große Erfolge gefeiert und sein eigenes Label gegründet. Er war einer der mächtigsten Männer im, wie man damals noch romantisierend schrieb, »alternativen Musikbusiness« geworden.

So konnte Rubin sich ein paar Wünsche erfüllen und mit einigen seiner alten Helden arbeiten. Ein Album von Mick Jagger hatte er bereits produziert, mit Tom Petty war er auch schon im Studio. Dann meldete er sich bei Johnny Cash. Er erinnerte den Sänger an einen Ausspruch seines ersten Produzenten, des Sun-Records-Chefs und Elvis-Presley-Entdeckers Sam Phillips. Der hatte gesagt, Cashs tiefer Bariton passe am besten in ein sehr reduziertes musikalisches Arrangement. Und Cash erzählte ihm von seinem alten Traum, ein Album nur mit seiner Stimme und einer akustischen Gitarre zu machen, die er so spielen wollte, wie einst seine Mutter es getan hatte, als er mit ihr alte Gospellieder sang – die Töne mit dem Daumen anschlagen und ab und zu alle Finger auf die Seiten krachen lassend. Rubin besuchte den damals Anfang Sechzigjährigen zu Hause in Tennessee und brachte gleich seine Ausrüstung mit, um den Sänger vor Ort in vertrauter Umgebung aufzunehmen. Die Lieder wählten der Produzent und der Sänger gemeinsam aus: Eine Mischung aus alten Cash-Songs, die von Mord und Totschlag, Tod und Teufel handelten, und thematisch ähnlichen Liedern von Tom Waits, Leonard Cohen, Kris Kristofferson, Loudon Wainwright III und Cashs Schwiegersohn, dem britischen Songwriter Nick Lowe.

Den entscheidenden Song schlug Rubin vor. Geschrieben hatte ihn Glenn Danzig, der Gründer der Hardcore-

Punkband The Misfits, der in der zweiten Hälfte der Achtziger in den dunklen Metal gewechselt war: »Thirteen« erzählt aus der Sicht eines vom Schicksal gebeutelten Outlaws. Und es passte irgendwie zu dem älteren Herrn, der sich in Schwarz kleidete und mehr Narben im Gesicht zu haben schien als Moby Dick auf seinem Rücken.

Cash eignete sich das Lied so sehr an, dass er plötzlich als Urvater der dunklen Seite der Popmusik galt. Das sepiafarbene Foto auf dem Cover des Albums, das den Titel *American Recordings* trug, tat sein Übriges: Es zeigte Cash mit windverwehten Haaren und Düsterblick in einem langen schwarzen Mantel inmitten eines Feldes stehend. Das Bild hat der Niederländer Anton Corbijn aufgenommen, der mit seinem grobkörnigen, kontrastreichen Stil das dunkle Image von Künstlern wie dem Joy-Division-Sänger Ian Curtis, Nick Cave, Depeche Mode oder Tom Waits entscheidend mitgeprägt hatte.

Nun war Johnny Cash von jeher im Countrygenre zu Hause, wo das Altwerden kein so großes Problem darstellte. Doch seine Coolwerdung diente vielen Künstlern im Nachhinein als Vorbild. Themen wie Alter und Tod krochen in die Lieder von Songwritern, die die Fünfzig überschritten hatten. Bob Dylan nahm in seinem von vielen Kritikern als das Alterswerk schlechthin gefeierten Album *Time Out Of Mind* von 1997 den Faden wieder auf, den die alten Bluesmusiker irgendwo in den amerikanischen Weiten hatten liegen lassen, und suchte in den Ruinen der Tradition nach Trost für sein altes gebrochenes Herz.

Ein halbes Jahr vor der Veröffentlichung hatte die

Nachricht einer lebensgefährlichen Herzbeutelinfektion den Songwriter nach Jahren der kreativen Dürre wieder in die Schlagzeilen gebracht. Es scheint ein wenig makaber, aber eine bessere Ankündigung für diese liebes- und todessehnsüchtigen Lieder hätte es nicht geben können. Es war tröstlich, dass ein Künstler, der uns gezeigt hatte, was es bedeuten konnte, jung und frei und aufmüpfig und wild zu sein, auch etwas zum Leben jenseits der Lebensmitte zu sagen hatte. Und dass auch in vermeintlicher Todesnähe der alte Witz und die alte Könnerschaft aufblitzten. Dylan hatte wieder mal einen Weg gefunden, sich treu zu bleiben und zugleich ein anderer zu werden. Mit diesem Album ging er in der amerikanischen Tradition, die ihn einst hervorgebracht hatte, auf. Auf den folgenden Alben trat er weniger als Autor in Erscheinung, er erzählte vielmehr in Collagen aus historischen Texten und alten Liedern die amerikanische Vergangenheit als moderne Form der Apokalypse, so als wenn mit dem nahenden Tod des Sängers das ganze Land unterginge.

Muss man also die eigene Hinfälligkeit ins Zentrum seiner Kunst stellen, wenn man als Popmusiker die Fünfzig überschritten hat? Natürlich nicht. Die Geschichte der Popmusik ist ja immer auch die Geschichte einer Rebellion gegen bürgerliche Werte und – gerade zu Beginn, als die Nachkriegskinder sich gegen ihre Kriegseltern stellten – des Generationenkonflikts. Jung zu sein bedeutete, sich anders zu benehmen und zu geben, als die Elterngeneration es verlangte, sie zu provozieren, Grenzen zu überschreiten. Die Alten titulierten den missratenen Nachwuchs als Halbstarke und Gammler. Warum sollten die Künstler, die einst gegen ein bürgerliches Jugendbild rebelliert haben, nicht auch gegen ein bürgerliches Greisenbild rebellieren, sich wehren gegen die Erwartungen, die man an sie und ihre Kunst hat?

Warum sollte also Mick Jagger, mit seiner auf der Bühne extrem ausgestellten Virilität und Potenz, nicht weiterhin das alte Böse-Jungs-Image bedienen oder Madonna nicht weiterhin bei den neuesten Moden und Trends mitmischen? Auch das unbeirrte Weitermachen und Festhalten an dem Pop-Versprechen der ewigen Jugend ist eine Strategie, mit dem eigenen Altwerden umzugehen, die Achtung verdient.

Wie findet man den richtigen Bandnamen?

Es müsste eigentlich jede Menge guter Bandnamen geben, denn die schlechten sind alle schon vergeben: Die rollenden Steine, Die Rhythmuskäfer, Die Türen, Die Wer, Die Tiere, Die Strandjungs, Bleierner Zeppelin, Die Sexpistolen, Die Band, Adler, Kaltspiel, Knarren und Rosen, Schwere Zeiten. Wenn die betreffenden Musiker gewusst hätten, dass sie ein Leben lang mit diesen Namen assoziiert werden, hätten sie sich vielleicht mehr Mühe gegeben. Aber es scheint wirklich verdammt schwer zu sein, einen halbwegs annehmbaren oder doch zumindest unpeinlichen Namen für seine Band zu finden. Vor allem, wenn man ihn finden *muss*.

Das Gute: »Nach einer Weile denkt man nicht mehr über einen Bandnamen nach«, wie der amerikanische Songwriter Jeff Tweedy schreibt. Er spielte einst in einer Band mit dem Namen Uncle Tupelo und gründete dann Wilco. »Hält irgendwer inne und denkt über den Namen The Rolling Stones nach?«, fährt er fort. »Mal ehrlich, das ist ein bescheuerter Name. *Alle* Bandnamen sind bescheuert. The Beatles ist der schlechteste Wortwitz überhaupt. Aber The Beatles bedeutet nicht mehr länger The

Beatles. Niemand hört ihre Musik und denkt: ›Oh, ja, ich verstehe, es klingt wie *beetles* (Käfer), aber es wird mit einem *a* geschrieben, weil es sich um rhythmische Insekten handelt.‹ The Beatles bedeutet einfach The Beatles.«

Naheliegend ist natürlich, die Band auf einen Namen zu taufen, der bereits eine Ahnung davon vermittelt, in welche Richtung die musikalische Reise gehen soll. So wie etwa die Beatles sich zu ihrer Suche im Reich der Insekten von der Begleitband ihres Idols Buddy Holly, The Crickets (Die Heuschrecken), inspirieren ließen und dann eben noch die Musik einbauten, die sie spielten: den Beat, eine britische Rock-'n'-Roll-Variante, bei der der erste Schlag im Viervierteltakt betont wird. Als sie im Laufe ihrer Karriere von diesem Muster abwichen und ihre Musik komplexer wurde, waren sie ihrem Namen zwar entwachsen, aber da bedeutete – wie Jeff Tweedy erklärte – The Beatles eh längst etwas ganz anderes, war zu einer Marke geworden, die mit der ursprünglichen Namensidee nichts mehr zu tun hatte. Denn sie stand für die Lieder und Persönlichkeiten der vier Musiker.

Anders verhielt es sich bei vier Musikern aus Birmingham, die ihrer Bluesrockband den Namen Earth gegeben hatten. Sie probten gegenüber von einem Kino und stellten irgendwann fest, dass besonders Gruselfilme bei der Jugend sehr populär waren. Daraufhin beschlossen sie, Musik zu machen, vor der man sich fürchten konnte, und änderten ihren Bandnamen. Sie nannten sich – nach dem englischen Titel des italienischen Horrorfilms *I tre volti della paura* (dt. *Die drei Gesichter der Furcht*) – von da an Black Sabbath, und das war der Beginn einer langen Erfolgsgeschichte.

Nicht immer allerdings hat die Band das letzte Wort. Eine Gruppe aus Kalifornien hatte sich nach den damals beliebten Hemden der Marke Pendleton und dem englischen Wort für »Ton« The Pendletones genannt. Als die Musiker dann allerdings ihre erste Single mit dem Titel »Surfin'« in den Händen hielten, stellten sie fest, dass die Plattenfirma sie kurzerhand auf den Namen The Beach Boys getauft hatte. Eine typische Vermarktungsentscheidung, wie sie leider immer noch gang und gäbe ist.

Jeff Tweedy, der mit Punkplatten aufgewachsen ist und von daher der Unterhaltungsindustrie eher kritisch gegenübersteht, kann mit einem solchen Ansatz natürlich gar nichts anfangen: »Ich mag Namen, die so willkürlich und unsinnig wirken, dass die Erklärung dahinter die Verwirrung noch größer macht«, schreibt er. »Hüsker Dü, ein Favorit von mir, wurde von einem dänischen Brettspiel inspiriert. Aber sie haben vollkommen unnötige Umlaute hinzugefügt. Nichts bringt die Erwartungen eines Publikums besser durcheinander als Brettspiele und Umlaute.«

Auf den Namen für seine erste Band, Uncle Tupelo, sei er mit seinen Bandkollegen gekommen, indem er zwei Listen mit Wörtern gemacht und diese so lange kombiniert habe, bis etwas dabei herausgekommen sei, das sie sich auf einem Albumcover vorstellen konnten. »Uncle Tupelo war auf der ›Vielleicht‹-Liste – Tupelo als Verneigung vor Elvis' Heimatstadt in Mississippi –, aber ich glaube, niemand von uns war besonders begeistert, bis unser Freund Chuck Wagner eine Illustration für uns gemacht hat, eine Art Bandmaskottchen, inspiriert von Uncle Tupelo. Es war ein alter, fetter Elvis Presley, aber eine Version von ihm, die niemals der König des Rock 'n' Roll geworden ist. Er trinkt Bier, trägt Häschenpuschen und sitzt in einem La-Z-Boy-Lehnsessel. Er ist jener Elvis, der sein Talent verschleudert hat, der Tupelo nie verlassen hat und einfach in seinem Wohnwagen sitzt und billiges Bier trinkt. Irgendwas an diesem Bild gefiel uns. Ja, es war ein schlechter Witz und hatte mit den Songs, die wir schrieben, nichts zu tun. Aber irgendwie doch.«

Eine Country-Rockband aus dem Mittleren Westen nach einer verhinderten bierbäuchigen Rock-'n'-Roll-Ikone zu benennen, ist jedenfalls schon eher ein positives Beispiel für die adäquate Namensgebung einer Musikgruppe. In diesem Fall macht die Geschichte den Namen erst so richtig gut. So wie beim französischen House-Duo Daft Punk. Die beiden Musiker Guy-Manuel de Homem-Christo und Thomas Bangalter spielten ursprünglich in der Band Darlin', die sich nach einem Lied der Beach Boys benannt hatte. Eine ziemlich negative Besprechung in der britischen Musikzeitschrift *Melody Maker* wurde ihnen zum Verhängnis. Unter anderem hieß es da, ihre Musik sei »bescheuerter punkiger Schund« – auf Englisch: »dafty punky trash«. Die beiden nahmen den Verriss als Inspiration für den Namen ihres nächsten Projekts. Mit der Musik, die sie dann machten, hatte das zwar wenig zu tun, aber auch hier rettet definitiv die Geschichte den Namen.

Es gibt also viele Wege, zum Ziel zu finden. Und da die schlechten Bandnamen – wie gesehen – eh bereits alle belegt sind, ist die Chance, einen guten zu erwischen, nicht so schlecht. Viel Glück!

Warum erzählen Lieder von Lieblingskünstlern so oft vom eigenen Leben?

Ende September 1997 musste ich in ein Heidelberger Krankenhaus, um mir von einem Spezialisten in den Kopf schauen und eine bereits einmal unangenehm lebensgefährlich aufgefallene Arterienerweiterung unschädlich machen zu lassen. Schon die Wochen und Monate davor waren von Gedanken an den Tod bestimmt gewesen – und an das Todgeweihtsein und seine Inszenierung. Schließlich war ich erst einundzwanzig Jahre alt, und das jugendliche Pathos stand mir bis zum Scheitel – unter dem eifrig die Werke von Camus, Céline und Cioran (quasi das Vitamin C der Todessehnsucht) eingescannt wurden.

Auf dem Weg nach Heidelberg, es war ein Sonntag, las ich allerdings im gerade erschienenen *Spiegel*. Die ganze Fahrt lang immer denselben Artikel. Er stammte von Willi Winkler, trug den Titel »Hartgekochte Eier« und handelte von der neuen, am Dienstag erscheinenden Platte meines Lieblingssängers Bob Dylan. Der war ein halbes Jahr zuvor an einer lebensgefährlichen Herzbeutelinfektion erkrankt – »ein Todgeweihter, so wie ich«, dachte ich, und ignorierte dabei den mir mit den Jahren deutlicher werdenden Umstand, dass wir das ja eigentlich alle waren.

Wie auch immer – der Titel des Dylan-Albums wurde in dem Text nicht erwähnt, auch sonst erfuhr man nicht viel, weil der Autor seinem bekannten Stil gemäß ironisierend an den wichtigen Dingen vorbeilavierte:

> *Zehn Stücke lang beschwört Dylan bluestypisch Liebeskummer, die Freuden des Autofahrens, die Einsamkeit der Landstraße und die Veränderung, die sich ankündigt. Bei aller Grämlichkeit bleibt er sich und seinem Selbstbewusstsein treu: »So was wie mich habt ihr überhaupt noch nie gesehen.« Um »Erlösung« betet er und beeilt sich, »in den Himmel zu kommen, ehe sie die Tür zumachen«.*

Mehr erfuhr man eigentlich aus dem Text nicht. Auch zwischen den Zeilen fand man wenig. Aber es reichte. »In den Himmel zu kommen, ehe sie die Tür zumachen« – was hätte ich dafür gegeben, dieses Lied vor dem Eingriff des Spezialisten in meinen Kopf noch hören zu können! Der war jedoch bereits am Montag, einen Tag vor der Veröffentlichung.

Mit dem Tod und mir wurde es dann natürlich nix. Nur zwei Pflaster auf der Stirn und eine Naht am ausrasierten Hinterkopf. Der Weg aus dem Krankenhaus führte mich schließlich direkt in einen Plattenladen, und da stand unscheinbar unter »D« ein Exemplar eines mir noch unbekannten Albums von Bob Dylan. Ein unscharfes Foto von ihm im Studio mit umgeschnallter Gitarre – wie ein alter Blues-Sänger – und ein Design wie bei einer antiken Jazzplatte. Aber der Copyright-Vermerk führte das Jahr 1997 und die Liste der Lieder eines, das »Tryin' To Get To Heaven« hieß. Das musste das neue Album sein. Es hieß *Time Out Of Mind*, und ich musste noch bestimmt acht Stunden warten, bis ich es mir zu Hause auf der Stereoanlage meiner Eltern anhören konnte (den Dual-Plattenspieler hatte ich noch nicht).

Auf der Platte erzählte mir Bob Dylan schließlich mit erschöpfter, noch ein wenig jenseitiger Stimme von einem Mann, der nach einem Rendezvous mit der Sterblichkeit zurück ins Leben ging. Die Bindung an die Dinge und die Menschen hatte er verloren, übrig geblieben war nur eine Sehnsucht – nach Liebe, nach Gott, nach der Landschaft der Kindheit. Er stromerte über den verlassenen Friedhof in seinem Kopf. Das Album erzählte meine Geschichte!

Das sahen die Kritiker allerdings anders. So erklärte Greil Marcus, eine der größten Autoritäten in Sachen Bob Dylan, diese Lieder seien wie ein Mosaik aus Scherben alter Bluessongs und Gedichte zusammengesetzt und ergäben zusammengenommen eine Karte, die man einmal liest und dann wegwirft (vielleicht auch, um sich danach gezielt zu verirren, wie ich zu Beginn dieses Buches schrieb?). Auf jeden Fall kamen in den Texten viele Orte vor: New Orleans, Missouri, London, Paris, Chicago, Boston und der Mesabi Iron Range in Minnesota. Greil Marcus sagte dazu:

> *Obwohl die Platte aus Fragmenten und Phrasen und Riffs besteht, weit älter als jeder lebende Mensch, aus Bruchstücken alter volkstümlicher Sprachen, die scherzen*

und grummeln, als wäre es das erste Mal, entsteht ein Bild von einem Land, das sich selbst aufgebraucht hat, und der eigenartige Reiz von Time Out Of Mind *liegt in seiner Vollständigkeit, seiner absoluten Weigerung, an sich selbst zu zweifeln.*

Nach Meinung der meisten Kritiker war *Time Out Of Mind* ein Album, das tief in der amerikanischen Tradition und Geschichte verwurzelt war, vielleicht gar ein Versuch über den ersten Satz der Unabhängigkeitserklärung, in der die Gleichheit aller Menschen und ihre unveräußerlichen Rechte auf Leben, Freiheit und das Streben nach Glück festgelegt sind.

Aber natürlich lag auch ich trotzdem vollkommen richtig mit meiner eher persönlichen Deutung. Denn die Stimme jedes Künstlers, der einen schon so lange begleitet wie sonst nur Freunde oder Familienmitglieder, suggeriert Vertrauen und Zwiesprache. Die Geschichte, die sie oder er erzählt, wird zur eigenen Geschichte, die Liedzeilen, die am besten hineinpassen, leuchten am hellsten und geben die persönliche Deutung vor. Die Strophen, die nicht in diese Lesart hineinpassen, werden zur Begleitmusik für die wirklich wichtigen Dinge. Und so haben wir oft das Gefühl, dass die Künstler, die wir besonders mögen, irgendwann anfangen, unsere eigene Geschichte zu erzählen. Wir erkennen in ihren Liedern unsere Sehnsüchte und Träume, Ängste und Probleme.

Warum sammelt man(n) eigentlich Schallplatten (und frau nicht)?

Eigentlich ist doch nichts schlimmer als Plattensammler! Also, mal ehrlich. Es hat schon etwas sehr Pedantisches, auf realen und digitalen Plattenbörsen nach bestimmten Pressungen von alten Plastikscheiben zu suchen und sich statt der recht brandneu gefertigten Stereo-Fassung eines Albums eine sündhaft teure knisternde Mono-Version ins Regal zu stellen. Mal ganz abgesehen von jeden Statiker in Schockstarre versetzenden tonnenschweren Anhäufungen von Singles, Zehn- und Zwölfzollschallplatten oder gar alten Schellacks in den eigenen vier Wänden – die man dann vermutlich noch nach Label und Katalognummer sortiert, damit niemand anders in der Familie etwas finden kann. Das hat doch nichts mehr mit Musik zu tun.

Zugegeben, ich bin Plattenkäufer, aber doch ganz sicher kein Plattensammler. Ich habe keine Ahnung, wie viele LPs ich besitze, und kaufe mir Platten nur für das, was drauf ist, nicht aus irgendeinem Fetisch oder dem Glauben an eine Aura oder einem Anspruch auf Komplettheit heraus oder so. Das ist Leuten, die mein nicht ganz kleines Plattenregal betrachten, allerdings immer schwer zu vermitteln. Warum sollte jemand, der eine Plattensammlung hat, kein Plattensammler sein? Und warum sollte jemand, der sich nicht für Pressungen und verschiedene Fassungen von Alben interessiert, fünf Exemplare des Beatles-Albums *Sgt. Pepper's Lonely Hearts Club Band* besitzen? Was ich, wie ich zugeben muss, tue.

Aber ich kann das erklären. Das eine Exemplar habe ich mir mit siebzehn auf dem Flohmarkt gekauft, weil ich mir das Cover ins Zimmer hängen wollte (den Plattenspieler kaufte ich mir ja erst später). Es handelt sich um eine billige Nachpressung aus den Achtzigern und eine teure Erinnerung an meine Jugend. In den Nullerjahren habe ich mir dann eine klangtechnisch aufpolierte Fassung gekauft. Dann habe ich in einer Musikzeitschrift gelesen, dass die Beatles ihre Platten seinerzeit in Mono produzierten, weil man in England damals eben nur auf einem Kanal hörte. Die Stereo-Fassung war dann quasi künstlich durch Trennung der verschiedenen Aufnahmespuren (Bass und Gesang auf den linken, Gitarre und Schlagzeug auf den rechten Kanal) von irgendwelchen Tontechnikern ohne Beisein der Band erzeugt worden. So gesehen ist die Mono-Version quasi das Original, wenn es so was überhaupt gibt im Zeitalter der technischen Reproduzierbarkeit. Also habe ich mir noch eine klanglich aufpolierte Mono-Fassung gekauft – und wenig später im Internet eine gut erhaltene britische Erstpressung für hundertzwanzig Euro entdeckt und gedacht, es wäre doch schön, mal zu hören, wie die damals wirklich so klang. Na ja, und dann erschien zum fünfzigsten Jubiläum des Albums eine neu abgemischte Stereo-Version mit allerlei zusätzlichen Aufnahmen aus dem Studio. Konnte ich natürlich nicht Nein sagen.

Und, ja, das ist wohl leider kein Einzelfall. Es gibt noch andere Platten, die ich in mehrfacher Ausführung habe. Und, ja, manchmal ist das Verlangen nach einer Platte, die ich nicht besitze, wohl auch so groß, dass ich zu unverhältnismäßigen Mitteln greife. Doch anschließend verdränge ich das meist, weil ich ein schlechtes Gewissen habe. Neulich zum Beispiel ließ ich mir von einer kleinen Lieblingsband namens The Wave Pictures aus dem britischen Städtchen Wymeswold eine LP signieren, die ich nach ihrem Konzert gekauft hatte, und meine Begleitung wies die Musiker darauf hin, dass ich für eine ihrer Singles mal sechzig Euro bezahlt hätte. Das fanden sie lustig. Ich hatte das ganz vergessen. Aber es stimmte auch nicht ganz, es waren nur vierzig, die restlichen zwanzig waren Porto, weil der Händler in Japan saß. Nicht einmal er habe ein Exemplar dieser Platte zu Hause, erklärte der Sänger der Band und lachte sich kaputt.

Also, ja, kann schon sein, dass man mich irgendwie für einen Plattensammler halten kann. Aber es steckt kein Vorsatz dahinter, ich bin da eher so reingeschlittert. Und ich gehe tatsächlich manchmal an schönen Sonntagmorgen im Herbst auf Plattenbörsen in schmucklosen Hallen in irgendeinem Industriegebiet, um nach irgendwas zu suchen, das eine Lücke füllen könnte in meiner Sammlung. Und ich rede mit Freunden über Platten, die mich dann auf neue Lücken in ebendieser Sammlung hinweisen. Es scheint, als sammle man Teile eines Puzzles, das man niemals fertigstellen kann. Und dieses Puzzle heißt Vergangenheit. Darin steckt eine gewisse Melancholie.

Einer der großen Melancholiker, der Philosoph Walter Benjamin, hat mal geschrieben, dass er sich manchmal vorstelle, alle Bücher, die er besitze, seien einmal verwaist und getrennt von ihrer Familie durch die Welt geirrt, und indem er sie zusammenbringe und in seiner Bibliothek wieder vereine, rette er sie und helfe ihnen, ihr Schicksal zu erfüllen. Diese Ahnung hat mich auch schon mal beschlichen, auch wenn ich es nicht so gut und treffsicher hätte formulieren können.

Es sind bei diesen Plattenbörsen meiner Erfahrung nach fast ausschließlich Männer, mit denen ich vor LP- und Singles-Kisten oder Tresen stehe. Auch die Freunde, mit denen ich mich abendelang bis spät in die Nacht über Plattensammlungen austausche, sind in der Regel männlich. Das kann natürlich dem Zufall, meiner Wirkung aufs andere Geschlecht oder meinem Musikgeschmack geschuldet sein. Vielleicht zieht die Rolle des melancholischen Retters auch Männer einfach stärker an als Frauen. Die plausibelste Erklärung dafür hat keine hormonellen Ursachen. Sie steckt in unserer Kultur. Während männlichen Melancholikern – von Hamlet über den heiligen Trinker Andreas Kartak bei Joseph Roth bis zum britischen Sänger Pete Doherty – aus irgendeinem Grund immer etwas Heroisches anhaftete, wurde weibliche Melancholie – von Ophelia über die Figur der Anna Morgan aus den Romanen von Jean Rhys bis zu Amy

Winehouse – oft mit Wahnsinn oder Krankheit gleichgesetzt. Letzteres ist natürlich wenig erstrebenswert, und so überlassen die Frauen die Heldenrolle klug den Männern und sammeln ihre Platten oder andere schöne Dinge im Verborgenen.

Wo kauft man am besten seine Schallplatten?

Das ist natürlich eine Luxusfrage. Denn Plattenläden findet man nun wirklich nicht mehr an jeder Ecke. In großen Städten gibt es sie wieder vermehrt. Einige führen ausschließlich fabrikneue Platten, andere haben sich auf Secondhandware spezialisiert oder auf sogenannte Erstpressungen, die gehandelt werden wie wertvolle Originale, weil sie die Aura der Zeit verströmen, in der sie entstanden sind, und daher in gut erhaltenem Zustand schon mal den Preis eines Gebrauchtwagens haben können. Manche der Läden sind auf bestimmte Genres spezialisiert, andere haben von allem ein bisschen, bei einigen hat man auch das Gefühl, der Besitzer sei einfach nur zu faul gewesen, zum Wertstoffhof zu fahren und den Plastikschrott zu entsorgen.

Selbst die großen Elektronikmärkte haben wieder Schallplatten ins Sortiment genommen. Ihre Abteilungen wachsen stetig, und oft findet man einen Mitarbeiter, der sich erstaunlich gut auskennt und seinen Job mit großer Leidenschaft ausübt. Für viele ist das die einzige Möglichkeit, überhaupt in LP-Regalen zu stöbern, wenn nicht gerade in irgendeiner Mehrzweckhalle eine Plattenbörse stattfindet oder sich auf dem Flohmarkt ein Stand findet, auf dem die Familie Papas oder Opas Sammlung verscherbelt oder ein professioneller Händler seine Ausschussware präsentiert.

Plattenbörsen gibt es natürlich auch online. Auf Plattformen wie *discogs* kann man das Sortiment von Händlern aus der ganzen Welt durchstöbern und so ziemlich alles finden. Wenn das Gesuchte gerade mal nicht zu haben ist, kann man es auf einen Wunschzettel schreiben und kriegt eine Nachricht, sobald jemand es anbietet. Und natürlich findet man im Internet auch alle Informationen zu (fast) jeder Platte und Pressung, die man braucht.

Aber am schönsten ist das Plattenkaufen immer noch, wenn man sich treiben lassen kann. Wenn man nicht das findet, was man sucht, sondern das, von dem man vorher gar nicht wusste, dass man es überhaupt haben wollte oder dass es das überhaupt gibt. Dann kommt man als reicherer und klügerer Mensch nach Hause.

Ich weiß noch, wie ich in einem Münsteraner Plattenladen eine Single des amerikanischen Songwriters Will Oldham fand, sie auf die Ladentheke legte, der Verkäufer mich anerkennend anschaute, sich unter die Ladentheke bückte, mir eine aus einer britischen Zeitschrift kopierte Plattenrezension zeigte und erklärte: »Will Oldham nennt sich jetzt Bonnie ›Prince‹ Billy, er hat ein neues Album gemacht. Da steht alles, was du wissen musst. Kommt morgen raus. Habe die gerade reinbekommen. Willste schon mal hören?« Und wie ich etwa zehn Jahre später in einem Münchner Plattenladen nach einem neuen Album von ebendiesem Bonnie »Prince« Billy suchte und der Verkäufer sich neben mich stellte, während ich mich durch die B-Sektion der Plattenkisten blätterte, mir eine Platte von einem gewissen Washington Philips unter die Nase hielt und sagte: »Du magst doch auch so alte Folksachen aus den Zwanzigern, oder? Da gibt's jetzt ein neues Label – Mississippi Records, die bringen das alles neu raus. Hör dir das mal an.« Oder wie ich in einem Secondhand-Laden in Heidelberg ein gut erhaltenes gebrauchtes Exemplar der Platte *Out To Lunch* des Jazz-Saxofonisten Eric Dolphy kaufen wollte, der Mann am Tresen mich anschaute, ohne ein Wort quer durch den Laden zu den Jazzplatten lief, zielstrebig eine Platte herauszog, damit zurückkehrte, sie mir vor die Nase hielt und sagte: »Die brauchst du auch, wenn du sie noch nicht hast.« Es war ein Album des Chico Hamilton Quintets, bei dem Dolphy Saxofon, Klarinette und Flöte spielte. Und es war tatsächlich eine Offenbarung.

Ich werde diesen Männern ewig dankbar sein für die Welt, die sie mir mit diesen Anmerkungen eröffneten. Der erste war gut über die Neuigkeiten informiert, der zweite kannte mich offensichtlich ein bisschen, und der dritte war in der Tradition bewandert. Alle drei hörten Tag für Tag, Jahr für Jahr Platten, sprachen mit ihrer Kundschaft, lasen Kataloge und Magazine. So viel geballtes Wissen zu einem sehr spezifischen Thema bekommt man sonst nicht mal in einem dieser hippen Fahrradläden am Prenzlauer Berg in Berlin, geschweige denn im von Halbwissen durchsetzten Internet. Manche Plattenverkäufer geben das nicht sofort preis. Man muss ihr Vertrauen gewinnen, um sie zu knacken. Aber diese Leute sind nicht nur Kenner der Musik, sie sind Empathiker, Anthropologen und Ethnologen, die sich mit der Natur jedes einzelnen Musikfans bis in die feinsten Schattierungen auskennen – und die machen eben oft einen großen Unterschied. Sie kennen ihre Kundschaft in- und auswendig, weil sie in der Regel selbst dazugehören. Beim Erstkontakt ist diese Spezies allerdings nicht selten ein wenig misstrauisch. Viele Plattenverkäufer sind zunächst schroff und abweisend, begegnen der mangelnden Kenntnis des Kunden mit Unverständnis oder Verachtung und versuchen in seltenen Fällen sogar, diese auszunutzen.

Aber es gibt ein paar Tricks, um das zu verhindern. So hilft es etwa, sich den entsprechenden Laden äußerst genau anzusehen – den Wandschmuck, die Sortierung, besonders gut im Sortiment vertretene Genres und Künstler. Darüber erhält man einen ersten entscheidenden Einblick in die Seele des Plattenverkäufers. Und wenn man dann eine nicht allzu dumme Frage zu seinem offensichtlichen Spezialgebiet zu stellen weiß (da kann das Internet helfen), hat man einen Freund fürs Leben gefunden. Plattenläden sind ein großer Luxus. Wir sollten ihn uns leisten.

Wie befreit man einen Tonträger aus der Zellophanfolie?

Es ist jedes Mal dasselbe. Irgendein böser Mensch hat die heiße Ware, die man gerade beim Dealer seines Vertrauens erworben hat, in ein transparentes Teufelszeug eingeschweißt, aus dem man sie unmöglich befreien kann, ohne Schaden anzurichten. Man versucht es zunächst ganz sachte, weil irgendwo muss so eine Verpackung ja vernünftigerweise aufzutrennen scin. Nach spätestens einer halben Minute wird man jedoch nervös, sucht nach einer Schere, die man in der Regel nicht bei sich führt, und falls doch, stellt man fest, dass sie einem absolut gar nichts bringt. Im Kopf geht man alle scharfen Gegenstände durch, die man bei sich trägt und die einem in einer Notsituation wie dieser helfen könnten. Schließlich landet man beim Hausschlüssel. Wendet man ihn an, hat man anschließend wahlweise einen blutigen Daumen, einen abgebrochenen Schlüssel (vor allem bei CDs) oder eine empfindlich beschädigte und zerknickte Plattenhülle und den Rest des Tages äußerst schlechte Laune (bei LPs). Anschließend versucht man es mit den Zähnen, danach ärgert man sich, dass das Bonusheft nicht auf dem neuesten Stand ist und die nötige Zahnarztbehandlung vermutlich kostenintensiv ausfallen wird. Schon ist aus einem einfachen ein beinahe existenzielles Problem geworden. Das muss nicht sein. Nicht nur wir haben einen neuralgischen Punkt, an dem sich unsere mühevoll aufgebaute Fassade ganz leicht einreißen lässt. Auch Zellophanfolien haben so eine schwache Stelle.

Bei CDs ist es meist ganz einfach: Legt man sie vor sich hin, sodass einen die Vorderseite anschaut, findet man an der linken Seite einen etwas milchig aussehenden Faden, der irgendwo (meist an der oberen oder unteren Seite der CD-Hülle) ein loses Ende hat, an dem man dann sachte ziehen muss, und schon öffnet sich die Folie fast wie von selbst. Gelingt das nicht, gibt es bei einer traditionellen CD-Verpackung im Plastikkästchen die Möglichkeit, an der linken Seite mit dem Fingernagel in den kleinen Spalt zwischen dem Deckel und dem sogenannten Tray (das ist das Ding, auf dem die CD steckt) zu fahren und die Folie so einigermaßen unfallfrei aufzutrennen. Steckt die CD in einer Pappe, reichen bei männlichen Probanden die eigenen Fingernägel oft nicht aus, es sei denn, sie spielen ohne Plektrum Gitarre und können daher einen absichtlich extralang gewachsenen Daumennagel nutzen. Man kann auch auf Menschen in seinem unmittelbaren Umfeld hoffen, die eine gewisse Übung darin haben, ihre Nägel dort zu vergraben, wo's wehtut (bei CD-Pappverpackungen findet man den neuralgischen Punkt übrigens entweder an der Öffnung oder, falls es sich um eine ausklappbare Hülle handelt, oben und unten, wo Vorder- und Rückseite nicht aufeinanderliegen).

Bei LPs wiederum ist ein bisschen mehr Vorsicht geboten, denn die Papphüllen verknicken leider wirklich schnell. Aber auch hier gibt es eine eigentlich ganz einfache Methode, die ungeliebte Folie schnell loszuwerden. Man sucht die Öffnung der Hülle (in der Regel, wenn einen das Plattencover anschaut, auf der rechten Seite) und reibt diese etwa fünf bis zehn Mal relativ sachte (der Druck sollte nicht größer sein als das Gewicht der Platte) an seinem Hosenbein oder -bund (am Bund ist der Stoff stärker, daher bietet sich diese Stelle bei feineren Hosen an, sonst ist man zwar die Folie los, hat aber einen nicht gewollten Schlitz im Hosenbein). Dann öffnet sich die Folie wie von selbst, und man kann sie abziehen (und das sollte man auch vollständig tun, weil eine geöffnete Folie sich in der Regel mit der Zeit ein wenig zusammenzieht und damit das Cover wellig werden lässt).

Der gute Geschmack und die feinen Unterschiede

Was ist guter Geschmack?

Julia, Britta, Jörn und Markus – vier Arbeitskollegen, nicht verpartnert – sitzen am Tresen einer zum hippen Club umfunktionierten ehemaligen Stripbar in der nördlichen Kölner Altstadt. Markus arbeitet im Marketing eines Verlags und verdient sehr gutes Geld, die anderen drei schreiben für ein Magazin desselben Verlags über Kultur und bessern ihre klägliche Monatspauschale mit Beiträgen für den öffentlich-rechtlichen Rundfunk und Tageszeitungen auf (zudem entgehen sie so dem Verdacht der Scheinselbstständigkeit). Julia legt außerdem in besagtem Club ab und zu auf, Jörn hilft gelegentlich samstags in einem Plattenladen aus, und Britta spielt mit ihrer Band, die eigentlich experimentelle Rockmusik mit feministischen Texten macht, in der fünften Jahreszeit auf alternativen Karnevalsveranstaltungen Ska-Versionen bekannter Stimmungslieder.

Marketingmensch Markus ist zum ersten Mal hier. Julia, mit der er über ein mögliches Advertorial, also einen Werbetext, der aussieht wie ein redaktioneller Beitrag, in der nächsten Ausgabe des Magazins gestritten hat, hat ihn auf ein »Versöhnungsbier« mitgeschleppt.

Er fühlt sich ein wenig ausgeschlossen, weil die anderen drei über irgendwelche Bands, Filme und Bücher reden, von denen er noch nie gehört hat. Doch dann fällt der Name »Elton John«. Genauer gesagt, hat Britta gerade entzückt gerufen: »Ich liiiebe Elton John!« Und zwar, nachdem Jörn erklärt hatte, im Plattenladen stehe gerade »eine Originalpressung von *Tumbleweed Connection* in einwandfreiem Zustand für zwanzig Euro«.

Das allerdings hat Markus überhört, er kennt dieses Elton-John-Album von 1971 auch gar nicht. Aber er hat den Sänger gemeinsam mit seiner Freundin Helena in der König-Pilsener-Arena in Oberhausen gesehen. Der namensgebende Sponsor der Halle ist ein Geschäftspartner und hatte ihm zwei Karten geschenkt.

»Warst du auch beim Konzert vor ein paar Monaten?«, fragt er, eine Chance witternd, sich endlich in das Gespräch einbringen zu können, an Britta gewandt.

»Äh – nein«, antwortet die, schüttelt den Kopf, runzelt die Stirn und zieht die Unterlippe nach vorn, als sei das die absurdeste Frage der Welt. Das irritiert Markus ein bisschen. Hat sie nicht gerade gesagt, sie »liiiebe« Elton John?

»War auch nicht so richtig gut«, erklärt er verunsichert. »Meine Freundin und ich waren ein bisschen enttäuscht.«

Keine Reaktion, oder hat Julia ihre Augenbrauen ein wenig hochgezogen? (Hat sie, in Erwartung eines Zusammenpralls zweier Welten.)

»Ich meine«, fährt Markus fort, »das war seine Abschiedstour, und er hat keinen einzigen Disney-Song gespielt. Das war schon ein starkes Stück. Ich hab die Karten über unseren Kunden bekommen, aber die kosten ja sonst bestimmt hundertfünfzig Euro, wenn man sie dafür überhaupt kriegt. Da erwartet man ja schon, dass er was aus *König der Löwen* spielt, oder nicht?«

Die drei anderen in der Runde tauschen mit verdrehten Augen Blicke aus. Britta will ihr Lachen unterdrücken, prustet aber irgendwann los, Julia stimmt ein, Jörn hält sich die Hände vors Gesicht und schüttelt den Kopf.

Was ist hier passiert?

Jörn, Britta und Julia haben in der zweiten Hälfte der Achtziger begonnen, sich für Popmusik zu interessieren. Elton John war damals mit Hits wie »Nikita« und »Sad Songs (Say So Much)« ungeheuer populär. Aber nicht bei ihnen, sondern bei ihren Eltern, die hauptsächlich Radio hörten und nur wenige Platten besaßen, sich aber von Freunden welche auf Kassette überspielen ließen. Sachen wie Tina Turners *Private Dancer*, Joe Cockers *Unchain My Heart*, *E. S. P.* von den Bee Gees, *No Jacket Required* von Phil Collins, *Misteriosa Venezia* von Rondo Veneziano oder eben auch *Breaking Hearts* und *Ice On Fire* von Elton John.

Julia war damals vor allem großer Fan von Prince und mochte auch einige Sachen von Madonna; Britta lief den Großteil ihrer Jugend in schwarzen Klamotten rum und hatte ihr Jugendzimmer mit Postern von Depeche Mode tapeziert; Jörn stand auf die Smiths und Hüsker Dü. Ende des Jahrzehnts entdeckte Julia die Beastie Boys, begann kurz darauf auch afroamerikanischen Hip-Hop, Soul und R&B zu hören – Public Enemy, A Tribe Called

Quest, Mary J. Blige, Janet Jackson, Missy Elliott, später dann The Roots, Erykah Badu und D'Angelo. Britta blieb Depeche Mode treu, hörte aber auch Nine Inch Nails und Marilyn Manson, Nick Cave und vor allem PJ Harvey und Björk, deren Texte und Inszenierungen ihr ein völlig neues Bild davon vermittelten, was es bedeutete, wie sie es gerne nannte, »seine Frau zu stehen«.

Jörn orientierte sich in den Neunzigern zunächst an alternativen amerikanischen Gitarrenbands wie Pavement und Weezer, Songwritern wie Bill Callahan, der sich Smog nannte, Will Oldham, der sich Palace nannte, und David Berman, der eine Band mit dem Namen Silver Jews hatte. Außerdem verfiel er dem Britpop von Blur und Pulp. Anfang der Nullerjahre sah er sich Cameron Crowes autobiografischen Film über seine Anfänge als Rockjournalist, *Almost Famous*, im Kino an. Im Soundtrack war ein Song zu hören, der wie ein sehr gutes Stück des australischen Indie-Songwriters Ben Folds klang und »Tiny Dancer« hieß. Es stammte zu Jörns Erstaunen von Elton John und befand sich auf der Platte *Madman Across The Water* von 1972.

Nähere Nachforschungen ergaben, dass der in den Achtzigern so verhasste britische Sänger und Pianist in der ersten Hälfte der Siebziger viele fantastische Platten gemacht hatte. Dann war aber plötzlich Schluss, und sein Abstieg ins Triviale und Seichte begann. Ähnlich und etwa zur gleichen Zeit wie bei seinem Landsmann Rod Stewart. Jörn – der nach seiner *Almost Famous*-Erfahrung tief in die Welt der Songwriter-Platten der ersten Hälfte der Siebzigerjahre eingetaucht war und jedem davon erzählte, egal ob er oder sie es wissen wollte – hatte schnell eine These zum plötzlichen Leistungsabfall: Beide Künstler gingen Mitte der Siebziger in die USA, um dort mit routinierten Sessionmusikern aufzunehmen. Und beide verfielen endgültig dem Kokain. Die Musik wurde glatt, schmierig und zynisch und verlor ihren britischen Spleen und ihre Spontaneität. Man konnte das auch irgendwie gut finden. Aber eher mit ironischem Unterton. Eine Bezeichnung für diese Art der vom weißen Puder angetriebenen größenwahnsinnigen Musik, wie sie auch amerikanische Bands wie Steely Dan, die Eagles und die zumindest ursprünglich britischen Fleetwood Mac machten, war Yacht Rock. Musik für die weiße Oberschicht, die mit Sektgläsern und frisch gefüllten Nasen vor der Küste auf einem Boot saß und vom eigenen Hedonismus zu Tode gelangweilt war. Musik vor allem aber für jene, die diese Pose vier Jahrzehnte später nachstellten.

Mit Beginn der Achtziger war allerdings selbst diese irgendwie noch spannende Dekadenz aus den Platten der genannten Künstler verschwunden. Elton John war irgendwann so verzweifelt über seine eigene Inspirations- und Relevanzlosigkeit, dass er in den Neunzigern den Soundtrack für den Disney-Kitschfilm *Der König der Löwen* schrieb – den er dann auch noch zu einem elenden Musical machte –, und schließlich seinen alten, ursprünglich der Schauspielerin Marilyn Monroe gewidmeten Hit »Candle In The Wind« zur Elegie auf die tragisch verunglückte Prinzessin Diana umfrisierte und die erfolgreichste Single der britischen Chartsgeschichte landete.

Markus ist ein paar Jahre jünger als die anderen drei. Er hat sich in seiner Jugend eher für Computerspiele und Fußball interessiert als für Musik. Die spielte zu Hause eigentlich nie eine besonders große Rolle. Aber er mochte ein paar Lieder von Green Day und den Toten Hosen, wenn die auf Partys liefen. Er hat sich später auch Alben der beiden Bands auf CD gebrannt, aber meistens waren da nur so drei, vier Lieder gut, die anderen konnte man getrost vergessen, wenn man sie sich je hätte merken können. Wenn er sich später selbst mal eine CD kaufte, dann meist eine Best-of oder so legendäre Alben wie *Unplugged* von Eric Clapton oder *Dark Side Of The Moon* von Pink Floyd, die man einfach haben musste, weil das eben so war. Er war vierzehn, als *Der König der Löwen* ins Kino kam, und er hat das damals geliebt und sich den Soundtrack zum Geburtstag gewünscht, damit er ihn Katja aus der Parallelklasse brennen konnte.

Als er zwölf Jahre später seine Freundin Helena kennenlernte, sind sie zusammen nach Hamburg gefahren und haben sich auf der anderen Seite der Landungsbrücken das gleichnamige Musical angeschaut. Das war schon sehr romantisch. Und man kann wohl kaum bestreiten, dass »Can You Feel The Love Tonight« ein großartiges und sehr erfolgreiches Lied ist. Wirklich blöd, dass Elton John das beim Konzert nicht gespielt hat. Markus hat keine Ahnung, was es da zu lachen gibt. Er weiß nicht, dass seine drei Gegenüber, von Jörn in die Geheimnisse der Musikproduktionen der Siebzigerjahre eingeweiht, innerhalb des John'schen Werks differenzieren und ebenjenes Lied, auf das Helena und er sich den ganzen

Abend gefreut hatten, für den absoluten Tiefpunkt im Œuvre des Musikers, ja vielleicht der Geschichte der populären Musik überhaupt halten. Für sie war Markus' Geständnis ein Offenbarungseid. Offensichtlich interessiert er sich nicht sonderlich für Musik, ist einer von denen, die Unsinn wie »Och, ich höre eigentlich alles« sagen, aber damit eigentlich meinen: »Ich höre nichts wirklich.« Ein Wirkungs- und Funktionshörer, der Musik nur nutzt, um irgendwelche Emotionen auszulösen oder zu verstärken, quasi die Entsprechung zu einem, der eine Flasche Johnny-Walker-Whisky oder Jim-Beam-Bourbon trinkt, um möglichst schnell betrunken zu werden, statt sich an einem Glas Single-Malt-Whisky ohne Eis aus einer schottischen Privatbrennerei zu verlustieren. Der hat einfach keinen Stil und keinen Geschmack.

An diesem zugegebenermaßen ein wenig überzeichneten und doch nicht ganz lebensfremden Beispiel kann man schon sehen, dass Geschmack etwas sehr subjektives, zu Teilen biografisch Bedingtes, aber auch Erlern- und Veränderbares ist. Der Geschmack einer Person kann etwas über ihr Alter, ihre Sozialisation, ihre Zugehörigkeit zu kulturellen und sozialen Gruppen, die Vertrautheit mit dort um mehr oder weniger feine Unterschiede geführten Diskussionen und ihr generelles Interesse an bestimmten Themen verraten. Ob dieser Geschmack als gut oder schlecht beurteilt wird, hängt zu nicht geringem Maße davon ab, ob der Beurteilte und der Beurteilende einige dieser Merkmale teilen.

Der französische Kultursoziologe Pierre Bourdieu legte nahe, so wie sich die Gesellschaft früher in sozioökonomische Klassen einteilen ließ, könne man sie heute anhand geteilter ästhetischer Urteile in Geschmacksklassen differenzieren. Der Musiktheoretiker Diedrich Diederichsen identifizierte gar ein Geschmacksbürgertum: Während sich das Bürgertum früher durch Bildung vom Rest der Gesellschaft abgesetzt habe, tue es das heute durch einen möglichst erlesenen Geschmack, der popmusikalisch in der Regel aus quasi heiliggesprochener, an den Grenzbereichen zu »anspruchsvolleren« Kunstformen wie Jazz, Klassik, Literatur oder Theater spielender Musik zu finden sei.

Geschmacksbürger mögen etwa den amerikanischen Songwriter Tom Waits, der mit seinen Liedern für den texanischen Musical- und Theater-Regisseur Robert Wilson in die Hochkultur wechselte (siehe auch das Kapitel »Sollten Popmusiker ins Theater gehen?«), oder die vom Gitarristen und Sound-Ethnologen Ry Cooder wiederentdeckten und vom Regisseur Wim Wenders in einer Dokumentation festgehaltenen greisen kubanischen Musiker des Buena Vista Social Club sowie den in Zeiten des New Wave bekannt gewordenen Songwriter Elvis Costello (wir erinnern uns an seinen Knock-out in der ersten Runde durch Bonnie Bramlett). Der britische Elvis nahm in späteren Jahren, begleitet vom klassischen Brodsky Quartet, ein Album mit von Shakespeare inspirierten Stücken auf, komponierte eine Ballettmusik, produzierte ein Album der schwedischen Sopranistin Anne Sofie von Otter und schrieb Lieder mit seiner Ehefrau, der Jazzsängerin Diana Krall. Dagegen lässt sich natürlich wenig sagen, wenngleich es sicher aufregendere

Musik gibt als diese. Manchmal muss man für den Spaß und das Abenteuer auch die Grenzen des vermeintlich guten Geschmacks überschreiten.

Muss Musik schön sein?

Der amerikanische Musikkritiker Lester Bangs bezeichnete Lou Reeds Doppelalbum *Metal Machine Music* von 1978, das nur aus verhallten Gitarren-Feedbacks besteht und klingt wie ein einstündiger Tinnitus, als »das größte Album, das je gemacht wurde«. Er begründete das in seiner berühmt-berüchtigten Kritik unter anderem damit, dass jeder Idiot, er selbst eingeschlossen, ein solches Album machen könne, wenn er über die technischen Gerätschaften dazu verfüge; dass sein Haustier, ein Einsiedlerkrebs namens Spud, jedes Mal aus dem Gehäuse komme, wenn er die Platte auflege; und dass nach Einnahme des bei Überdosierung Halluzinationen auslösenden Hustensafts Romilar nichts besser klinge als eben *Metal Machine Music*.

Es fallen einem viele Adjektive zu dieser Platte ein. »Schön« ist nicht darunter. Trotzdem scheint diese Musik zumindest auf Einsiedlerkrebse und Kritiker mit Hang zum Substanzmissbrauch einen gewissen Reiz auszuüben. Oberflächlich betrachtet strebt Popmusik nach Schönheit. Die Interpreten der großen Hits waren in der Regel jung und attraktiv, ihre Stimmen glatt, ihre Lieder gefällig. Aber es gab immer eine Reihe von Abweichungen: Auf den ersten Eindruck eher hässliche Stimmen, schräge Töne, krachige Arrangements, komplizierte Kompositionen und groteske Erscheinungen. Oft wurden gerade diese Dinge als besonders widerständig empfunden, als Rebellion gegen die normierten Waren der Unterhaltungsindustrie. Man denke an große vermeintliche Nichtsänger wie Bob Dylan, Janis Joplin und eben Lou Reed (der auf *Metal Machine Music* diesem Ruf tatsächlich alle Ehre macht und seine Stimme nicht ein einziges Mal erhebt), an die gruseligen Inszenierungen von Alice Cooper, den zur Schau gestellten Dilettantismus des Punk oder die schräge Konzeptkunst von Björk. Ja, es gibt Platten, die zur Legende geworden sind, weil sie auf den ersten Eindruck quasi unhörbar zu sein scheinen.

Der kalifornische Musiker Don van Vliet, der sich Captain Beefheart nannte, veröffentlichte 1969 mit seiner Magic Band das Doppelalbum *Trout Mask Replica*. Es klingt, als wären die Musiker während der Aufnahme auf unterschiedlichen Planeten unterwegs gewesen – jeder spielt in einem anderen Takt und einer anderen Tonart –, und darüber bellt, grummelt und heult jemand surreale Gedichte über Wahnsinn, Rassenkonflikte, Naturkatastrophen und den Holocaust. Es klingt wie ein riesiger kosmischer Unfall. Man kann einfach nicht wegsehen oder -hören. Das verstörende Werk landet auch heute noch regelmäßig auf den vorderen Plätzen, wenn Musikmagazine »das beste Album aller Zeiten« wählen. Und das natürlich völlig zu Recht.

Ein naher Verwandter von *Trout Mask Replica*, wenn

auch unter ganz anderen Umständen entstanden, ist das im selben Jahr erschienene Album mit dem vielversprechenden Titel *Philosophy Of The World*. Es stammt von einer Band, die sich nach einer damals beliebten Wuschelfrisur und verwuschelten Hunden The Shaggs nannte. Dahinter steckte Austin Wiggin, ein Baumwollspinner aus dem amerikanischen Kaff Fremont in New Hampshire. Seine Mutter hatte ihm einst prophezeit, er werde eine rotblonde Frau heiraten, zwei Söhne zeugen, und seine Töchter würden später in einer erfolgreichen Popgruppe singen. Nachdem die ersten beiden Weissagungen in Erfüllung gegangen waren, zwang er seine Töchter Helen, Betty und Dot, die dritte zu erfüllen. Er nahm sie 1968 von der Schule, kaufte ihnen Instrumente, ließ sie Musikunterricht nehmen und setzte sein Erspartes ein, um an einem einzigen Tag ein ganzes Album mit von Tochter Dot komponierten Liedern aufzunehmen.

Besonders musikalisch waren die drei Schwestern allerdings nicht, das hört man ihren Liedern an. Man fragt sich, ob ihnen ihr Musiklehrer vom Konzept des Taktes, in dem möglichst alle zu bleiben haben, überhaupt erzählt hat. Außer ein paar Mitgliedern der Familie Wiggin würde sich das wohl niemand freiwillig anhören. Neunhundert der insgesamt tausend gepressten LPs verschwanden dann allerdings auf mysteriöse Weise aus dem Lagerhaus des Plattenlabels mit dem schönen Namen Third World Records, das kurz darauf pleiteging. Die verbliebenen Exemplare fanden ihren Weg zu Plattensammlern und wurden heiß gehandelt.

Zwölf Jahre später hörte die amerikanische Rockband

NRBQ ein Lied der Shaggs bei einem Lokalradiosender in Boston, stellte Nachforschungen nach den mysteriösen Urhebern an und legte das gesuchte Album schließlich auf ihrem eigenen Label wieder auf. »*Philosophy Of The World* ist die kränkste, erstaunlichste, schrecklich wundervollste Platte, die ich seit Ewigkeiten gehört habe, das perfekte mentale Abführmittel für Depressionen jeder Art«, schrieb der amerikanische *Rolling Stone*. Und der Sänger der Band Nirvana, Kurt Cobain, bezeichnete *Philosophy Of The World* einige Jahre später als eine seiner fünf liebsten Platten aller Zeiten.

Nirvana waren in einer Szene zu Hause, in der das Unperfekte und Kaputte als Teil einer Haltung zelebriert wurde. LoFi nannte man die Ästhetik, die sich wie einst der britische Punk gegen die gefälligen und glatten Produkte der Unterhaltungsindustrie wandte. LoFi ist die Kurzform von Low Fidelity – niedrige Klangtreue – und bezeichnet die mit sehr rudimentärem technischem Equipment oft in den eigenen vier Wänden entstandenen Aufnahmen vieler oft mittelloser Gitarrenbands aus den späten Achtziger- und frühen Neunzigerjahren. Der miese Klang, die Verzerrungen, das Rauschen des Tonbands und die verstimmten Instrumente waren ein Zeichen der Glaubwürdigkeit und des Widerstands gegen die großen und reichen Musikkonzerne.

Nirvana hatten allerdings nach ihrem krachigen Debüt *Bleach* bei so einem Konzern einen Vertrag unterschrieben. Und als die Band mit dem effektvoll produzierten Album *Nevermind* und der zugehörigen Single »Smells Like Teen Spirit« äußerst erfolgreich geworden war, hatte sie ein Glaubwürdigkeitsproblem. Da half es auch nicht, dass Cobain auf dem Cover des *Rolling Stone* ein T-Shirt mit der Aufschrift »Corporate Magazines Still Suck« trug. Für das nächste Album arbeiteten Nirvana daher mit dem Produzenten Steve Albini zusammen, der für einen rohen, unbearbeiteten, der LoFi-Ästhetik durchaus verwandten Sound stand und sich gegen jede Form von Schönklang wandte. Dass die Plattenfirma ohne Einspruch der Band dann an der ursprünglichen Version des Albums mit dem Titel *In Utero* noch Änderungen vornahm und die potenziellen Singles vom Produzenten Scott Litt – der zuvor schon die alternative Rockband R. E. M. weit hinauf in die Charts katapultiert hatte – hörerfreundlicher abgemischt wurden, verschwieg man natürlich. Wenn man den großen Erfolg will, kommt man ohne eine Spur Wohlklang eben nicht aus.

Heute ist es mittels Technik längst möglich, auch einen untalentierten Sänger perfekt klingen zu lassen. Man lässt ihn einfach so schief singen, wie er will, und behebt die Fehler anschließend mit der automatischen Tonhöhenkorrektur, die sich Autotune nennt. Natürlich geht damit auch ein Teil der menschlichen Wärme verloren, denn Perfektion ist nun mal in der Regel ein kaltes Vergnügen. Einige Musiker, wie etwa der amerikanische Rapper und Produzent Kanye West oder das französische House-Duo Daft Punk, sind allerdings genau auf diese Kälte aus. Sie nutzen die Technik nicht, weil sie Schwierigkeiten haben, die Töne zu treffen, sondern weil sie ihre Stimme entmenschlichen wollen, um die Künstlichkeit ihrer Inszenierung hervorzuheben.

Aber Musik kann – wie wir an den Beispielen Lou Reed, Captain Beefheart und The Shaggs gesehen haben – auch jenseits des perfekt getroffenen Tons ihre Reize haben. 2012 schaute ich mir in Berlin ein Konzert des amerikanischen Musikers Jandek an. Man wusste damals so gut wie nichts über ihn (mittlerweile gibt es eine ein wenig erhellende Dokumentation, und er hat in der britischen Musikzeitschrift *The Wire* sphinxhaft Auskunft über seine Kunst gegeben). Seine Platten konnte man nur über eine mysteriöse Adresse beziehen. Dazu musste man einer Firma mit dem Namen Corwood Industries im texanischen Houston einen Brief schreiben und die Dollars am besten verpackt in Alufolie gleich mitschicken. Dann wartete man ein paar Wochen und bekam ein in krakeliger Schrift adressiertes Päckchen mit der gewünschten Platte oder CD, auf der man einen Mann mit einer hohen koyotenhaften Stimme seinen Weltekel hinausjaulen hörte. Offensichtlich hatte er zudem ein sehr gestörtes Verhältnis zu seiner Gitarre, die in seinen Händen Töne von sich gab wie ein sterbendes Tier. Irgendwie gefiel mir das. Oder mir gefiel das Mysterium hinter dieser Figur. Oder die Tatsache, dass niemand außer mir Jandek zu kennen schien. Man konnte Eindruck machen, wenn man von ihm erzählte. Oder, wenn man die richtigen Formulierungen wählte, für Amüsement sorgen und etwas von der Kauzigkeit des Künstlers auf sein eigenes Konto buchen.

Jandek würde an diesem Abend in Berlin sicher keine alten, mir bekannten Lieder spielen, dachte ich mir. Vermutlich war es auch gar nicht möglich, diese Songgebilde zu reproduzieren. Er würde etwas Neues aufführen.

Klänge erzeugen, die ich nie zuvor gehört hatte. Und ich würde ihn zum ersten Mal leibhaftig sehen. Es ging das Gerücht, er sei der hagere Mann, den man mal mit Bart, mal ohne, mal jung, mal alt auf den Covern seiner Platten sah – aber sicher konnte man sich nicht sein.

Er war es tatsächlich. Ganz in Schwarz gekleidet betrat er die Bühne. Er trug Hut und einen langen zauseligen Bart – er mochte etwa Mitte sechzig sein. Das Publikum hielt den Atem an. Keiner klatschte, keiner sagte ein Wort. Zwei weitere Musiker setzten sich an Cello und Schlagzeug. Jandek stöpselte seine Gitarre ein, knipste den Verstärker an und schob die ersten Töne in den Raum. Ein schleppender atonaler Blues, der nach einigen Takten schlagartig rückwärtszulaufen schien, um sich kurz darauf in eine Art Jazz zu verwandeln. Erst als der letzte Ton verklungen war, wagte das erstaunlich junge Publikum – vermutlich ein Hauptseminar für Neue Musik der Universität der Künste oder so – einen verhaltenen Applaus. Jandek wechselte ans Klavier, kein Lächeln, kein »Hallo«, mit seinen Musikern kommunizierte er nur über Blicke.

Er schien nach etwas zu tasten auf den Tasten, die Stimme folgte den Händen. »I killed you with my words / I so wanted you to go away«, jaulte er. Eine Melodie gab es nicht, aber irgendein Plan schien trotzdem hinter diesem Stück zu stecken. Das Cello ächzte und knarrte wie ein Schiffswrack auf dem Meeresboden.

Der Musiker ertrug den anschließenden Applaus apathisch, schaute auf die weißen und schwarzen Tasten, spielte ein paar nicht ganz harmonisch klingende Akkorde und sang, nein, ächzte von roten Rosen am Sarg der Liebsten. Die Töne setzten sich wie zufällig zu einer romantischen Melodie zusammen, und der Künstler jammerte verzweifelt: »I did not know you.« Standbass und Schlagzeug produzierten derweil eine Kakofonie, die einem – nachdem man sich an sie gewöhnt hatte und in ihr nach einem Muster suchte – irgendwann wie ein federnder Swing erschien. Wie beim Hören der Jandek-Alben setzten sich auch im Konzert irgendwann die seltsamen Geräusche und Bilder, von denen man anfangs dachte, sie würden nur vom Mythos, der sich um diese Figur rankt, zusammengehalten, zu richtigen Songs zusammen.

Wenn man sich solchen unkonventionellen und irritierenden Klängen aussetzt, beginnt das Gehirn ganz von selbst, eine Ordnung darin zu finden. Es ist ein sehr euphorisierendes Gefühl, wenn das passiert. Man sollte sich das nicht entgehen lassen, indem man sich immer nur der offensichtlichen Schönheit und dem Wohlklang aussetzt.

Muss Musik aufregend sein?

Vor einigen Jahren beauftragte mich die *Berliner Morgenpost*, anlässlich eines Coldplay-Konzerts den Erfolg dieser britischen Band in einem Text zu ergründen. Am besten mittels Feldbeobachtung und Begegnung mit Fans dieses 1996 von vier Studenten gegründeten Quartetts. Ich kannte Coldplay natürlich. Ich war kein Fan, aber ich fand sie auch nicht sonderlich schlimm, wie manche andere besonders erfolgreiche und somit dauerpräsente Band, die einem zwangsläufig irgendwann auf die Nerven geht. Ich stellte das Radio nicht aus, wenn etwas von ihnen lief, aber besonders gut fand ich es auch nicht. Es war mir einfach egal. Und genau das war der Grund, warum ich diesen Auftrag annahm. Denn egal ist mir eigentlich in der Welt der Musik relativ wenig. Die üblichen Regungen sind eher: Liebe, Interesse, Neugier, Abscheu und Ekel. Aber Egalsein? Lag das an mir oder an der Band? Offensichtlich hatte sie ja Fans, sehr viele sogar, verkaufte Millionen von Platten und trat in riesigen Hallen und Stadien auf. Recht unwahrscheinlich, dass diese Band all diesen Menschen egal war.

Zwei Dinge fand ich bei einer ersten Internetrecherche über Coldplay-Fans heraus: Sie hatten beim ersten romantischen Date seltener Sex als Anhänger anderer Künstler – das hatte eine britische Dating-Plattform herausgefunden. Und zweitens waren Coldplay-Fans trotz ihrer Vielzahl äußerst schwer zu finden. Ja, es war um vieles einfacher, frühmorgens im Volkspark Friedrichshain nahe meiner Wohnung einen Fuchs oder Waschbären zu erspähen, als einen Coldplay-Fan in freier Wildbahn zu sichten. Ein entscheidendes Problem: Man erkannte ihn nicht. Weder an Kleidung oder Schuhen noch an Frisur oder Bärten. Jeder, der in der U-Bahn neben einem saß, konnte einer sein.

Im deutschsprachigen Internet-Fanforum war der letzte Beitrag ein Vierteljahr alt. Inzwischen war das Coldplay-Album *Mylo Xyloto* erschienen – aber das schien niemandem ein Wort wert zu sein. Der Versuch, über einen Post bei Facebook unter der Freundesschar, die sich über die Jahre angesammelt hatte, einen Fan der Band ausfindig zu machen, war ebenfalls nicht von Erfolg gekrönt. Die recht beiläufig gestellte Frage »Geht hier jemand zum Coldplay-Konzert in Berlin?« wurde mit der Antwort »Warum sollte man das tun?« quittiert. Angesichts der Vielzahl der bereits verkauften Tickets musste es aber *doch* Gründe geben.

Der Reihe nach: Das erste Coldplay-Album hieß *Parachutes* und erschien im Sommer 2000. Die Band gehörte also zur zweiten Generation des Britpop, war gewissermaßen Nachfahre der Arbeiterkinder von Oasis aus Manchester und der Kunststudenten von Blur aus London, die sich Mitte der Neunziger einen Kampf um die Vorherrschaft in den Charts geliefert hatten. Die britische Presse überschlug sich seinerzeit förmlich, dass im etwas öd gewordenen Königreich popmusikalisch endlich mal wieder was passierte, rief das *Cool Britannia* aus, und einige der Protagonisten dieses Hypes sah man in der Downing Street mit Premierminister Blair Champagner trinken, weil sie New Labour wohl für ein hippes Arbeitsbeschaffungsprogramm hielten. Die Studentenband Radiohead aus Oxford übte derweil Kapitalismuskritik, sang 1997 auf ihrem Erfolgsalbum *OK Computer* von Entfremdung und Identitätsängsten. Harter Stoff, den Adepten wie Travis und eben Coldplay schließlich weichspülten – der Leidensdruck blieb erhalten, doch die Lieder spielten bei ihnen im privaten Bereich. Die Freundin hatte einen anderen oder rief einfach nicht zurück.

Parachutes war schon ein Riesenerfolg gewesen, doch zu Überlebensgröße wuchsen Coldplay zwei Jahre später mit dem Nachfolger *A Rush Of Blood To The Head*. Die Songs handelten zwar erneut von Beziehungen und dem, was das weiße Mittelklassekind »Probleme« nannte, doch der Sound war größer geworden, der Tenor von Chris Martin strahlte heller, und jedes larmoyante Lamento klang plötzlich wie eine Hymne. Der Sänger engagierte sich sozial, wurde zur Stimme der Entwicklungshilfe-Organisation Oxfam, und plötzlich ging es um mehr als die Freundin, die nicht zurückrief. Zumal die jetzt Gwyneth Paltrow hieß und kurz zuvor selbst den gegen Oscar-Preisträgerinnen immunen Indie-Jungs in Wes Andersons *The Royal Tennenbaums* den Kopf verdreht hatte. Ausgerechnet Chris Martin, dieser auf den ersten Blick schüchtern anmutende, nicht besonders aufregende Schluffi im langärmeligen T-Shirt, dieser Nichtraucher und Nichttrinker mit dem Jungsgesicht und den über der Stirn dünner werdenden Haaren hatte all die Hollywood-Beaus und Megastars ausgestochen und sich eine Filmdiva geangelt.

Zu Hause in Großbritannien feierte man, dass man nun auch in den USA wieder von der heimischen Musik Notiz nahm. Das war Oasis und Blur nicht vergönnt gewesen. Endlich gab es wieder eine British Invasion, wie einst, als die Beatles und die Stones Amerika eroberten. Obwohl – so richtig britisch waren Coldplay ja nicht. Kein Klassenbewusstsein, kein *ladism*, kein Humor, kein Kunstschulensnobismus, keine Pöbelei. Und genau deswegen wurden sie wohl nach dem Electric Light Orchestra die erste englische Band, die man auch in den USA liebte. Sie hatten den Charme von Fußgängerzonen, die überall gleich aussahen und einem daher ein Gefühl von Heimeligkeit gaben. Das ist das Gegenteil von aufregend, das ist Musik für Leute, die vorsichtig sind bei ersten Dates. Kleine Lieder statt großer Gesten, Bescheidenheit statt Großkotzigkeit, Musik für den Abend im liebevoll gediegen eingerichteten Wohnzimmer, eine Form von neuer Gemütlichkeit vielleicht, Cocooning fürs Ohr. Kein Wunder also, dass man den Coldplay-Fan in der Öffentlichkeit kaum antrifft. Er genießt privat – selbst wenn er mit zweihunderttausend Gleichgesinnten Seite an Seite in einer riesigen Halle steht. Ist das schlimm? Nein, es ist einfach egal.

Sind Gitarrensoli sexistisch?

Es ist natürlich kein Zufall, dass die Rock-'n'-Roll-Revolution und damit der Siegeszug der Popmusik begann, kurz nachdem das erste Modell einer elektrisch verstärkten Gitarre beim Musikinstrumentenbauer Leo Fender 1950 in die Massenfertigung ging und somit plötzlich auch bezahlbar wurde. Danach beherrschten E-Gitarren schon allein wegen ihrer Lautstärke fast jeden Song. Und natürlich wurde die Lautstärke wichtiger, je mehr Leute zu den Konzerten kamen und je größer die Aufführungsorte wurden.

In den Zwanziger- und Dreißigerjahren war die Gitarre noch vor allem ein leises Rhythmusinstrument, meist übertönt von den Bläsern der damals populären Big Bands. Im Blues und Jazz, wo der Gitarrist oft allein oder mit einer kleinen, leisen Band aus Bass und Schlagzeug spielte, konnte das Instrument auch schon mal ein Lied tragen und für ein kurzes Solo eingesetzt werden. Mancher Gitarrist legte sich einen persönlichen Stil zu, den man unter Tausenden erkennen konnte. Doch erst elektrisch verstärkt, immer öfter gar verzerrt, wurde die Gitarre zur Königin der Pop-Instrumente.

Und jeder weiß natürlich: Wo es Monarchen gibt, gibt es auch Machtmissbrauch. Im Laufe der Popgeschichte wurden die Gitarren lauter und lauter, die Soli länger und länger, und die in der Regel männlichen Leadgitarristen wurden zu Stars (was nicht heißt, dass es nicht auch virtuose Rock-Gitarristinnen gab: Poison Ivy von den Cramps etwa oder Joan Jett). Schließlich versuchten die Gitarristen gar, die Sänger ihrer Bands – und damit letztlich auch den jeweiligen Song – zu übertönen und in ihrer Gestik und Mimik zu zeigen, dass ihr Instrument mehr Gefühle ausdrücken konnte als tausend Worte.

Die Gitarre in die Höhe gereckt, zelebrierten sie jeweils minutenlang ihre Künste mit oft grotesk verzerrtem Gesicht, in dem sich mit etwas Fantasie Ekstase, Schmerz und höchstes Glück ablesen ließen. Man konnte in der Gitarre ein wildes Tier und in dem Musiker, der in der Arena mit ihr rang, einen heldenhaften Dompteur sehen. Oder aber das Instrument war ein riesiger Phallus, und das Publikum sah somit letztlich einem Onanisten bei seiner liebsten Beschäftigung zu.

Ja, ich weiß, das klingt gemein und ist vielleicht ein wenig zu simpel gedacht. Natürlich gibt es im Pop Stücke, in denen Soli eine ästhetische Berechtigung haben, in denen die Gitarre etwas erzählt, ein schönes Ornament liefert oder eine spontane Gefühlsäußerung in Töne gießt. Aber zugleich muss man der Tatsache ins Auge sehen, dass die Musikindustrie, trotz der Rolle, die man ihren Produkten bei der sexuellen Revolution und der weiblichen Emanzipation gerne zuspricht, ein ziemlich frauenverachtendes, machomäßig daherkommendes und auch männlich dominiertes Geschäft ist.

In der Zeit, in der Gitarrensoli und dazugehörige Posen angesagt waren – von etwa Mitte der Sechziger bis Ende der Siebziger –, war das in besonderem Maße so: Groupies waren weiblich und himmelten die hüft- und gitarrenschwingenden männlichen Stars an. Weibliche Künstler bekamen ihr Image, ihre kurzen Röcke, ihre Songs und deren Deutung von männlichen Managern, Songwritern und Musikjournalisten verpasst (Ausnahmen wie etwa die Songwriterinnen Joni Mitchell und Laura Nyro bestätigen hier eher die Regel). Es war schließlich Punk, der all das infrage stellte – Gitarrensoli und begleitende Posen wurden hier verachtet –, was wiederum der Art und Weise, wie etwa Gitarristinnen wie Lydia Lunch oder Viv Albertine von den Slits spielten, nämlich sehr reduziert und persönlich, entgegenkam.

In den Achtzigern und frühen Neunzigern, der Zeit von Shoegaze und Grunge, erlaubten sich einige Kinder des Punk, die paradoxerweise zugleich klassischen Rock der Siebziger liebten, dann zwar wieder laute, längliche und durchaus virtuose Gitarrensoli, doch sie taten das mit hängenden Schultern und schauten dabei nicht selten verschämt zu Boden. Sie waren sozusagen Gitarren-Antihelden, zerrissen zwischen dem Drang, den virilen Heroen nachzueifern, und dem Bewusstsein, dass daran nichts heldenhaft war. Eine durchaus interessante Spannung, die ich bei Konzerten immer noch gut und gerne aushalte. Jeder Gitarrist dagegen, der sich mehr als ein halbes Jahrhundert nach der Gitarrengötterdämmerung noch in die alten Posen wirft, lässt mich erschaudern und das Gesicht verziehen wie bei schlimmem Zahnweh.

Im Herbst 2018 sah ich einige Konzerte der britischen Sängerin und Songwriterin Anna Calvi, die seinerzeit allerorten für ihre Gitarrenkünste gelobt und gefeiert wurde. Die Künstlerin wand sich ekstatisch und zuckte unter der fingerflink selbst entfachten Energie. Und das Publikum schaute ihr dabei andächtig zu, so als stände es vor einem alten Ölschinken aus der Renaissance. Diese Analogie ist nicht zufällig gewählt, denn tatsächlich ahmt Calvi hier ja die antiken Gesten aus jener Zeit nach, als noch Gitarrenhelden die Popwelt regierten. Doch wenn sie als lesbische Frau diese wieder auf die Bühne bringt, sind sie naturgemäß frei von männlichem Machtgebaren, ja sie scheinen ganz vom individuellen Rausch gelöst zu sein, sie wirken eher wie eine tradierte Formel, die auf die männlich dominierte Geschichte des Rock und ihre Überwindung verweist. Da haben die alten Posen auf einmal wieder einen Sinn – zumindest theoretisch.

Besonders oft sieht und hört man Gitarrenkunststücke heute auf den Bühnen nicht mehr. Das liegt sicher auch daran, dass das Instrument und das Konzept der Rockband ihre Vormachtstellung in der Popmusik ein wenig verloren zu haben scheinen – wer heute Musik macht, tut dies oft mit dem Computer allein zu Hause und nicht mit einer Band; ist auch viel billiger, man muss keinen Proberaum bezahlen, und wenn man irgendwo auftreten will, packt man sein Gerät in den Rucksack, anstatt jede Menge analoges Equipment durch die Weltgeschichte zu transportieren. Es gibt zudem auch kaum noch echte

Rockstars. Das heroische Zeitalter der Popmusik scheint fürs Erste vorbei.

Vermutlich ist auch das ein Grund dafür, dass viele der interessantesten Gitarristen zurzeit weiblich sind: Neben Calvi etwa die texanische Songwriterin St. Vincent, die sich auf die Metal- und Grunge-Helden ihrer Jugend beruft, ihre Künste zuletzt in betont sexy Outfits zelebrierte und die männlichen Blicke doch zugleich ins Leere laufen ließ, weil sie als lesbisch lebende Frau quasi unerreichbar bleibt; oder die Australierin Courtney Barnett, die sich wie ein *tomboy* inszeniert und jedem Geschlechterklischee ausweicht.

Dürfen also nur noch Frauen Soli spielen, und jeder verhaltensauffällige, lang solierende männliche Gitarrist sollte als Symbol des Pop-Patriarchats in eine schlecht beleuchtete Museumsecke gestellt werden? Alles eine Frage der Haltung. Ein gutes Beispiel für virtuose und zugleich unsexistische Gitarrenhandhabung fand sich bereits weiter oben im Kapitel über die Dreieinigkeit Sex, Drugs & Rock 'n' Roll: die wegen ihres feminin fließenden Stils und fehlenden Posertums gelobten Hippies von The Grateful Dead.

Was ist der Unterschied zwischen Rock und Rock'n'Roll?

Wenn man heute von Rock'n'Roll spricht, meint man entweder einen Lebensstil (siehe Sex, Drugs & Rock'n'Roll) oder die aus Rhythm and Blues und Country hervorgegangene, meist im Viervierteltakt gehaltene Form der Popmusik, die in den Fünfzigerjahren gespielt wurde. Hier soll es einzig um den Musikstil gehen, welchen Chuck Berry, einer der Väter und größten Dichter des Genres, so definierte:

Just let me hear some of that Rock 'n' Roll music
Any old way you choose it
It's got a backbeat, you can't lose it
Any old time you use it
It's gotta be Rock 'n' Roll music
If you wanna dance with me

Entscheidend ist also der Backbeat, bei dem die geraden Zählzeiten (im Viervierteltakt also die zwei und die vier) durch die Snaredrum und die Hi-Hat betont wurden. Das änderte sich allerdings bereits in der Beat-Musik, wie etwa die Beatles sie anfangs praktizierten, doch meist nannte man auch dies Rock 'n' Roll, weil das einfach der Oberbegriff für die populäre rhythmische Musik der Zeit war.

Der Musikhistoriker Elijah Wald verortet das Ende des Rock 'n' Roll und den Beginn des Rock daher ein wenig später. Und die Beatles spielen da seiner Meinung nach eine entscheidende Rolle. Das erkennt man schon am provokanten Titel seiner »anderen Geschichte populärer amerikanischer Musik«: *How The Beatles Destroyed Rock 'n' Roll*. Rock 'n' Roll sei, so Wald, in den Fünfzigern und der ersten Hälfte der Sechzigerjahre ein unschuldiges Tanzvergnügen gewesen. Doch dann hätten sich vor allem die Beatles auf ihrem Album *Sgt. Pepper's Lonely Hearts Club Band* plötzlich als ernsthafte Künstler zu erkennen gegeben und die Musik in eine andere Richtung gelenkt, während die afroamerikanischen Musiker sich weiterhin auf tanzbare Hitsingles konzentrierten.

Rock war für den Kopf, Soul war für die Beine. Wald erkennt hier eine gewisse Ähnlichkeit zu früheren Entwicklungen im Jazz, als der Bandleader Paul Whiteman den Komponisten George Gershwin beauftragte, die »Rhapsody In Blue« zu schreiben und so die wilde und gefährliche afroamerikanische Musik zu bändigen, um sie einem größeren weißen und bürgerlichen Publikum nahezubringen. In dem Moment, als Gitarrenbands anfingen, ihre Musik als Kunstform zu begreifen, wurde laut Wald aus dem Rock 'n' Roll Rockmusik. Die vornehmlich weiß und männlich besetzten Bands waren nicht länger gezwungen, Tanzmusik zu machen, und produzierten stattdessen Musik, die man einfach nur wegen ihrer Virtuosität und ihrer Kunstsinnigkeit anhörte.

Dem heutigen Verständnis von Rockmusik entspricht Walds Definition allerdings nur zum Teil. Ja, Rock schert sich wenig um Tanzbarkeit (auch wenn bei Konzerten oft getanzt oder sich zumindest eigentümlich ekstatisch bewegt wird). Aber ist *Sgt. Pepper's Lonely Hearts Club Band* nach heutigem Verständnis wirklich ein Rockalbum? Ist es mit seinem Konzept von der Band, die in eine andere Rolle schlüpft, um die Tradition britischer und europäischer Musik zu erkunden und die psychedelischen Verformungen des Alltags zu beschreiben, und dem Collage-Cover des Künstlers Peter Blake nicht eher ein Stück Pop-Art? Es spielt zudem ja auch gar nicht im Rockclub oder im Stadion, sondern – wie man gleich zu Beginn an den Instrumente stimmenden Musikern hören kann – eher im Konzertsaal oder doch zumindest einer Music Hall, so nannte man die Unterhaltungsstätten, in denen in Großbritannien bis in die Dreißigerjahre Revues und Varieté-Veranstaltungen stattfanden.

Das, was wir heute Rock nennen, wurde, so scheint mir, kurz nach dem Erscheinen des Beatles-Albums im Juni 1967 auf dem Monterey International Pop Festival geboren. Der Toningenieur Abe Jacob hatte für dieses riesige Event – die Schätzungen der Zuschauerzahl reichen von zwanzig- bis fünfundsiebzigtausend – eigens eine Soundanlage entworfen, mit der Bands wie The Who, Jefferson Airplane, The Jimi Hendrix Experience, Grateful Dead und Big Brother and The Holding Company mit der Sängerin Janis Joplin erstmals in der Lage waren, die Energie, die sie bisher nur im Studio und in kleinen Clubs entfachen konnten, auf die große Bühne zu bringen. Jacob hatte mit seiner Beschallungsanlage den Rock 'n' Roll lauter gedreht, ihn aufgeblasen und in der Folge Bands wie Led Zeppelin und The Who eine große Karriere ermöglicht. Der Toningenieur war neben dem Londoner Musikalienhändler Jim Marshall – der für Gitarristen wie Pete Townshend oder Ritchie Blackmore von Deep Purple an leistungsfähigeren Gitarrenverstärkern arbeitete, die diese dann turmhoch hinter sich aufbauten – einer der Geburtshelfer des Rock.

Kann Bob Dylan eigentlich singen?

Morgens geht die Sonne auf. Abends geht sie unter. Die Zugvögel kommen im Frühjahr, bleiben den Sommer über, machen sich im Herbst abflugbereit und lassen uns im Winter allein. Das sind die Gewissheiten, die wir alle teilen. Und irgendwann in diesem Jahreskreis spielt Bob Dylan ein paar Konzerte irgendwo in unserer Nähe. Auch das ist schon eine Art Naturgesetz. Und solange ich denken kann, schreiben die Zeitungen darüber und versuchen sich mit Schilderungen seines Gesangs beziehungsweise (wie die meisten Journalisten behaupten) Nicht-Gesangs zu übertreffen. Er krächze, er nöle, er nuschle, seine Stimme klinge, so schrieb mal ein besonders fantasiebegabter Kritiker, als käme sie über die Mauer eines Tuberkulose-Sanatoriums herübergeweht.

Bob Dylans großes Idol, der Protestsänger Woody Guthrie, sah das ganz anders. Als der Autor von Liedern wie »This Land Is Your Land« und »Pretty Boy Floyd« 1961 schon sterbenskrank im Greystone Hospital in New Jersey lag und Besuch von seinem jungen Fan aus Minnesota bekam, der extra vom Mittleren Westen an die Ostküste getrampt war, um ihm einige seiner Lieder vorzuspielen, sagte er hinterher, singen könne der Junge ja ganz gut, aber mit dem Songschreiben sei es nicht weit her.

Zumindest der zweite Teil seiner Einschätzung ist mittlerweile durch die vielen Musiker, die Dylans Songs gesungen haben, und durch allerlei Auszeichnungen wie Grammys, Oscar, Pulitzerpreis und vor allem den Nobelpreis für Literatur widerlegt. Und einige der nicht selten akademisch beschlagenen Dylan-Fans vergleichen den Songwriter gar mit Orpheus, dem größten aller dichtenden Sänger der griechischen Sagenwelt, der mit seiner Stimme nicht nur Menschen und Tiere betörte, sondern auch Götter und – vielleicht noch schwieriger, wer weiß das schon – Pflanzen und Steine.

Es wird an dieser Stelle kaum noch jemanden wundern, dass ich diese Einschätzung teile – Bob Dylan ist für mich einer der größten Sänger des zwanzigsten Jahrhunderts. Und das, obwohl er nicht unbedingt über die Stimmbänder oder die Technik zu verfügen scheint, die eine solche Aussage besonders wahrscheinlich machen.

Ein Fachmann auf dem Gebiet des Gesangs und der Stimme ist der englische Tenor Ian Bostridge. Er hat schon viele große Opern gesungen. Noch ergreifender scheinen mir seine Interpretationen der Lieder von Franz Schubert. In diesen Lyrik-Vertonungen werden Geschichten erzählt, die denen der Lieder von Bob Dylan nicht so unähnlich sind. Bostridge ist also jemand, der sich nicht nur auf die Technik eines Sängers versteht, sondern auch auf seine Fähigkeit, auf diese Weise mit seiner Stimme etwas zu erzählen. In seinem sehr lesenswerten und klugen Buch über Schuberts *Winterreise* schreibt Bostridge, klassischer und populärer Gesang seien eigentlich nicht so weit voneinander entfernt, wie die meisten Leute denken. »Sie haben viele Gemeinsamkeiten, sowohl was ihre Themen als auch ihre intime Ästhetik angeht.« So habe er sich beispielsweise Schuberts Lied »Der Leiermann« immer als »eine Art von Bob-Dylan-Song« vorgestellt, »den man am besten außerhalb der klassischen Gesangsnormen interpretiert«.

Bei einem Konzert in Moskau habe er sich, während er das vorhergehende Lied »Die Nebensonnen« aus der *Winterreise* sang, plötzlich an Bob Dylans bittersüßes Liebeslied »Don't Think Twice, It's All Right« erinnert gefühlt; den »Leiermann« habe er daraufhin nach klassischen Maßstäben kaum wirklich gesungen, vielmehr habe er dieses abschließende Lied des Zyklus »krächzend und kehlig nach Maßstäben des Belcanto, aber zugleich nicht ganz im Widerspruch zu allem Vorhergehenden« intoniert.

An anderer Stelle schreibt Bostridge, es gebe in der Popmusik eine Menge großer Sänger, die nicht unbedingt gute Stimmen hätten:

> *Fred Astaire hatte eine schwache Stimme, er war ein großartiger Sänger. Dylan hat in gewisser Weise eine schreckliche Stimme. Aber als Sänger ist seine Fähigkeit, die Melodie sehr ausdrucksstark zu biegen und zu dehnen und in einer Art Kontrapunkt zu singen, während er ihr scheinbar nicht viel Aufmerksamkeit schenkt, äußerst überzeugend – man könnte fast sagen: ihr zum Trotz.*

Im Allgemeinen zeigt er, wie wichtig es ist, dass man Material durch eine Darbietung verbessern kann. Musikalisch ist sein Material nicht immer allzu interessant, aber er tut Dinge, die man von jemand anderem nicht unbedingt hören will, die aber für ihn funktionieren. Sehr oft arbeitet er mit einer sehr einfachen Melodie, aber er webt seine krächzende Stimme so drum herum, dass es scheint, als würden die Worte die Melodie verzerren – und ich finde das unglaublich subtil und einfach unmöglich nachzuahmen.

Ist das nun ein Lob? Es gibt den bereits zum Sprichwort gewordenen Plattenfirmen-Werbespruch »Nobody sings Dylan like Dylan« – niemand singt Dylan wie Dylan. Und in gewisser Weise sagt Bostridge etwas Ähnliches. Der Songdichter Bob Dylan ist in der Art seines Gesangs, in der Weise, wie er sich die Worte zurechtlegt und wie er sie klingen lässt, immer präsent. Das klingt jetzt etwas esoterisch, zugegeben. Aber wenn man mal kurz drüber nachdenkt, ist es eigentlich logisch: Beim Verfassen eines Gedichts ist nicht nur die Bedeutung eines Wortes entscheidend, sondern auch der Klang und der durch die Silben und ihre Betonung vorgegebene Rhythmus. Wenn ein Dichter seine Zeilen vorträgt, kann er ihren Klang und Rhythmus durch seinen Tonfall, seine Aussprache und Betonung noch mal entscheidend modulieren. Dadurch kann sich unter Umständen die Bedeutung des Textes vollkommen verändern. Und das spielt in Bob Dylans Kunst eine wesentliche Rolle. Deswegen ist er ein Dichter, den man nicht lesen, sondern hören muss. Seine Lieder entstehen jeden Abend, an dem er sie im Konzert singt, neu.

Wenn wir die Stimme eines Menschen hören, erfahren wir durch ihren Klang im Allgemeinen etwas über seine Persönlichkeit, sie ist, ein bisschen romantisch betrachtet, gewissermaßen das Ausdrucksmittel seiner Seele. Deswegen denken wir bei Singer-Songwritern – also den Musikern, die ihre Lieder selbst schreiben und oft allein oder zu reduzierten Arrangements vortragen –, sie sängen stets aus der Tiefe ihres Seins und gäben intimste Gefühle preis.

Das scheint mir bei Dylan jedoch anders zu sein. Er verstellt seine Stimme und lässt nicht in sich hineinschauen. Sein Gesang ist nicht authentisch, gibt keinerlei Auskunft über die Person, die das Lied singt, sondern dient dieser als Stilmittel, um eine bestimmte Geschichte oder Figur zu verkörpern. Wohl kein Zufall, dass er in seiner Kindheit, als ihn alle noch unter seinem bürgerlichen Namen Robert Allen Zimmerman kannten, immer eine Bauchrednerpuppe mit sich rumschleppte, die er Peco's Pete nannte. Er liebte es schon damals, mit Identitäten zu spielen und jemand anders zu sein als der, den die Leute in ihm sahen.

Als er an die Ostküste kam, um Woody Guthrie zu besuchen und in den New Yorker Folkclubs von Greenwich Village zu singen, hatte er sich – vermutlich angelehnt an den Dichter Dylan Thomas, auch wenn er selbst das bestreitet und es viele Theorien dazu gibt – den Namen »Bob Dylan« gegeben und erzählte abenteuerliche Geschichten über seine Lehr- und Wanderjahre. Er sei quer durch die Vereinigten Staaten gereist, habe mit neunzehn Jahren sein erstes Engagement als Sänger in einem Stripclub in dem Kaff Central City/Colorado gehabt und so weiter. Er ließ diese Geschichten sogar auf die Hülle seiner ersten LPs drucken. Und aus den Schallplattenrillen hört man nicht die helle Stimme eines jungen Sängers Anfang zwanzig, sondern das kehlige, knarzende, krächzende Organ eines alten Mannes, das all diese ausgedachten Geschichten zu bezeugen scheint.

Wenn man sich mal die Zeit nimmt und mehrere Alben von Bob Dylan hintereinander hört, wird man feststellen, dass seine Stimme auf jedem anders klingt, ja, man könnte sagen, seine Stimmbänder tragen Masken. Der Musikjournalist Rob Jones hat in seinem Blog *The Delete Bin* mal acht verschiedene Dylan-Stimmen unterschieden: den »jungen Mann in den Kleidern eines alten«, den »nasalen Jüngling«, den »gellenden Beatnik«, den »sepia-gefärbten Ton eines Erzählers von Parabeln«, den »Country-Schnulzensänger«, den aus »voller Kehle schmetternden Rocksänger«, den »Altvorderen« und den »alten quengelnden Troubadour«.

Aber selbst diese Palette scheint mir noch zu ungenau. Was ist mit dem biblischen Prediger? Dem weit gereisten Hobo? Dem Trickser und Falschspieler? Dem raunenden Apokalyptiker? Dylan erschafft durch den Ton seiner Stimme Typen und Figuren und weckt Assoziationen, die oft genug weit über den Text des jeweiligen Liedes hinausgehen. So richtig klar ist mir das geworden, als ich mich für ein Romanprojekt vor einigen Jahren mit meinem Erweckungserlebnis in Sachen Dylan beschäftigte.

Als Teenager saß ich mit ein paar Freunden, die alle einer Jugendgruppe des Kolpingwerks angehörten, auf einer Wiese unweit unseres kleinen Heimatdorfes im Westfälischen und lauschte unserem Gruppenleiter Manni. Ich schrieb damals:

Manni war Anfang zwanzig, arbeitete als Elektriker auf dem »Pütt« und erzählt, mit einem Stock in der Glut stochernd, sodass des Öfteren Funken sprühen, von einem Song, der ihn nicht loslässt. »Ihr müsst euch vorstellen: Da ist dieser Gauner, Catfish heißt der. So ein kleines Frettchen im weißen Anzug. Cooler Typ. Der weiß alles und kennt jeden. Und der schleicht so durch die Stadt.« Manni hat die Schultern gehoben, den Kopf nach vorn gestreckt und wippt auf seinem Hocker. »Er hat all diese Tricks drauf. Der stiehlt dir deine Uhr oder sogar deinen Mantel, ohne dass du es merkst. Und er dreht dir komische Sachen an. Drogen, Schmuck, Pelze. Mit ein paar Worten kriegt der jede Frau rum. Sein Schatten ist dreimal so groß wie er und geht ihm voraus. Und immer, wenn er um die Ecke kommt« – Manni wendet seinen Kopf in alle Richtungen, als würde er etwas suchen –, »raunen schon alle: ›Catfish is coming.‹ Ey, und wie Bobby das sagt – ›Catfish is coming‹, das ist so cool. ›KÄTTfisch ISSSSS KOMMinnnnn.‹ Total geil. Das müsst ihr hören. Unglaublich. Echt.«

Als ich den beschriebenen Song Jahre später erstmals hörte, fiel mir dieser Abend am Lagerfeuer wieder ein. Doch dieser recht unspektakuläre zweieinhalbminütige

Blues erzählte, wie ich feststellte, überhaupt nicht von einem zwielichtigen charismatischen Luden im weißen Anzug, wie Manni sich das ausgemalt hatte, sondern von einem Baseballspieler, den die New York Yankees zur Zeit der Aufnahme des Liedes für ein Rekordgehalt verpflichtet hatten. Er hieß Jim Hunter und hatte vom Besitzer seines vorherigen Arbeitgebers, der Oakland Athletics, den Spitznamen Catfish verpasst bekommen. »Catfish, million-dollar-man«, sang Dylan. »Nobody can throw the ball like Catfish can.«

Zunächst war ich irritiert und auch ein bisschen enttäuscht, denn Mannis Erzählung war so viel besser gewesen als der tatsächliche Songtext. Bis mir klar wurde, dass Manni den Trickser und Herumtreiber, den er Catfish nannte, nicht in den Worten, sondern in der Stimme gefunden hatte, mit der Dylan dieses Lied sang.

Die Masche, seine Stimme zu verändern, um ihr eine Art Maske zu verpassen, ist übrigens eine alte Bluestradition. Charlie Patton, der große Delta-Blues-Sänger aus Mississippi, legte sich etwa das Pseudonym The Masked Marvel, das maskierte Wunder, zu und sang mit verstellter Stimme zumeist Rollenprosa.

Und das tun klassische Sänger wie Ian Bostridge natürlich auch. So erklärt sich wohl auch seine Faszination für Bob Dylan, auch wenn dessen Gesang mit der großen Oper erst mal nichts zu tun zu haben scheint. »Wenn man mit einem Publikum durch Lieder kommuniziert, ist oder sollte nicht die Stimmqualität entscheidend sein«, schreibt Bostridge über sein unwahrscheinliches Idol. »Was wichtig ist, wie Dylan zeigt, ist die Art, wie man das einsetzt, was man hat. Das ist bei Sängern wirklich interessant: zu sehen, wie sie das, was sie haben, innerhalb der Grenzen dessen einsetzen, was sie haben. Benjamin Britten sagte mal, er hasse Stimmen, die zu schön seien. Er finde sie widerlich wie überreife Früchte. Er wolle ein Korn in der Stimme hören. Wenn Dylan das nicht hat, wer dann?«

Wer ist bedeutender – die Beatles oder die Rolling Stones?

An dieser Frage schied sich tatsächlich mal die Menschheit – oder doch zumindest ihr an westlicher Popmusik interessierter Teil. Heute scheint sie ein wenig an Relevanz verloren zu haben, schließlich gibt es die Beatles bereits seit einem halben Jahrhundert nicht mehr, und man feiert die Errungenschaften der modernen Medizin oder die äußerst robusten Gene der südenglischen Mittelklasse, die es zumindest dreien der Originalmitglieder der Rolling Stones erlauben, auch im hohen Alter noch gemeinsam auf der Bühne zu stehen. Doch einst war die Entscheidung in dieser Frage nicht nur grundlegend für die Ausbildung eines persönlichen Musikgeschmacks und -verständnisses, sie sagte, wer man war oder doch zumindest sein wollte. Alle späteren Zweiteilungen bis in die Niederungen von Britpop (Blur oder Oasis?) und deutschem Kommerzpunk (Die Ärzte oder Die Toten Hosen?) sind nur eine müde Variation dieser Rivalität, die eigentlich gar keine war (dazu später mehr).

Die Beatles waren zu Beginn ihrer Karriere zwar für ältere Generationen ob ihrer Frisuren und ihrer Amerikanismen irritierend, aber eine große Gefahr strahlten sie eigentlich nicht aus. Sie trugen schnieke Anzüge, ihre Musik und ihre Texte waren nicht sonderlich provokativ, sondern eher verspielt, anfangs ging es ihnen um die Liebe, später auch um den Frieden, alle vier waren meist höflich, selbstironisch und gewitzt. Die Rolling Stones wurden als ihr dunkles Gegenbild vermarktet: ungewaschen, ungekämmt, maulfaul und laut. Echte Rebellen, die von jugendlichem Ungehorsam, Sex und Teufel sangen.

Die einen: genialische Schöngeister. Die anderen: coole Rebellen. Da musste man sich damals schon entscheiden, auf welcher Seite man stand. Und ich kann versichern, dass in Redaktionen von Musikmagazinen noch heute erbitterte Kämpfe um diese Rivalität toben, auch wenn die historischen Ursprünge dieses vermeintlichen Gegensatzes längst keine Rolle mehr spielen und sich vor allem aus dem Hang der Manager Brian Epstein (Beatles) und Andrew Loog Oldham (Rolling Stones) zur Inszenierung erklären.

Es ist ein halb ironisches Spiel, bei dem man als Beatles-Fan auf die überaus positive Botschaft, die Originalität und Effektivität ihrer Übermittlung und das Genie hinter der Musik verweist, die es der Band erlaubten, Popmusik nach den eigenen Regeln noch einmal neu zu erfinden. Der große amerikanische Autor Kurt Vonnegut schrieb einmal, er sage in Reden gerne, dass es doch eine einleuchtende Aufgabe von Künstlern sei, Menschen dazu zu bringen, ihr Leben zumindest ein bisschen zu schätzen. »Dann fragt man mich immer, ob ich irgendwelche Künstler kenne, die das durchgezogen haben. Ich sage dann: ›Die Beatles haben das getan.‹«

Als Stones-Fan schwört man auf den Respekt, den die Band den afroamerikanischen Wurzeln ihrer Musik erwies, ihre Live-Qualitäten, die mit den Zutaten, Sex, Drogen und Rock 'n' Roll (siehe oben) gewürzten Legenden, die sich um sie ranken, und ihre Robustheit, einfach immer weiterzumachen. Sie rebellieren zwar schon lange nicht mehr gegen die Gesellschaft oder das System, aber immerhin noch gegen das eigene Altwerden.

Es scheint mir heute völlig natürlich, dass ich im Alter von zehn Jahren zu den Beatles fand. Ihre Melodien waren mit meinem kindlichen Kopf kompatibel, und auf den Fotos sahen sie sehr freundlich und lustig aus. Irgendein Riff von Keith Richards oder eine von Mick Jagger gegockelte Anzüglichkeit in einer mir damals noch völlig fremden Sprache hätten mich vermutlich in diesem Alter nicht sonderlich beeindruckt.

Alles begann damit, dass ich mich mit meinem Freund Thorsten durch die Plattensammlung seiner Eltern hörte, in der sich neben Platten des Deutschrocksängers Udo Lindenberg und des Komikers Otto Waalkes auch das rote und das blaue Doppelalbum der Beatles befanden. Zwei Sammlungen ihrer bekanntesten Stücke, die die Jahre 1962 bis 1966 (rot) beziehungsweise 1967 bis 1970 (blau) abdeckten. Mir war nach einem Nachmittag, den wir andächtig und versunken in dieser Musik verbrachten, klar, dass ich nicht mehr ohne diese Lieder würde leben können. Also erschien ich am folgenden Nachmittag mit meinem tragbaren Telefunken-Rekorder und zwei Leerkassetten erneut bei Thorsten und schloss mein Gerät über ein sehr dickes Kabel an den Dual-Plattenspieler seiner Eltern an. Mit meiner Beute zurück zu Hause, verließ ich mein Zimmer in den folgenden Jahren nur, wenn es unbedingt nötig war. Etwa, um zur Schule zu gehen, bei Ferienjobs genügend zu verdienen, um weitere Beatles-Platten kaufen zu können, und in unserer örtlichen Pfarrbücherei und der zehn Kilometer entfernt liegenden Bibliothek der nächsten Kleinstadt nach Büchern und Zeitschriften zu suchen, in denen ich Informationen über die Band finden konnte. Ja, ich erwarb sogar mal von einem Freund für eine Mark eine Doppelseite aus der *Bravo*, die sich John, Paul, George und Ringo widmete. Was dazu führte, dass mein Zeitschriftenbudget für den Monat völlig aus dem Ruder lief und ich auf das nächste *Fußball-Magazin* (ein leider sehr kurzlebiges Produkt mit Homestorys aus Fußballerhaushalten der Redaktion des *Kicker*) verzichten musste.

Kurz: Ich lernte alles, was ich über Musik und Leidenschaft und vermutlich sogar das Leben weiß, von den Beatles. Ich verstand, was Freundschaft bedeutet, dass selbst die allerbesten Buddys sich mit den Jahren in unterschiedliche Richtungen entwickeln und voneinander entfernen können und die Liebe stärker ist als alles. Ich erkannte, dass Künstler offen und abenteuerlustig sein müssen; dass sie schon nach einem halben Jahr völlig anders klingen und aussehen können, wenn sie sich ihre Neugier bewahren; dass sie den Lauf der Welt zumindest mitbestimmen können und daher auch eine Verantwortung für das übernehmen müssen, was sie tun, schaffen und sagen.

Und bis heute suche ich in jeder Band nach diesen vier Typen – wer ist der toughe und gewitzte John, wer ist der charmante und ambitionierte Paul, wer der distanzierte Sinnsucher George und wer der Spaßvogel Ringo – und kann das Werk der meisten Künstler irgendeiner Karrierephase der Beatles zuordnen: Es gibt die naiven Teenie-Idole (Beatles 1963), die vom ersten Erfolg erschöpften und in eine Sinnkrise gefallenen Stars (Beatles 1964), die nach persönlicher Entfaltung suchenden Künstler (Beatles 1965), die jenseits der Vorgaben der Unterhaltungsindustrie in Avantgarde und bewusstseinserweiternden Drogen sich wiederfindenden Rebellen (Beatles 1966), die Konzeptkünstler (Beatles 1967), die postmodernen Ironiker (Beatles 1968), die Musiker, die nach jahrelanger Odyssee zu ihren Anfängen und den Grundlagen ihrer Kunst zurückkehren (Beatles 1969).

Natürlich hörte ich in meiner Jugend nicht ausschließlich die Beatles, aber mit ihnen fing alles an. Und irgendwann erkundete ich auch ihr musikalisches Umfeld und ihre größten Konkurrenten und kaufte mir mit fünfzehn auf dem Weihnachtsmarkt vom Nikolausgeld ein Live-Album der Rolling Stones – *Flashpoint* hieß es –, das ich angestrengt studierte, ohne allzu fasziniert zu sein.

Im Sommer 1994, ich war gerade achtzehn geworden, erschien die Stones-Single »Love Is Strong« – ein groovendes Stück mit lässigen Gitarren, Mundharmonika und gefährlich schlüpfrigem Gesang von Mick Jagger, das mir gleich in die, nun ja, Lenden fuhr. Das war sexy und cool und weckte in meinem jugendlichen Ich eine Seite, die keine der Grunge-Bands jener Jahre wie Nirvana oder

Pearl Jam erreicht hatte. Popmusik war mehr als Herz und Kopf und Genie, Popmusik war auch Körper, war Pose, Rausch und Sex. Im Jahr drauf spielten die Rolling Stones im niedersächsischen Flachland ein Konzert. Ich stand bekifft und betrunken in einer der vordersten Reihen, trug ein Batikshirt mit einer Zunge drauf und versuchte meine schlaksige Gestalt in fließende Bewegungen zu gießen, ohne dabei einen der Umstehenden mit meinem Gips auszuknocken (ich hatte mir eine Woche zuvor beim Fußballspielen den Arm gebrochen).

Die Stones eröffneten mir eine neue Welt, und ich fand dort bald in den Künstlern, die von ihnen nachgeahmt wurden – James Brown oder John Lee Hooker zum Beispiel –, mehr Erfüllung als in ihren eigenen Platten, aber sie waren eine kurze Zeit sehr wichtig in meinem Leben, und noch immer löst der Groove, den Keith Richards und Charlie Watts gemeinsam zimmern, bei mir einen Rausch aus. Vielleicht auch, weil er ein so fragiles, schief in der Landschaft stehendes Konstrukt ist, dass er droht, beim leichtesten Windhauch umzufallen.

Die Beatles stehen für mich also für Liebe, Spiritualität und Köpfchen, die Stones für Sex, Rausch und Körper. Beides hat in bestimmten Momenten was für sich. Falls das manchen nicht musik- und kulturhistorisch genug vorkommt: Die Rolling Stones waren Kinder der Mittelklasse, die mit einem Klischee von Blues und Rhythm and Blues, der Musik der entrechteten Afroamerikaner also, gegen die eigene Herkunft rebellierten. Sie repräsentierten mit ihrem Habitus und ihren Liedern eine nach Befriedigung und Hedonismus strebende Jugend, die gegen die von der Mangelwirtschaft der Kriegsjahre geprägte Kriegsgeneration aufbegehrte. Aber sie funktionieren auch heute noch hervorragend, wenn man hormonell ein wenig auf Krawall gebürstet ist und den Körper mehr spürt als den Geist – in der Pubertät zum Beispiel, vermutlich auch in der Midlife-Crisis und später, wenn man sich vergewissern will, dass Vitalität und Alter sich nicht unbedingt ausschließen müssen.

Die Beatles waren Arbeiterkinder (John Lennon genießt da eine leichte Sonderstellung, wie wir im nächsten Kapitel sehen werden), und in ihrem mit sagenhaftem Talent gepaarten Bemühen, die Werte ihrer Klasse zu vertreten – harte Arbeit, Ehrgeiz, Stolz auf die eigene Herkunft und zeigen, »dass man wer ist« –, wurden sie berühmt. Dass ihre Kreativität und ihr Erfindungsgeist alle Grenzen sprengten, machte sie zugleich revolutionär. Sie haben wie keine zweite künstlerische Kraft die Popmusik geprägt, sie haben Kommerz und Avantgarde vereint und die Vorlage für fast alles gegeben, was hinterher kam. Ich habe mich im Alter von zehn Jahren also völlig richtig entschieden – und die dritte Seite des »roten« Albums ist für mich noch immer die perfekteste Abfolge von Songs in der Popmusik.

Wer war für die Beatles wichtiger – John Lennon oder Paul McCartney?

Diese Frage muss sich natürlich anschließen. Tut mir leid. Auch wenn man sich guten Gewissens für die Beatles entscheidet, geht der Bekenntniszwang weiter.

Der amerikanische Journalist Matt Schichter verfolgte jahrelang ein kleines Ritual. Am Ende jedes Interviews stellte er seinen Gesprächspartnern – von Miss Piggy bis Pete Townshend – dieselbe Frage: Lennon oder McCartney? Und ich muss zugeben, dass auch ich mit einiger Obsession in jungen Jahren jede neue Bekanntschaft nach ihrem Favoriten im wohl größten Songwriter-Duo der populären Musik befragt und meine Sympathien von der jeweiligen Antwort abhängig gemacht habe. Natürlich habe ich das längst aufgegeben, aber wenn ich jetzt drüber nachdenke, fällt mir doch auf, dass sich mein Bekannten- und Freundeskreis tatsächlich fast ausschließlich aus Leuten zusammensetzt, die Paul McCartney bevorzugen.

Vor Matt Schichters Kamera hatten fast alle der insgesamt fünfhundertfünfzig Befragten eine klare Meinung. Zweihundertzweiundachtzig antworteten »Lennon«, oft wie aus der Pistole geschossen und nicht selten mit einem nachgeschobenen »natürlich«. Die einhundertsechsundneunzig Befragten, die sich für McCartney entschieden, mussten meist ein bisschen länger nachdenken. Die Älteren unter ihnen schluckten dabei heftig, sahen zu Boden oder entschuldigten sich manchmal gar. Die Jüngeren sagten es freiheraus und nickten dabei kenntnisreich. Distinktionsgewinnler, Provokateure, Individualisten und Esoteriker antworteten mit »George Harrison« (fünfzehn Stimmen), obwohl danach ja gar nicht gefragt war. Vier Spaßmacher wählten Ringo Starr, je einer Lou Reed, Jimi Hendrix, Keith Richards und Oasis (was aber eigentlich auf Lennon hinausläuft, weil die britische Band das meiste bei ihm geklaut hat). Fünfzig der Befragten konnten sich nicht entscheiden. Die Besonnenen gaben zu bedenken: Nur gemeinsam hätten die beiden die Höhen der Popkultur erklimmen können. Das ist natürlich richtig, aber auch ein wenig langweilig. Im Pop geht es ja um Leidenschaft und nicht um salomonische Urteile. Der Spaß liegt in den Unterschieden. Und wie Matt Schichters Frage und die meisten Antworten zeigen, schaut man eben eher auf die Spannungen und unterschiedlichen Persönlichkeiten von John Lennon und Paul McCartney als auf das, was sie verband.

Lennon, so die allgemeine Sicht, war der Rebell und Bilderstürmer, der Zyniker, der Wilde, Rauschhafte, ja, das dionysische Element der Beatles. McCartney war der melodieverliebte Romantiker, der Diplomat, die ordnende Hand, mithin das apollinische Element. Was sie verband, war ihre Heimatstadt, der Humor, die Liebe zur Musik, eine gemeinsame Geschichte und ein geteiltes

Schicksal: Beide verloren ihre Mutter in jungen Jahren. Ihre unterschiedlichen Wege, mit diesem Verlust umzugehen, sind vielleicht der Schlüssel zu ihren Persönlichkeiten.

John Lennon wurde am 9. Oktober 1941 in Liverpool geboren und wuchs in unsteten Verhältnissen auf. Sein Vater Alfred war bei der Handelsmarine und meist auf See. Anfangs schickte er noch Schecks, dann desertierte er und ließ erst nach Ende des Krieges wieder von sich hören. Da war Johns Mutter Julia schon von einem anderen Mann schwanger. Bald darauf machte Alfred sich wieder aus dem Staub. John wuchs schließlich bei seiner Tante Mimi und ihrem Mann George in einem verhältnismäßig gediegenen Mittelklassehaushalt auf und hatte nur sporadischen Kontakt zu Julia.

Erst als Teenager lernte er seine lebensfrohe und feierfreudige Mutter näher kennen. Sie brachte ihm ein paar Akkorde auf dem Banjo bei und wurde zu seiner besten Freundin, die auch von seinen Freunden verehrt wurde. Am 17. Juli 1958, John war siebzehn, wurde sie abends vor Tante Mimis Haus auf dem Weg zum Bus von einem Auto erfasst – hinter dem Steuer saß ein angetrunkener Polizist – und starb auf dem Weg ins Krankenhaus. Als John an jenem Abend spät nach Hause kam, wunderte er sich, dass Mimi noch wach war, und sah ihr besorgtes Gesicht, ihre rot geweinten Augen. Als sie ihm, der drei Jahre zuvor schon seinen Ersatzvater – ihren Mann George – verloren hatte, alles erzählte, stützte er sich auf einen Stuhl, sank zu Boden und schluchzte nur »Oh Gott ... oh Gott«.

Mehr würde er zum Tod seiner Mutter nicht sagen, bis er sich zehn Jahre später in dem Song »Julia« an sie wandte, um ihre Absolution für seine Beziehung zu Yoko Ono zu bekommen, sich wenig später einer Urschrei-Therapie nach Arthur Janov unterzog und zwei Lieder über das traumatische Ereignis schrieb: »Mother« und »My Mummy's Dead«. Bis dahin schloss er die Trauer in sich ein, legte sich eine harte Schale zu und flüchtete sich in den Rock 'n' Roll.

Paul, geboren am 18. Juni 1942, verlor seine Mutter Mary 1956. Er war damals vierzehn, sein Bruder Mike zwölf. Mary starb an Brustkrebs. Die Familie war gerade vom ärmlichen Arbeiterviertel Speke in eine Sozialwohnung in den etwas besseren Stadtteil Allerton umgezogen. Mary war als Hebamme die Hauptversorgerin der Familie gewesen, ihr Mann Jim arbeitete für ein bescheidenes Salär im Baumwollhandel. Als Paul vom Tod seiner Mutter erfuhr, war das Erste, was er unter Schock sagte: »Wie sollen wir ohne ihr Geld über die Runden kommen?«

Er ließ den Verlust nicht an sich heran, versuchte einfach weiter zu funktionieren, flüchtete sich in die Musik. Jim, der in den Zwanzigern Bandleader einer Jazzcombo gewesen war, hatte ihm das Klavierspielen beigebracht, denn als Pianist sei man, so seine Begründung, immer der Mittelpunkt von Familienfeiern und werde von jedem gemocht und eingeladen. Man konnte sich die Liebe, die einem fehlte, erspielen. Diese Einsicht sollte Pauls Leben bestimmen. Bezeichnend, dass Mary ihm zwölf Jahre später im Traum erschien, als seine Freundschaft mit

John in die Brüche ging, weil der mit Yoko Ono einen neuen Kreativ- und Lebenspartner gefunden hatte. Darüber schrieb er – kurz nachdem John seine Mutter in »Julia« angesungen hatte – einen Song. Auf dem Klavier natürlich. Er hieß »Let It Be«.

Als John und Paul sich 1957 auf dem Kirchweihfest in der Liverpooler Vorstadt Woolton kennenlernten – Julia Lennon lebte noch, Mary McCartney war ein Dreivierteljahr zuvor gestorben –, spielte John dort mit seiner Band The Quarrymen. Ein Freund, der auch mit Lennon befreundet war, hatte Paul mitgeschleppt, weil er glaubte, seine beiden Rock-'n'-Roll-verrückten Kumpel müssten sich kennenlernen. Paul war dann weniger von Johns musikalischen Fähigkeiten beeindruckt – er spielte auf der Gitarre Banjo-Akkorde – als von seinem Charisma. Nach dem Auftritt zeigte er dem fast zwei Jahre Älteren, dass er ein weitaus talentierterer Gitarrist war. Der ließ sich nichts anmerken, wusste aber, dass er Paul in seiner Band brauchte, wenn er weiterkommen wollte. Auch auf die Gefahr hin, dass dieser ihm irgendwann seine Rolle als Bandleader streitig machen würde.

Paul war zwar genauso Rock-'n'-Roll-begeistert wie John, aber zugleich war er von der Musik geprägt, die sein Vater hörte. Die klassischen amerikanischen Unterhaltungslieder von Cole Porter, Irving Berlin und George Gershwin und die britischen Music-Hall-Songs. Und da sein Vater ihm ein Lied vorgespielt hatte, das er selbst geschrieben hatte – »Walking In The Park With Eloise« hieß es –, wollte Paul nicht nur ein Star werden, der im Rampenlicht steht, er wollte auch ein großer Songwriter sein.

Das erste Lied, das er kurz nach dem Tod seiner Mutter schrieb, hieß »I Lost My Little Girl«.

Auch der spätere Beatles-Song »When I'm Sixty-Four« hat in dieser Zeit seinen Ursprung. John hatte sich aus Spaß auch mal an einem Lied versucht. Es hieß »Hello Little Girl«. Aber eigentlich schrieb er lieber kleine surreale Gedichte und Wortspielereien im Stil von Lewis Carrolls *Alice im Wunderland* und der Radio-Comedy-Sendung *The Goon Show* mit Peter Sellers.

Gemeinsam mit Paul begann er aber schließlich doch, Lieder zu schreiben, und sein jüngerer Freund notierte alle in einem Notizbuch mit dem Vermerk »Another Lennon-McCartney-Original«. Er wollte mit John ein weltberühmtes Songwriter-Duo bilden, so wie Richard Rodgers und Oscar Hammerstein II aus dem Klavierbuch seines Vaters oder Jerry Leiber und Mike Stoller, die die Songs für Elvis Presley schrieben. Doch als John den gleichaltrigen Kunststudenten Stuart Sutcliffe kennenlernte, verließ ihn die Lust am Komponieren. Der neue Freund war spannender und durfte bald, obwohl er nicht besonders gut war, auch als Bassist in der Band mitspielen, die die beiden schließlich auf den Namen The Beatles tauften. Paul musste um Johns Aufmerksamkeit kämpfen. Das war schwieriger als auf den Familienfeiern, bei denen er sich ans Klavier setzte und Onkel Albert und Tante Gin ihm gleich aus der Hand fraßen.

Stuart verließ allerdings irgendwann die Band, um sich seiner Kunst und seiner Freundin Astrid Kirchherr zu widmen, die er beim ersten der Hamburg-Gastspiele der Beatles kennengelernt hatte. Da war Pauls Chance gekommen. Im neuen Beatles-Manager Brian Epstein, dem er eigentlich nicht traute, hatte er jemanden gefunden, der ihm half, John dazu zu bringen, wieder mit ihm Lieder zu schreiben. Paul zeigte ihm zwei Songs, die er bereits begonnen hatte – »Love Me Do« und »P. S. I Love You« –, und John half ihm bei der Fertigstellung. Sie erschienen schließlich auf der ersten Single der Beatles. Einen Plattenvertrag hatten sie nur bekommen, weil sie ihre Songs selbst schrieben. Das war damals ungewöhnlich, und Songwriter wurden gesucht. Die Plattenfirma war nicht in erster Linie an den Beatles interessiert – wie sollte man eine Band vermarkten, die drei Sänger hatte und keinen Star, der vorne allein im Rampenlicht stand? –, sondern an den Liedern von John Lennon und Paul McCartney, die in den Interpretationen anderer Künstler zu Hits werden sollten.

Anfangs wurden die Songs noch unter der Autorenzeile McCartney/Lennon geführt. Doch da John mit Brian Epstein besser konnte – der homosexuelle Manager hatte zudem schon lange ein Auge auf ihn geworfen – und gerne Machtspielchen spielte, hieß es schließlich Lennon/McCartney. Tatsächlich war John auch der Anführer der Band und sang die meisten Lieder – jedenfalls bis Mitte der Sechziger, als ihn in seinem großen Haus in Weybridge, eine Autostunde südwestlich von London, die Schwermut packte und er das Ruder aus der Hand gab. Er fühlte sich gefangen in seinem Ruhm und seiner Ehe. Lieder wie »Help« und »Nowhere Man«, die in ihrer geradezu intimen Offenheit für den sich damals meist um unschuldige Jungs-und-Mädchen-

Geschichten drehenden Pop revolutionär waren, spiegelten das.

Sein Songwriting-Partner turnte derweil in der Londoner High Society herum, ging mit seiner Freundin, der Schauspielerin Jane Asher, ins National Theater, besuchte Konzerte von angesagten Bands und Avantgarde-Komponisten wie dem Italiener Luciano Berio, diskutierte mit dem Philosophen Bertrand Russell über den Krieg in Vietnam, finanzierte eine Kunstgalerie, die unter anderem Janes Bruder Peter gehörte, und eine Untergrundzeitschrift. All diese Erfahrungen ließ er in die Arbeit mit den Beatles einfließen. Er begann mit dem Produzenten George Martin und dem Toningenieur Geoff Emerick zu experimentieren, wurde bei den wohl abenteuerlustigsten und visionärsten Alben der Beatles, *Revolver* und *Sergeant Pepper's Lonely Hearts Club Band*, federführend und nach dem frühen Tod von Brian Epstein derjenige, der die Band immer wieder für neue Alben und Projekte zusammentrommelte. Songs schrieben Lennon und McCartney da nicht mehr zusammen, doch sie motivierten sich immer noch und stachelten sich zu Höchstleistungen an.

Als Lennon etwa im Herbst 1966 in Spanien die Kriegssatire *How I Won The War* mit Richard Lester drehte, der schon bei den beiden Beatles-Filmen *A Hard Day's Night* und *Help!* Regie geführt hatte, schrieb er aus Heimweh ein Lied über den Garten eines Waisenhauses der Heilsarmee, in dem er in seiner Kindheit viel gespielt hatte, weil er gleich um die Ecke von Tante Mimis Haus lag. Ein einfacher Folksong, auf der akustischen Gitarre geschrammelt. Doch im Studio wurde unter der Mithilfe von McCartney, George Martin und George Harrison daraus sein vielleicht bester Song – ein versponnenes und verträumtes Stück über das Paradies der Kindheit mit dem Titel »Strawberry Fields Forever«, das wiederum McCartney dazu anregte, ebenfalls ein Lied über das Liverpool seiner Jugend zu schreiben: die Mini-Sinfonie über die Haltestelle in der Mitte eines Kreisverkehrs, an der er den Bus wechseln musste, wenn er zu John fahren wollte: »Penny Lane«. Während Lennon in »Strawberry Fields« tief in sich hineinschaute, über seine Selbstzweifel und seinen Größenwahn schrieb, richtete McCartney seinen Blick nach außen, entwarf ein Tableau von Liverpooler Figuren und Archetypen. Da erkennt man die beiden unterschiedlichen Persönlichkeiten: der eine von sich selbst besessen und von seiner inneren Zerrissenheit geplagt, der andere ein kunstvoller Entertainer, der die Familie mit kleinen Geschichten unterhält und so von seinem nicht weniger komplexen Seelenleben ablenkt.

McCartney musste sich immer ein bisschen mehr anstrengen, um seinem Partner und dem bürgerlichen Milieu, in dem er sich durch Jane bewegte, zu gefallen. Deshalb war er ohne Frage der Motor der Band und derjenige, der bis zum Ende am erbittertsten an ihr festhielt – und ihr schließlich schweren Herzens im April 1970 doch den Todesstoß versetzen musste, indem er seinen Ausstieg erklärte. Auf seinen ersten beiden Platten als Solokünstler kann man hören, wie sehr ihm die Trennung zusetzte: auf dem Debüt, *McCartney*, hört man deutlich Spuren von Depression und Isolation, das zweite Album, *Ram*, ein Gemeinschaftswerk mit seiner Frau Linda – die er 1969 geheiratet hatte, nachdem Jane sich im Jahr zuvor von ihm getrennt hatte –, klingt stellenweise regelrecht manisch.

Bezeichnenderweise entschied er, der große Verdrängungskünstler, sich dann, mit den Wings eine neue Band zu gründen und weiterzumachen, als wäre nichts passiert. Dass auch seine Frau zu dieser Band gehörte, war durchaus ein revolutionärer Schritt in Zeiten von Rockstar-Groupies und dem guten alten Sex, Drugs & Rock 'n' Roll. Mick Jagger soll fassungslos gewesen sein. Aber die Idee der Band als Quasi-Kommune und Familie passte gut zur Devise der Studenten- und Emanzipationsbewegung jener Jahre, nach der das Private zugleich das Politische war. Auch bei Lennon spielte diese Politik der ersten Person eine Rolle. Er dokumentierte auf seinen musikalisch eher schlichten Alben sein Innen- und Privatleben, musste aber noch einige Irrwege gehen, bevor er – wie McCartney – ein glücklicher Familienvater wurde.

Auch nach dem Ende der Beatles haben die beiden sich gegenseitig inspiriert, wenn auch anfangs eher zu möglichst unschönen Beleidigungen in Songform. Aber als Lennon 1980 im Autoradio McCartneys neue Single »Coming Up« hörte, beschloss er, nach fünf Jahren als Hausmann sein Schweigen zu brechen und ein neues Album aufzunehmen. Insgesamt passt er, als der innerlich zerrissene charismatische Kopf, besser in unser romantisches Künstlerbild des Originalgenies, das aus sich selbst schöpft, und ist durch seinen gewaltsamen Tod am

8. Dezember 1980 zudem so eine Art Pop-Märtyrer mit Heiligenschein geworden. Noch Mitte der Neunziger sah man in Studentenzimmern von Menschen, die kulturell eigentlich nicht sonderlich interessiert waren, neben dem Filmposter von Quentin Tarantinos *Pulp Fiction* und riesigen Porträts von Jim Morrison, Kurt Cobain oder Bob Marley oft auch Plakate mit dem nickelsonnenbebrillten Antlitz von John Lennon in einem »New York City«-T-Shirt. Dass ein Beatle in dieser Reihe sicherlich talentierter, aber doch vergleichsweise unbedeutender Figuren hing, kam mir damals irgendwie nicht gerecht vor. Man konnte ihn doch nicht auf das dumme Klischee reduzieren, dass die Guten jung sterben. Er stand doch für viel mehr.

Paul McCartney hing naturgemäß an keiner Wand. Man sah ihn im Fernsehen bei *Wetten, dass..?* oder so. In den Augen vieler scheint er der übermäßig begabte Streber zu sein, der einem mit seinem Talent und seiner Rechthaberei auch schon mal auf die Nerven gehen kann. Doch schaut man näher hin, sieht man dieselbe Unsicherheit und Zerrissenheit wie bei Lennon – die er aber eher durch eine Melodie zu überbrücken als durch eine Zeile auszustellen versucht. Als Überlebender musste er allein und auf sich gestellt die für alle Helden der Sechziger unschönen Achtzigerjahre überstehen und eine Antwort auf die Frage finden, wie es sich als Künstler in einem Genre, das einst vor allem von Jugendlichkeit und Frische lebte, einigermaßen würdevoll und erfolgreich altern lässt.

John Lennon gab den Beatles Persönlichkeit, Witz und

Tiefe. Paul McCartney ermöglichte es ihnen mittels seiner Musikalität, sich zu entwickeln und über alle Grenzen und Regeln des Pop hinwegzusetzen. Man kann den Unterschied an zwei Alben sehr gut festmachen: *Rubber Soul* von 1965 war in seiner folkigen Introspektion und den in den Liedtexten verhandelten Selbstzweifeln eindeutig maßgeblich von Lennon geprägt. *Revolver* ein Jahr später in seiner Verspieltheit und musikalischen Bandbreite, seinen Anleihen bei Avantgarde und seinen Kurzgeschichten über fiktionale Figuren eher von McCartney, der auch die Soundidee für Lennons psychedelisches »Tomorrow Never Knows« hatte und das indisch anmutende Gitarrensolo in Harrisons »Taxman« übernehmen musste, weil der Autor des Songs es nicht hinbekam.

Man kann mit einiger Berechtigung sagen, dass zwischen diesen beiden Alben genau das passierte, was Lennon 1957 schon vorausgesehen hatte: Irgendwann würde sein junger Freund ihm seine Rolle als Bandleader streitig machen. Es ist kein Zufall, dass dies genau in der Zeit passierte, als die Band aufhörte, Konzerte zu geben, und sich ins Studio zurückzog, um die Welt von dort aus den Angeln zu heben.

In einem vergnüglichen Text mit dem Titel »Paul Is A Concept By Which We Measure Our Pain« (der wiederum aus Lennons Song »God« entlehnt ist) schrieb der Journalist Rob Sheffield:

> *Paul ist der beatlesmäßigste der Beatles. Wenn man die Beatles nicht mag, mag man sie wegen Paul nicht. Wenn man die Beatles trotz ihrer Makel liebt, liebt man sie trotz*

> *der Makel von Paul. Wenn sie überschätzt werden, werden sie wegen Paul überschätzt. Welches Problem auch immer man mit den Beatles haben kann – es ist Pauls Fehler.*

Oder anders gesagt: Wer die Beatles *voll und ganz* liebt, liebt sie wegen McCartney. Vermutlich ist also das der Grund, warum in meinem Freundeskreis, in dem sich tatsächlich sehr viele Beatles-Nerds tummeln, (fast) alle ihn zum Liebling erkoren haben. Wenn man es begründen kann, ist es auf jeden Fall die interessantere Antwort.

Wann wurde Country cool?

Von einem Tag auf den anderen sei sie die Coolste auf der ganzen Schule gewesen, erinnert sich Rosanne Cash an den Morgen des 8. Juni 1969, als sie – wie seit knapp einem Jahr an jedem Wochentag – in die St. Bonaventure Highschool in Ventura/Kalifornien spazierte. Am Abend zuvor war die erste Folge der *Johnny Cash Show* auf ABC-TV im US-Fernsehen gelaufen – »Eine nukleare Reaktion hatte die musikalischen Grundfesten und dort verankerten Loyalitäten des gesamten Landes erschüttert«, so die Songwriterin weiter. »Das war ein kulturelles Ereignis ähnlich dem Fall der Berliner Mauer.«

Na ja, bisschen überspitzt vielleicht, aber was war passiert? Johnny Cash, Rosannes Vater, siebenunddreißig Jahre alt, nach Austreibung von allerlei Dämonen wieder im Vollbesitz seiner körperlichen und geistigen Kräfte, aber nach Popmusikstandards ein alter Mann, dazu ein Countrysänger, was ihn noch ein paar Jahre älter erscheinen ließ, hatte mit Bob Dylan, achtundzwanzig Jahre alt, Stimme einer Generation, Großdichter, Einsiedler und damals schon ewiges Rätsel, in einer rustikalen Kulisse gesessen und – Gitarren im Anschlag – »Girl From

The North Country« gesungen. Das musste man gesehen haben. Der Jüngere nervös wie ein Schuljunge beim Krippenspiel, mit wackelnder Waschbärstimme, immer auf den Älteren schauend, der massiver noch erschien als die grob gehauene Steinwand hinter ihnen und mit festem Bariton die Dylan'schen Zeilen vortrug, als wären es die Zehn Gebote. Der Bilderstürmer und der Papst auf einem Bild, die Gegenkultur kniete nieder vor dem konservativen Establishment – so nahmen das damals viele wahr.

Doch eigentlich war diese Begegnung vor laufenden Kameras nur der vorläufige Endpunkt einer Entwicklung, die bereits sechs Jahre zuvor begonnen hatte. Da hatte Cash dem jungen Songwriter aus der Folkszene in Greenwich Village einen Brief geschrieben, in dem er ihm anvertraute, wie sehr er dessen zweites Album *The Freewheelin' Bob Dylan* liebte. Tatsächlich hatte er es während seiner letzten Tournee in Hotelzimmern und hinter Bühnen ständig gehört. Dylan fühlte sich geehrt. »Natürlich wusste ich von ihm, bevor er jemals von mir gehört hat«, erinnerte er sich Jahrzehnte später zu Cashs Tod feierlich. »'55 oder '56 wurde ›I Walk The Line‹ den ganzen Sommer über im Radio gespielt, und es war anders als alles, was man jemals gehört hatte. Die Platte klang wie eine Stimme aus der Mitte der Erde. So kraftvoll und bewegend war sie. Sie war tiefgründig, und so war auch ihr Ton, jede Zeile; tief und reichhaltig, fantastisch und geheimnisvoll zugleich. ›I Walk The Line‹ hatte eine monumentale Präsenz und eine bestimmte Art von Erhabenheit, die einen demütig machte.«

Der Countrysänger, der von Mord und Mythos sang und den man wegen seines Kleidungsstils den »Man in Black« nannte, und der Jüngling in vor dem Spiegel zurechtgezupfter Proletariergarderobe, der gegen Krieg und für den gesellschaftlichen Wandel schrieb, waren sich schon damals nah. Als Dylan seinen Blick 1964 nach innen wandte, die Folkies ihn aber drängten, neue Protestsongs für die Bürgerrechtsbewegung zu schreiben, befahlt Cash in einem offenen Brief ans Magazin *Broadside*: »SHUT UP! … AND LET HIM SING.«

Die beiden trafen sich schließlich 1964 am Rande des Newport Folk Festivals, sangen gemeinsam im Hotelzimmer von Joan Baez alte Countrysongs und hüpften vor Freude, dass sie sich endlich getroffen hatten, wie Kinder auf den Betten. Cash schenkte dem neun Jahre Jüngeren schließlich eine Gitarre – eine bedeutende Geste in der Countryszene,, eine Art Weitergabe des Staffelstabs an eine neue Generation.

Ein Jahr später – Cash hatte auf seinem jüngsten Album *Orange Blossom Special* gerade zwei Dylan-Songs interpretiert – trafen sie sich erneut in Newport. Es war das Jahr des Skandals. Der Messias der Folkbewegung trat mit elektrisch verstärkter Band auf und erklärte lautstark in Rockstar-Outfit, er wolle nicht länger auf der Farm arbeiten und den Boden schrubben für die versammelte Gemeinde. Er kündigte die Solidarität auf, um dem Individualismus zu frönen und sein Genie zu entfalten. Viele rechtschaffene Folkies buhten ihn aus, und es war Johnny Cash, der ihn hinter der Bühne tröstete.

Zehn Monate später, bei ihrem nächsten, vom Filmemacher D. A. Pennebaker dokumentierten Treffen, während Dylans sagenumwobener Europatour in einem Hotelzimmer im walisischen Cardiff, wenige Tage bevor man den einstigen Protestsänger in Manchester einen Judas schimpfte, war zur Abwechslung mal Cash das Häufchen Elend. Fahrig und von Drogen gezeichnet, versuchte er, mit Dylans enthusiastischer Interpretation seines alten Hits »I Still Miss Someone« mitzuhalten. Er hatte die Kontrolle über sein Leben verloren. Ein Jahr zuvor hatte er, vermutlich unter Drogeneinfluss, im Los-Padres-Nationalpark ein Feuer gelegt und eine riesige Waldfläche vernichtet. Wenig später war er am Flughafen in El Paso verhaftet worden, weil er über tausend Amphetamintabletten von Mexiko in die USA geschmuggelt hatte. Seine Ehe mit Vivian Liberto, Rosannes Mutter, war am Ende. Die Qualität seiner Alben schwankte erheblich.

Wenige Tage nach diesem Treffen – aber einen Tag *vor* dem desaströsen Empfang in Manchester – erschien Dylans Meisterwerk *Blonde On Blonde*. Großenteils aufgenommen in Nashville, wo der Songwriter auf dem Höhepunkt seiner Quecksilbrigkeit mit hippen New Yorker Freunden wie dem Keyboarder Al Kooper und dem Gitarristen Robbie Robertson auf Empfehlung des Produzenten Bob Johnston eingefallen war, nachdem die Aufnahmen mit seiner aktuellen Tourband in New York City ins Stocken geraten waren. Es muss sich für die guten Leute in Tennessee angefühlt haben wie eine Alien-Invasion. Doch solange sie für ihre Arbeit bezahlt wurden, war es den angeheuerten Typen mit den Cowboyhüten egal, mit wem sie aufnahmen. Und so saßen sie oft bis tief in die Nacht im Studio an der Music Row und spielten diese seltsamen Stücke, zu denen Dylan somnambul seine surrealen Poeme murmelte.

Danach kamen viele gefragte Musiker an die Music Row. Sei es, weil sie mit dem Alleskönner Charlie McCoy spielen wollten oder mit dem so herrlich federleicht swingenden Schlagzeuger Kenny Buttrey, oder weil es plötzlich ziemlich cool und irgendwie auch gefährlich klang, ein »Recorded in Nashville« auf der Plattenhülle zu tragen: Gordon Lightfoot, Leonard Cohen, Eric Anderson, Joan Baez, John Stewart, Johnny Winter, Simon & Garfunkel, Neil Young, JJ Cale.

Auch Bob Dylan kam zurück. Anderthalb Jahre nach *Blonde On Blonde*. Als ein anderer natürlich. Er war junger Familienvater, lebte nach einem Motorradunfall zurückgezogen in den Catskill Mountains. Er hatte alle Tourneen abgesagt und, um die fehlenden Einnahmen zu kompensieren, neue Lieder geschrieben, von denen er in entspannten und zwanglosen Zusammenkünften mit seiner Band Demos angefertigt hatte, um sie anderen Musikern anzubieten.

Bei diesen Sessions, die im Keller eines pinkfarbenen Hauses in den Wäldern von West Saugerties im Bundesstaat New York stattfanden, spielten sie aber nicht nur neue Lieder, sondern vertieften sich auch in jene Folk-, Country-, Rock-'n'-Roll-, Blues- und Schlager-Stücke (darunter fünf aus der Feder von Johnny Cash), die von Land und Leuten, Mythen und Legenden ihres Heimatlandes erzählten. Das war eine neue Form von Country –

eine coole Form amerikanischer Volksmusik, die man später Americana nennen sollte, und eine Art Gegenstück zu dem Beatles-Album *Sgt. Pepper's Lonely Hearts Club Band*, auf dem John Lennon und Paul McCartney sich – wie schon auf »Strawberry Fields Forever« und »Penny Lane« – auf ihre britische Herkunft besonnen und die Unterhaltungstradition der Music Hall psychedelisch verfremdet und mit der europäischen Kunstmusik vereint hatten.

Dylans Aufnahmen aus jener Zeit gingen unter dem Titel *The Basement Tapes* in die Popmythologie ein, da sie lange nicht oder nur als teuer unter den Ladentheken gehandeltes Bootleg verfügbar waren und Mythen nun mal am besten im Verborgenen blühen. Geprägt von diesen Erfahrungen nahm Dylan in Nashville das pastorale, von der Sprache der King-James-Bibel geprägte Album *John Wesley Harding* auf, das mit zwei waschechten Countrysongs endete: »Down Along The Cove« und »I'll Be Your Baby Tonight«. Kurz darauf klebten seine Schüler von The Band aus den zurückgelassenen Brotkrumen des Meisters mit eigener Spucke ein Album mit dem Titel *Music From Big Pink* zusammen, das gemeinsam mit dem ebenfalls in Nashville aufgenommenen Byrds-Opus *Sweetheart Of The Rodeo* eine konservative Revolution gegen die vorherrschende Psychedelia auslöste. Plötzlich lag die Zukunft im Gestern.

Auch Johnny Cash war wieder obenauf. Er hatte Amphetamine, Barbiturate und Alkohol aufgegeben, June Carter geheiratet und sein erfolgreichstes Album veröffentlicht: Eine Live-Aufnahme aus einem Knast im kalifornischen Sacramento County, über den er in den Fünfzigern einen seiner berühmtesten Songs geschrieben hatte: »Folsom Prison Blues«.

Im Februar 1969 flog Dylan nach Nashville, um am Nachfolger von *John Wesley Harding* zu arbeiten. Seit einem Tribute-Konzert für seinen alten Helden Woody Guthrie im Januar 1968 in New York hatte er, abgesehen von einer Session mit George Harrison, kaum noch Musik gemacht und sich vor allem seiner Familie gewidmet. Er kam mit gerade mal vier neuen Liedern in der Countrystadt an. Zwei davon – »Lay Lady Lay«, das er ursprünglich für John Schlesingers Film *Midnight Cowboy* geschrieben, aber zu spät fertiggestellt hatte, und »I Threw It All Away« – sollten Hits werden. Den besten Song, »Tonight I'll Be Staying Here With You«, schrieb er vor Ort im Ramada-Inn-Hotel. Er sang die neuen Stücke im Columbia Studio A mit einer völlig neuen Stimme, einer Art Twang, irgendwo zwischen Hank Williams und Kermit, dem Frosch. »Ich sag dir, hör auf, diese Zigaretten zu rauchen, und du kannst singen wie Caruso«, erklärte er später dem damaligen *Rolling Stone*-Chefredakteur Jann Wenner.

Nebenan, in Studio B, arbeitete Johnny Cash an einem neuen Album, das später den Namen *Hello, I'm Johnny Cash* tragen würde. In ein paar Tagen war zudem die Aufnahme eines weiteren Live-Albums in einem Gefängnis geplant, um den Erfolg von *At Folsom Prison* zu wiederholen. Diesmal ging es ins San Quentin State Prison, nördlich von San Francisco. Da hatte er erstmals am Neujahrstag 1958 gespielt. Unter den Zuhörern war ein zwanzigjähriger Songwriter gewesen, der wegen eines Überfalls auf eine Raststätte in Bakersfield gesessen hatte und nach einem Ausbruchsversuch nach San Quentin verlegt worden war. Er hieß Merle Haggard, war inzwischen – elf Jahre später – selbst ein Countrystar und genau der Outlaw, als der sich der Mann in Schwarz gerne inszenierte.

Beim Wiedersehen in Nashville nahm Dylan mit Cash und seiner Band, zu der auch der Rockabilly-Pionier und »Blue Suede Shoes«-Autor Carl Perkins gehörte, an zwei Tagen ein paar alte Lieder auf, an die sie sich spontan erinnern konnten: Neben eigenen Songs spielten sie Stücke von Perkins, »Cowboy« Jack Clement, Jimmy Rodgers und Arthur Crudup. Cashs Stimme war der Mittelpunkt dieser Aufnahmen. Dylan näselte etwas orientierungslos hinterher. Da er aber nicht viel mehr als zwanzig Minuten an neuem Material hatte, entschloss er sich, die gemeinsame Version von »Girl From The North Country« auf sein nächstes Album zu nehmen, dem er schließlich den Titel *Nashville Skyline* gab – keine dieser coolen Americana-Platten mit tiefen Wurzeln im amerikanischen Songerbe, wie sie gerade angesagt waren, sondern ein lupenreines Countryalbum mit allen üblichen lyrischen und musikalischen Klischees. Der Mond schien am Firmament, Frischverliebte ließen Züge, ohne zuzusteigen, in die Ferne sausen, die Klamotten waren dreckig, aber die Hände waren sauber. »Fool« reimte sich auf »cruel«, und es gab sogar ein Instrumentalstück, den »Nashville Skyline Rag«, den Dylan später mit Earl Scruggs und dessen Söhnen im Wohnzimmer des Bluegrass-Gottes spielte. Dylan'sche Dichtkunst war auf diesem Album nicht zu finden. Sang er deswegen mit verstellter Stimme?

Nashville Skyline schien eine Selbstverleugnung, eine Genreübung. »Es gibt diejenigen, die nicht nachahmen / Die nicht nachahmen können«, heißt es in einem Text von Johnny Cash, der auf der Rückseite des Albumcovers über einem Bild der Skyline von Nashville abgedruckt ist. »Aber dann gibt es diejenigen, die nacheifern / Manchmal, um das Licht weiterzutragen / Von einer ursprünglichen Glut / Wissend, dass die Lebenden nachzuahmen / Spötterei ist / Und die Toten nachzuahmen / Raub ist.«

John Wesley Harding sei, so Paul Nelson im *Rolling Stone*, ungefähr wie »Jean-Paul Sartre auf dem fünfsaitigen Banjo« gewesen, doch auf *Nashville Skyline* gelinge Dylan das »künstlerisch Unmögliche: ein tiefsinniges, menschliches und interessantes Statement darüber, wie es ist, glücklich zu sein«. Das Glück ist für einen Dichter in der Regel ein Unglück. Spätestens am Ende einer Strophe muss die Tragödie hereinbrechen: »Love is all there is, it makes the world go 'round / Love and only love, it can't be denied / No matter what you think about it / You just won't be able to do without it«, singt Dylan in »I Threw It All Away«, und dann folgt tatsächlich die wahrhaftigste und in ihrer Schlichtheit traurigste Zeile: »Take a tip from one who's tried.«

In der *Johnny Cash Show* präsentierte Dylan zwei Monate später sein neu erfundenes Country-Ich. Vermutlich war er deswegen so nervös. Cash kündigte ihn knapp mit

»Ladies and Gentleman, here is Bob Dylan« an, und der junge Mann mit dem Fusselbart stand mit seiner Gitarre vor einer dunklen Wand; eine alte Hütte, die ursprünglich den Hintergrund hatte bilden sollen, hatte der Sänger abgelehnt: »Ich werde die Lachnummer der Branche sein, meine Fans werden mir ins Gesicht lachen, wenn sie das sehen«, hatte er gejammert. Er sang sein herzzerreißendes »I Threw It All Away«, dann eine weitere Countrystilübung »Living The Blues«, die auf seinem nächsten Album, *Self Portrait*, erscheinen würde, und schließlich an der Seite von Cash »Girl From The North Country«.

»Mein Vater sagte, Jahre nachdem die Show ausgestrahlt worden war, dass er nicht bemerkt habe, wie wichtig das gesendete Cash-Dylan-Duett zu jener Zeit gewesen sei«, erinnert sich Rosanne Cash im eingangs zitierten Text aus dem Katalog zur 2015er Ausstellung *Dylan, Cash and the Nashville Cats* in der Country Music Hall of Fame. »Er sagte: ›Alles, was ich getan habe, war, dort zu sitzen und ein paar G-Akkorde anzuschlagen.‹ Aus bescheidenen G-Akkorden wachsen mächtige Revolutionen.«

Sollten Popmusiker ins Theater gehen? (Oder: Der Fluch des Robert Wilson)

Die sogenannte Hochkultur flirtet schon länger mit der Popkultur und umgekehrt. Schließlich haben beide was davon. Die Zusammenarbeit eines etablierten Regisseurs mit einem Popmusiker etwa lockt jüngeres Publikum in die Theater, der Musiker kann sich ein bisschen bedeutender fühlen, sich von fremden Stoffen inspirieren lassen und sich durch regelmäßige Engagements gerade in Zeiten, in denen sich mit Plattenverkäufen nicht mehr viel Umsatz machen lässt, noch etwas dazuverdienen.

Der absolute Meister der Verschränkung des Ernsten und des Populären ist der amerikanische Regisseur Robert Wilson. Bekannt wurde der 1944 im texanischen Waco geborene Anwaltssohn Mitte der Siebzigerjahre durch seine Inszenierung der Oper *Einstein On The Beach* des amerikanischen Komponisten Philip Glass. In den Achtzigerjahren arbeitete er für sein Opernprojekt *The Civil Wars* erneut mit dem Komponisten zusammen. Zudem waren der Jazz-Avantgardist Gavin Bryars und der Sänger der New Yorker New-Wave-Band Talking Heads, David Byrne, dabei. Zum ersten Mal arbeitete der Regisseur, der für seine Lichtinszenierungen, seine Bühnensymmetrie und pantomimisch eingesetzten Körper bekannt werden sollte, mit einem bekannten Popkünstler zusammen.

Nach einem Text von William Burroughs und mit Liedern von Tom Waits inszenierte er 1990 eine moderne Version der romantischen Oper *Der Freischütz* von Carl Maria von Weber für das Hamburger Thalia Theater: *Black Rider.* Mit Waits als Komponist arbeitete er auch für eine Musical-Fassung von Lewis Carrolls *Alice im Wunderland* und Georg Büchners *Woyzeck* zusammen. Mit Lou Reed brachte er, wiederum für das Thalia Theater, die Musicals *Time Rocker* und *POEtry* auf die Bühne, und für das Berliner Ensemble arbeiteten die beiden an einer Adaption von Frank Wedekinds Dramen *Erdgeist* und *Die Büchse der Pandora*.

Aus dem letztgenannten Projekt ging zudem 2011 *Lulu*, ein gemeinsames Album von Reed und der Metalband Metallica, hervor, das – obwohl die meisten Stücke nicht Teil der Wilson-Produktion waren – jede Menge Bühnendonner, bemühte Regietheater-Provokationen und abgedroschene Hochkulturhuberei auffuhr. »I would cut my legs and tits off / When I think of Boris Karloff and Kinski / In the dark of the moon«, heißt es da etwa im ersten Stück mit dem Titel »Brandenburg Gate« bedeutungsschwanger, und im zweiten Song »The View« grummelt Reed theatralisch:

Pain and evil have their place
Sittin' here beside me

I offer them to you as servants
Of the gold that you must give.

Man konnte bereits zwei Jahre vor Reeds tatsächlichem Ableben den Eindruck gewinnen, das Theater habe den knorrigen Songwriter erledigt, so wie einst das Militär Elvis Presley erledigt hatte – bis einem einfiel, dass das letzte gute Reed-Album, *Set The Twilight Reeling*, auf dem er seinen Rock 'n' Roll noch weitgehend ohne Lesebrille und Opernglas vortrug, damals bereits fünfzehn Jahre alt war –, und damit genau ein Jahr, *bevor* es seine erste Zusammenarbeit mit Wilson auf die Bühne schaffte, erschienen war. In gestelzten Zeilen des ansonsten guten Songs »NYC Man« ließ sich die schaurige Präsenz des Theatermachers aber wohl hier schon erahnen:

Brutus made a pretty speech but Caesar was betrayed
Lady Macbeth went crazy but Macbeth ended slain
Ophelia and Desdemona dead leaving Hamlet in a play
But I'm no Lear with blinded eyes, say »go« and I am gone

Auch Tom Waits machte sein letztes Meisterwerk, *Rain Dogs*, vor seiner ersten Theatermusik, *Franks Wild Years*, bevor er dann mit den Liedern für Wilsons *Black Rider* ins Theatralische abdriftete und fürderhin wie der Moritatensänger aus der *Dreigroschenoper* durch seine eigenen Platten rumpelte.

Der kanadische Songwriter Rufus Wainwright fand nach der Vertonung von einigen Sonetten für Wilsons Shakespeare-Abend am Berliner Ensemble ebenfalls aus den Theatergängen nicht mehr zum großen glamourösen Pop seiner Anfangsjahre zurück. Herbert Grönemeyer fiel nach seiner ersten Zusammenarbeit mit dem Regisseur für eine Musical-Version von Georg Büchners *Leonce und Lena* 2003 (also ein Jahr nach seinem Erfolgsalbum *Mensch*) nichts Bleibendes mehr ein. Der Transgender-Sänger Antony Hegarty beendete nach seiner Arbeit mit Wilson für *The Life And Death Of Marina Abramovic* sogar seine Karriere und kehrte als apokalyptische Sängerin Anohni zurück. Das Neo-Hippie-Geschwister-Duo CocoRosie verschwand nach den Wilson-Stücken *Peter Pan* (2013) und *Pushkin's Fairy Tales* (2015) in der Versenkung. Zuletzt schrieb die britische Songwriterin und Gitarristin Anna Calvi (siehe das Kapitel über Gitarrensoli) für den Regisseur die Lieder zu seiner Fassung von E. T. A. Hoffmanns Schauermärchen *Der Sandmann*. Ihr anschließendes Album *Hunter* wurde von der Kritik meist gelobt, aber als ich sie im Konzert sah, hatte ich – vielleicht weil ich ein wenig besessen bin von der Idee des Wilson-Fluchs – den Eindruck einer doch über die Maßen übersteigerten Theatralik.

So ein richtig positives Beispiel für die Verschränkung von Pop und Theater oder Oper fällt mir auch jenseits der Werke des öfter am Rande des Kitsches balancierenden Überwältigungskünstlers Wilson nicht ein: Paul McCartneys Oratorien, *Liverpool Oratorio* und *Ecce Cor Meum*, und seine Ballettmusik *Ocean Kingdom*, Paul Simons Musical mit dem Literaturnobelpreisträger Derek Walcott, *The Capeman*, Rufus Wainwrights Opern *Prima Donna* und *Hadrian* – allesamt von den Kritikern nicht sonderlich geschätzt und von den Popmusikfans nicht sonderlich gemocht. Wahrscheinlich ist die Idee, die bürgerliche Hochkultur mit der populären Musik zu verbinden, doch insgesamt keine besonders glückliche und führt zu Verstellungen, die der Popmusik ihre spezifische Frische und Direktheit nehmen und dem Theater seinen doch eher distanzierten Habitus und artifiziellen Ton.

Warum gibt es R&B gleich zweimal?

Was haben Ray Charles, die Rolling Stones, Mariah Carey und The Weeknd gemeinsam? Alle vier werden dem Genre des R&B zugerechnet. Wenn man die Abkürzung auflöst – R&B steht für Rhythm and Blues –, kann man zumindest nachvollziehen, was die ersten beiden Genannten gemeinsam haben. Sie stehen für auf dem Fundament des Blues errichtete rhythmisierte Tanzmusik. Schon das ist ein sehr weites Feld. Um die anderen beiden Künstler auch noch mit einzubeziehen, muss man dieses allerdings noch einmal um ein Vielfaches erweitern. Welchen Sinn macht eine solche Genrebezeichnung dann noch?

Kurze Antwort: keinen.

Lange Antwort: Der in Missouri geborene Ralph Peer arbeitete in den Zwanzigerjahren für die gerade Fahrt aufnehmende Plattenindustrie und war als Talentscout, Tontechniker und Produzent für das Okeh-Label des deutsch-amerikanischen Geschäftsmanns Otto K. E. Heinemann beschäftigt. Er entdeckte unter anderem Countrypioniere wie die Carter Family und den singenden Eisenbahnbremser Jimmie Rodgers. Er nahm auch Songs von afroamerikanischen Musikern wie Louis Armstrong und dem Pianisten Fats Waller auf, die in der Regel vor allem von der schwarzen Bevölkerung gekauft wurden. Um zu markieren, welche Platten für diese Zielgruppe interessant waren, ließ er sich die Bezeichnung »race music« einfallen. Natürlich ist die Aufteilung in schwarze und weiße Musik an sich schon rassistisch, doch die Bezeichnung »race« war es seinerzeit *nicht*. Sogar die afroamerikanische Presse benutzte sie, wenn es um Belange der schwarzen Bevölkerung ging. Nach Ende des Zweiten Weltkriegs wurde der Begriff dann allerdings doch als beleidigend empfunden und durch »Rhythm and Blues« ersetzt. An der Trennung zwischen afroamerikanischen Künstlern, die unter diesem Genre geführt wurden, egal ob sie Ragtime spielten oder Blues oder Jazz, und weißen Musikern, bei denen man ganz klar zwischen Rock 'n' Roll und Rockabilly, Country, Jazz oder Folk unterschied, änderte das allerdings nichts.

Doch als Anfang der Sechziger junge weiße britische Bands wie Blues Incorporated um den Gitarristen Alexis Korner, die Rolling Stones, die Yardbirds, Them und die Spencer Davis Group sich explizit auf afroamerikanische Vorbilder bezogen und Songs von Willie Dixon, Jimmy Reed und Muddy Waters spielten, war der R&B plötzlich ein stilistisch ziemlich puristisches Genre ohne Rassentrennung geworden. Nun war Rhythm and Blues eben nämlich genau das: rhythmisierter und tanzbarer Blues. Und man differenzierte auch bei der afroamerikanischen Musik, in der es nun auf einmal die Genres Soul und Gospel gab. Später kamen noch Funk und Disco dazu, die in den Siebzigern den Rhythm and Blues als populärste Tanzmusik ablösten.

Es waren Michael Jackson und sein Produzent Quincy Jones, die die unterschiedlichen afroamerikanischen Spielarten der Popmusik in ihrem Meisterwerk *Off The Wall* von 1979 wieder zusammenführten. Das war kein Soul- oder Funk-, kein Disco- oder Blues-Album, sondern im ursprünglichen allumfassenden Sinn ein R&B-Album. Jacksons Schwester Janet war 1986 mit ihrem Album *Control* daran beteiligt – neben Künstlern wie Cameo, Afrika Bambaataa, Oran Juice Jones oder auch dem Jazzer Herbie Hancock –, das alte neue Genre für Einflüsse aus Hip-Hop und elektronischer Musik zu öffnen. Dadurch entstand die Vorlage für die afroamerikanische Musik der Zukunft, die die Charts in den folgenden Jahrzehnten mit Künstlern von den Jackson-Geschwistern bis Beyoncé beherrschen sollte und die man seitdem eben wieder R&B oder – um sie von den Urvätern zu unterscheiden – Contemporary R&B nennt.

Was ist von Comebacks alter Lieblingsbands zu halten?

Es kommt ja tatsächlich manchmal vor, dass man einen Freund von früher auf ein Bier trifft, weil man über die sozialen Medien von ihm *befriended* wurde und sich zufällig in derselben Stadt aufhält. Und im besten Fall ist dann alles wieder wie in den guten alten Zeiten, als man sich noch was zu sagen hatte, weil man das damals Gesagte noch mal wiederholt oder sich einfach nur daran erinnert. Die alten Tricks funktionieren kurzzeitig wieder, und man hat einen wunderbaren Abend. Man könnte sich nach drei Bier sogar vorstellen, mal zusammen in den Urlaub zu fahren. Sollte man aber nicht tun.

Natürlich gibt es solche nostalgischen Begegnungen auch unter Musikern, die mal gemeinsam in einer Band gespielt haben, und sie starten ein Comeback. Manchen geht es dabei – mangels zwischenzeitlicher Ideen oder Lebensaufgaben – auch profan ums Geld und den Drang, der Welt noch einmal die eigene Bedeutsamkeit zu präsentieren. Kann es also für die Fans von früher reizvoll sein, den alten Freunden bei ihren Wiedervereinigungsversuchen zuzusehen? Es spricht einiges dagegen: Man hört die alten Lieblingslieder gern, weil sie einen an die Jugend erinnern, man sieht jedoch ihre Schöpfer ungern mit stark dezimierter Kopfbehaarung, Bauchansatz und Lesebrille, weil sie einen so an die eigene Hinfälligkeit erinnern. Und bei einem Konzertbesuch oder einer neuen Platte erwartet man von seinen alten Lieblingen, dass sie mit ihrer Musik dieselben Gefühle auslösen wie einst. Das ist natürlich unmöglich, denn weder die Unmittelbarkeit der Jugend noch der erste Eindruck lassen sich wiederholen.

Im besten Fall können Bands bei einem Comeback die Erinnerung an die einstigen Gefühle auslösen und alte Freunde für einen Abend wieder zusammenbringen. Wenn man zu einem solchen Comeback-Konzert geht, sollte man daher mit den ergrauten Fans, die sich lieber mit ihrer Begleitung unterhalten, als der Musik zu lauschen, und oft zu laut lachen, ebenso nachsichtig sein wie mit der Band auf der Bühne, denn sie haben sich vermutlich ähnlich lange nicht gesehen wie die Musiker und feiern ebenfalls eine Art Comeback.

Auch verlaufen solche Beschwörungen der alten Zeiten nicht immer harmonisch. Das zeigt etwa der Fall des Quartetts Crosby, Stills, Nash & Young, kurz CSNY. Beim legendären Hippie-Festival in Woodstock traten die bereits in anderen Formationen erfolgreichen Songwriter Neil Young, Stephen Stills, Graham Nash und David Crosby im August 1969 gemeinsam als Supergruppe auf und sangen für Liebe und Frieden. Im Jahr darauf erschien ein gemeinsames Album der vier. Es hieß *Déjà Vu*, wurde ein Riesenhit und ist mit Liedern wie

»Teach Your Children«, »Almost Cut My Hair«, »Our House« und »Helpless« für viele Menschen die friedfertige und bekiffte Hippie-Platte schlechthin.

Nachdem im Mai 1970 bei einer Demonstration gegen den Vietnamkrieg an der Kent State University die Nationalgarde des US-Bundesstaates Ohio auf die Protestanten geschossen und vier von ihnen getötet hatte, veröffentlichten CSNY den Protestsong »Ohio«, in dem sie erklärten, eine ganze Generation sei nun auf sich selbst gestellt, der Staat und allen voran Präsident Richard Nixon hätten sie alleingelassen. Bald darauf gingen die vier Musiker wieder getrennte Wege und fanden im Laufe der Zeit in unterschiedlichen Konstellationen wieder zusammen.

2005 reiste Neil Young in den Bundesstaat, über den er einst jenen Protestsong geschrieben hatte, um seine Tochter zu besuchen, die dort aufs College ging. Als er sich morgens in seinem Hotel am Automaten einen Kaffee zog, fiel ihm ein Bild auf dem Cover der Zeitung *USA Today* ins Auge, auf dem ein Operationssaal in einem Flugzeug der US Air Force abgebildet war, das schwer verwundete Soldaten aus dem Kriegsgebiet im Irak nach Deutschland flog. Das Bild rührte ihn so an, dass er gleich in sein Hotelzimmer ging, um es in einem Song zu verarbeiten.

Es blieb nicht bei dem einen Lied. Neun Tage später hatte er ein ganzes Album aufgenommen. Es trug den Titel *Living With War*, und darauf befand sich auch der Song »Let's Impeach The President«, in dem Young forderte, den US-Präsidenten George W. Bush seines Amtes zu entheben, weil der für den eigenen Profit seine Macht missbraucht und sein Land in den Krieg geführt habe. Young ging mit dem Album auf Tournee und nahm seine alten Freunde Stills, Nash und Crosby mit. Und natürlich kamen vor allem die Fans von früher zu den Konzerten. Aber ein Fest des Friedens und der Liebe wurde es dieses Mal nicht. Es gab Todesdrohungen; Bombenspürhunde schnüffelten sich vor den Konzerten durch das Handgepäck der Besucher, und bei einem Auftritt in Atlanta sahen sich CSNY einer Armee aus gehobenen Mittelfingern und lautstarken Buhrufen ausgesetzt. Ihre Fans verließen fluchend in Scharen die Konzerthalle.

Warum? Kommt einfach vor, dass man sich mit den alten Freunden nicht mehr viel zu sagen hat, weil sich die Leben in unterschiedliche Richtungen entwickelt haben und die Ideologien gleich mit. Das Sein bestimmt ja nun mal das Bewusstsein.

Das Handwerk

Kann man über Architektur tanzen?

»Über Musik zu schreiben ist, wie über Architektur zu tanzen«, ist ein beliebter Spruch, um einen Musikjournalisten zum Schweigen zu bringen. Wer ihn als Erster gesagt hat, ist nicht klar nachzuweisen. Frank Zappa, Steve Martin und Elvis Costello wurden etwa schon als seine Urheber genannt. Aber vermutlich stammt er vom amerikanischen Schauspieler, Komiker und Musiker Martin Mull. Die Wahrheit hinter dieser Pointe ist zumindest für Musikjournalisten gar nicht so komisch: Musik lässt sich nicht in Worten und Begriffen fassen, denn sie ist ein nicht begriffliches Medium und geht somit über die Sprache hinaus, beziehungsweise ist eine eigene Sprache. Und so wie es keinen Sinn ergibt, den Bau eines Hauses mit einem Tanz zu beschreiben, kommentieren oder kritisieren, kann man auch ein Musikstück eigentlich nicht mit Worten beschreiben, kommentieren oder kritisieren.

Es ist sicher kein Zufall, dass es weniger Bücher über James Brown gibt – dessen Kunst überwiegend aus Groove und Tanz und jenseits der Wortbedeutung liegenden Ausrufen und Songzeilen besteht – als über Bob Dylan, der für seine Texte fast zwangsläufig mit dem

Nobelpreis für Literatur ausgezeichnet werden *musste*. Die Anzahl der Bücher ist in diesem Fall kein Zeichen von größerer Relevanz, sondern liegt darin begründet, dass Bob Dylans Kunst der Sprache näher scheint und sich daher leichter mit sprachlichen Mitteln erfassen lässt. Ein expressiver Temperamentsbolzen wie James Brown ist Dylan zwar nicht, aber natürlich lassen sich auch seine Songs nicht auf ihre Texte und die Wortbedeutungen reduzieren. Der Klang der Stimme, die Betonung, die Melodie, das Arrangement sind ebenso entscheidend, und der Zusammenklang von alldem erzählt noch mal eine ganz andere, nicht in Begriffen fassbare Geschichte. Diese wiederum kann sich von Aufführung zu Aufführung ändern: »Unsere Lieder leben im Land der Lebenden«, hat Dylan in seiner Nobelpreisrede gesagt. »Aber Lieder sind anders als Literatur. Sie sollen gesungen werden, nicht gelesen. Die Worte in Shakespeares Dramen sollten auf der Bühne gespielt werden. So wie Texte in Liedern gesungen und nicht auf einer Seite gelesen werden sollen.«

Also, ja, es ist nicht so leicht mit dem Schreiben über Musik. Vielleicht muss man ein wenig bescheidener sein und eine andere Präposition wählen: Man schreibt nicht über, sondern zur Musik. Man beleuchtet die Hintergründe der Produktion, die Herkunft und Haltung der Künstler, ihren soziopolitischen Hintergrund, den musikalischen Kontext, in dem sie sich bewegen, die Vorbilder, auf die sie sich berufen, die Form ihrer Inszenierung und Darbietung, die Kleidung und Frisuren, die sie tragen, das Image, das sie sich geben oder jemand ihnen gibt, die Geschichten und Mythen, die sich um sie ranken, die Kontexte, in denen ihre Musik gehört und eingesetzt wird, die Emotionen, die sie auslöst, und so weiter und so fort.

»Zur Musik zu schreiben ist, wie zur Architektur zu tanzen.« Das ergibt schon mehr Sinn. Schaut man auf ein Gebäude oder einen Platz oder eine Straße, scheinen die Menschen, die man dort sieht, tatsächlich eine Art Tanz zu vollführen. Es entstehen Muster und Choreografien. Die Menschen kommentieren die Architektur, indem sie beispielsweise Blumen vor die Fenster oder auf den Balkon stellen; erklären sie mit Straßenschildern; deuten sie gegen den Strich, indem sie eine Bank als Skateboard-Absprungrampe nutzen; kritisieren sie, indem sie Graffiti auf die Mauern sprühen. Dieser Tanz erfüllt die Architektur mit Leben, gibt ihr eine Funktion, einen Zweck und einen Zusammenhang. Das Schreiben und natürlich auch das Reden zu Liedern, Künstlern, Arrangements und Zusammenhängen tun dasselbe mit der Musik.

Unwahrscheinlich, dass ich mich ohne begleitende Texte, die Kritiken, Geschichten und Interviews in Zeitschriften, so sehr für Musik interessiert hätte. Ich las in den Neunzigerjahren in der *Spex* über die neuesten Diskussionen, die sich um die Musik von Hamburger Bands wie Blumfeld, Die Goldenen Zitronen, Die Sterne oder Cpt. Kirk &. rankten. Ihre Lieder und die Artikel über sie setzten sich nach der Wiedervereinigung mit dem Leben in diesem neuen Land, in dem auch ich lebte, auseinander. Ich hatte das Gefühl, der Dialog zwischen

Künstler und Kritiker sei ebenso Teil der Kunst wie die Akkorde und Rhythmen.

In der letzten Woche des Monats konnte ich in jenen Jahren vormittags oft das Haus nicht verlassen, weil ich auf das Eintreffen der neuesten Ausgabe des *Rolling Stone* wartete, süchtig war nach den Texten bestimmter Autoren, deren Kritiken ich wieder und wieder las und manchmal faszinierender fand als die Platten, die sie darin beschrieben. Einige Sätze daraus kann ich heute noch in etwa hersagen oder doch zumindest herfühlen.

Ein Fremder in seiner Zeit gibt da Laut, einer, für den die Zeit überhaupt kein Faktor zu sein scheint, in seinem eng und wirr gesponnenem Kokon aus verletztem Stolz und verschmähter Liebe.
Das Pulp-Gefühl: Die Welt mag in Trümmer fallen – Baby, was kümmert es uns?
In den alten Zeiten gab es Musik, die den Geist der Gegenwart atmete: Sie enthielt alles, so scheint es jedenfalls in der Rückschau, was ihre Entstehung bedingt hatte.

Ich lernte viel über diese alten Zeiten, die Geschichten und Mythen und Meisterwerke des Pop, und hörte danach vieles anders als zuvor. Solomon Burkes inniges Liebeslied »Got To Get You Off Of My Mind« ist nicht mehr dasselbe, wenn man weiß, dass er es am 11. Dezember 1964 wenige Stunden nach dem Mord an seinem engen Freund Sam Cooke in seinem Hotelzimmer schrieb, wo aber vor allem ein Einschreiben von der Mutter seiner elf Kinder auf dem Schreibtisch lag, die die Scheidung wollte. Davon handelt der Song. Auf eine sehr realistische und tiefe Art.

Auch die Utopie hinter Joni Mitchells »Woodstock« erklärt sich erst, wenn man weiß, dass sie bei jenem Festival 1969 gar nicht dabei war, weil sie auf Anraten ihres Managers in New York geblieben war, damit sie auf keinen Fall die Aufzeichnung der Fernsehshow des Talkmasters Dick Cavett verpasste, die bei der jungen Zielgruppe sehr beliebt war. Sie schrieb das Stück ebenfalls in ihrem Hotelzimmer, während die ersten Bilder der »3 Days of Peace & Music« über den Fernsehbildschirm flimmerten.

Und natürlich muss man nicht nur die Tragödie von Amy Winehouse kennen, um ihren größten Hit »Rehab« zu verstehen, man muss auch wissen, dass der Ray in der Zeile »I'd rather be at home with Ray« der blinde Soulmusiker Ray Charles ist, der sechzehn Jahre lang heroinsüchtig war, und dass die Zeilen »There's nothing you can teach me / That I can't learn from Mr. Hathaway« sich auf den Sänger Donny Hathaway beziehen, der am Ende seines Lebens unter großen Depressionen litt und im Alter von dreiunddreißig Jahren aus dem Fenster eines Hotels in New York stürzte.

Das waren jetzt nur ein paar Anekdoten zum Thema Hotel, dem notgedrungenen Hauptaufenthaltsort des umherziehenden Künstlers. Aber »Hotel« war für mich hier nur ein zufällig gewähltes Stichwort. Ich hätte auch reichlich Geschichten zur pophistorischen Relevanz von etwa Bars, Betten, Garderoben, Highways oder Flugzeugen auf Lager.

Davon habe ich auch erstmals in britischen Magazinen gelesen. Der *New Musical Express* erklärte, was das nächste große Ding werden würde. In *Smash Hits*, wo die lustigsten und originellsten Texte zur Popmusik zu lesen waren – bei denen allerdings manchmal das Langenscheidt-Wörterbuch an seine Grenzen stieß –, erfuhr man alles über die kunterbunte Welt des Mainstream und die Spleens der Stars (und Journalisten). Und im *Mojo* war alles zu den alten Helden zu lesen; mit dem ein oder anderen haben die Zeitschriftenmacher sogar noch sprechen können.

Jedes Magazin war eine kleine Welt, in die man eintauchen, die man einen Monat lang mit sich herumtragen und überall mit hinnehmen konnte. Und tatsächlich ist das bei mir noch immer so. Natürlich informiere ich mich auch in den Weiten des Internets über die neueste Musik und lasse mich dabei treiben, doch die geschlossene, komponierte Welt eines Magazins – die noch dazu von Leuten stammt, die ich seit Jahren lese und deren Urteil ich vertraue – kann das nicht ersetzen. Und manchmal habe ich das Gefühl, ich könne die Musik bereits hören, wenn ich etwas *zu ihr* lese. Und wenn es dann auch noch gut geschrieben ist, ist es, wie über die Dächer der Stadt zu tanzen.

Welche Wörter und Wendungen sollte man vermeiden, wenn man über Popmusik schreibt?

Frontmann/Frontfrau

Gemeint ist: Der Sänger/die Sängerin einer Band.
Hört sich an wie: Da schreibt ein(e) Kriegsberichterstatter(in).

Opener

Gemeint ist: Das erste Stück eines Albums oder eines Konzerts.
Hört sich an wie: Ein Dosenöffner.

Closer

Gemeint ist: Das letzte Stück eines Albums oder eines Konzerts.
Hört sich an wie: Der Letzte macht die Tür zu.

Scheibe

Gemeint ist: Eine Langspielplatte, ein Album
Hört sich an wie: Ein sehr bescheidener Einkauf an der Wursttheke.

Drummer

Gemeint ist: Ein Schlagzeuger.
Hört sich an wie: Ein Drama.

XY rockt

Gemeint ist: XY ist ziemlich aufregend.
Hört sich an wie: Ein sehr lautes Missverständnis.

Kult/kultig

Gemeint ist: Eine auf eine kleine Gemeinde beschränkte Popularität.
Hört sich an wie: Reklame oder ein alter Traktor.

Axt

Gemeint ist: Eine ungewöhnlich geformte E-Gitarre.
Hört sich an wie: Ein Gemetzel oder die Vorbereitung eines Abends am Kamin.

XY haben ein neues Album im Gepäck

Gemeint ist: Eine Band ist auf Tour, um ihr neues Album vorzustellen.
Hört sich an wie: Wandertag.

Dekonstruktion

Gemeint ist: Meist etwas anderes (etwa: Destruktion/Zerstörung).
Hört sich an wie: Abgebrochenes Studium.

Punker

Gemeint ist: Ein Punk.

Hört sich an wie: Ein ungewaschener Typ mit Irokesenschnitt, Dosenbier und Schäferhund in der Fußgängerzone.

Klangkorsett

Gemeint ist: Vermutlich ein Arrangement.

Hört sich an wie: Eine mutwillige Verstümmelung.

Soulig/bluesig

Gemeint ist: Gefühlvoll oder mit Anleihen an Soulmusik.

Hört sich an wie: Lob eines Castingshow-Jurors.

Wundervoll/fabelhaft/toll/brillant etc.

Gemeint ist: Hier fehlt dem Autor ein beschreibendes Adjektiv.

Hört sich an wie: Eine Übertreibung, die nur in Ermangelung eines die Musik angemessen beschreibenden Adjektivs verwendet wurde.

Vinyl

Gemeint ist: Eine Schallplatte.

Hört sich an wie: Ein Duschvorhang.

Können nicht eigentlich nur Musiker über Popmusik urteilen?

Mein Freund, der Musiker, spielt zig Instrumente, versteht sich auf Songwriting, Produktion und Arrangements und kennt sich in der Geschichte der populären Musik aus wie nur wenige. Es ist die Hölle, mit ihm zu einem Konzert zu gehen. Er kritisiert die instrumentalen und stimmlichen Fähigkeiten der Musiker, ruft laut die Lieder Richtung Bühne, bei denen sie »abgeschrieben« haben und die in der Regel viel besser sind, und schimpft über den Mann oder die Frau hinter dem Mischpult, weil er den Sound »ganz, ganz schlimm« findet. Nach zwanzig Minuten geht er meist, sich von der Veranstaltung persönlich beleidigt fühlend, an die Theke, wo er bleibt, bis die Musiker sich ein letztes Mal verbeugt haben, um anschließend seinen aus dem Saal schwebenden Freunden ernst in die noch leuchtenden Augen zu blicken und sie in einem langen Sermon zu belehren, warum das, was sie gerade so bewegt und elektrisiert hat, »ein großer Mist« war; dass sie also die vergangenen anderthalb oder zwei Stunden das Falsche gefühlt haben, weil ihre Unkenntnis sie in die Irre geführt hat. Ich habe mittlerweile begriffen, dass so ziemlich alle meine Lieblingssänger nicht singen können und keiner meiner Lieblingsgitarristen sein Handwerk beherrscht, ja, dass ich wohl noch kein Konzert so gehört habe, wie es in Wirklichkeit war oder hätte sein sollen.

Die Haltung meines Musikerfreundes ist vielleicht etwas elitär und widerspricht ein klein wenig dem Wesen der Popmusik, die von Haus aus für jeden zugänglich ist und von jedem gemacht werden kann. Klingt jetzt aus der Feder eines Musikkritikers und Berufsklugscheißers ein wenig scheinheilig, aber Aufgabe der Kritik ist es ja gerade, Popmusik als einen Bedeutungszusammenhang zu begreifen, der aus mehr besteht als ein paar möglichst auch noch richtig gespielten Akkorden.

Virtuosität ist in der Popmusik eher zweitrangig. Jeff Tweedy von der US-Band Wilco erklärte mir mal, wenn man als Popmusiker alles beherrsche, sei das Musikmachen keine Kunst mehr, sondern nur noch ein Treffen richtiger oder falscher Entscheidungen. Begrenzte Fähigkeiten können die Originalität eines Künstlers herausfordern. Selbst mangelnde Musikalität kann, wie man zuvor an dem drastischen Beispiel der Shaggs erkennen konnte, zu interessanten Ergebnissen führen, und ein Song wird oft eher durch die Energie des Vortrags als durch das Können des Musikers getragen.

Natürlich weiß mein Musikerfreund das alles, und auch er hat durchaus für einige Nicht-Sänger eine Leidenschaft entwickelt, doch oft ist er, wie viele seiner Kollegen, mit denen man stundenlang über Gitarren, Verstärker, Tonabnehmer et cetera reden kann, die sich aber scheuen, Musik in einen größeren kulturellen oder sozialen Zusammenhang einzuordnen, vielleicht ein bisschen zu nah dran und durch sein perfektes Ohr und ästhetisches Gewissen manchmal ein wenig zu sehr auf die handwerkliche Seite fixiert.

Doch Popmusik ist eben nicht nur Musik, sondern auch Pop, und das bedeutet, dass nicht nur jedes einigermaßen begründete Urteil seine Berechtigung hat, sondern sich erst durch eine Vielzahl von Perspektiven – den Musikerblick, den Kritikerblick, den Fanblick und so weiter – die gesamte Faszination eines Künstlers und seines Werkes erschließen lässt.

Wie sollte man die Jahresbestenlisten der Musikkritiker lesen?

Am Ende jedes Jahres stellen Musikkritiker Listen mit zehn oder zwanzig Alben zusammen, die sie aus irgendwelchen Gründen für empfehlenswert halten. Aber aus welchen Gründen eigentlich? Ehrlich gesagt lässt sich das in der Regel nicht klar erkennen. Es gibt ja sehr unterschiedliche Typen von Musikkritikern, und in ihren Strategien beim Zusammenstellen solcher Listen spiegelt sich ihr Popverständnis. Nur wer also mit den Texten des jeweiligen Kritikers vertraut ist, kann eine solche Liste wirklich lesen und erkennen, ob man es hier eher mit einem Auskenner oder einem Ehrlichen, einem Konservativen oder einem Gewissenhaften, einem Netzwerker, Aufschieber oder Abgeklärten zu tun hat.

Es gibt Kritiker, die der Welt vor allem gerne zeigen wollen, dass sie sich in allen Stilen und Spielarten der Popmusik auskennen, daher ist ihre Liste besonders bunt. Es finden sich von der Kritik einhellig gelobte Platten aus allen Bereichen neben vollkommen unbekannten und mindestens einem sehr, sehr populären Album eines Mainstream-Künstlers und/oder Teenie-Idols, das zeigen soll, dass hier jemand bei aller Kennerschaft den Blick vor den trivialen Bereichen des Pop nicht verschließt und diese Wahl auch mit einer überaus klugen These begründen könnte. Sie oder er ist halt ein Auskenner.

Dem Auskenner gegenüber steht der »ehrliche« Kritiker, der einfach die Platten aufführt, die er oder sie im vergangenen Jahr am häufigsten und liebsten gehört hat. Ein naher Verwandter ist der Konservative, der die Künstler, die ihm schon ein Leben lang lieb sind, mit jedem neuen Album wieder in seine Liste aufnimmt. Ganz anders hält es der gewissenhafte Kritiker, der seine Aufgabe ernst nimmt und nach Platten sucht, die seiner Meinung nach das Jahr am besten repräsentieren, weil sie für bestimmte ästhetische, kulturelle und/oder politische Entwicklungen stehen.

Der Netzwerker kennt solche Motive nicht. Ihm geht es um den guten Draht zu Künstlern und Labels, durch die er immer besonders schnell an die neuesten Platten und gefragtesten Interviews kommt. Für ihn ist so eine Liste vor allem eine Danksagung fürs vergangene Jahr und eine Kontaktpflege, die sich in den folgenden Monaten auszahlen soll.

Der Aufschieber macht sich weniger Gedanken über den Nutzen seiner Jahresendliste. Er schiebt das Zusammenstellen eben so lange auf, bis er schließlich kurz nach der Deadline, gedrängt vom zuständigen Redakteur, einfach alle Platten aufschreibt, die ihm spontan einfallen – um sich später darüber zu ärgern, was er alles vergessen hat. Das kann einem Abgeklärten nicht passieren, dazu fehlt ihm die emotionale Bindung an solche Listen. Er schaut sich einfach die seiner Kollegen an und kompiliert daraus einen halbwegs glaubwürdigen Mix.

In der Reinform sind diese Ansätze alle nicht sonderlich überzeugend. Der Auskenner ist einfach ein Narziss und der Netzwerker ein Pragmatiker, der Konservative und der Aufschieber sind schwerfällig und faul, der Abgeklärte ist zwar effizient, aber der Aufgabe des Kritikers kommt er nicht nach. Doch auch die Ansätze des Ehrlichen und des Gewissenhaften sind durchaus problematisch. Der Ehrliche geht meist davon aus, dass sich die Qualität von Musik an ihrer Konsumierbarkeit misst. In solchen Listen stehen in der Regel ausschließlich Wohlfühlplatten. Alben, die ästhetisch herausfordern, die sperrig sind und musikalisch oder textlich eine gewisse Aufmerksamkeit erfordern, sucht man da meist vergebens. Oft eignet sich eine solche Auswahl als Playlist für einen gemütlichen Abend oder eine lange Autofahrt. Der Ehrliche sieht in der Musik meist eine Art Wellness-Produkt und blendet andere Qualitäten des Pop aus. Etwa sein Potenzial aufzuwühlen, zu irritieren und zu verstören, alte Geschmacks- und Denkmuster aufzubrechen. In diesem Fall ist vielleicht an der alten Horkheimer/Adorno-Erkenntnis, die populäre Musik stehe der Ausbildung des kritischen Denkens im Weg, durchaus was dran. Eine Spur Narzissmus ist im Ansatz des Ehrlichen natürlich auch zu finden (aber wer frei von Narzissmus ist, wird wohl generell wenig Spaß an der Zusammenstellung einer solchen Liste haben), immerhin hält er seine rein subjektive Sicht für wichtig genug, dass er sie der Welt präsentiert.

An der Ausführlichkeit, mit der ich den Ansatz des »ehrlichen« Kritikers auseinandernehme, lässt sich vermutlich erkennen, dass ich ihn aus eigener Erfahrung recht gut kenne und nicht selten selbst verfolgt habe. Aber im Lauf der Zeit habe ich dann doch festgestellt, dass ich mich später, wenn mir zufällig eine solche Liste vor Augen kommt, nicht nur frage, was ich im jeweiligen Jahr so die ganze Zeit in der stillen Kammer gehört habe, sondern auch, was damals eigentlich musikalisch neu und bemerkenswert war.

Vielleicht bin ich in der Ausübung meiner Tätigkeit einfach ein wenig gewissenhafter geworden. Der Gewissenhafte nämlich scheint da einen bescheideneren und zugleich Service-orientierten Ansatz zu verfolgen. Er nimmt Popmusik als eine gesellschaftliche Kraft ernst. Popmusik ist für ihn vor allem eine Kunst, in der sich die Gegenwart spiegelt und in der besonders fortschrittliche Entwicklungen und befreiende Denkweisen abgebildet werden. Je deutlicher das in einem Werk zu erkennen ist, desto wichtiger ist es. Auch dieser Ansatz bildet natürlich nur einen Teil des großen, bunten Popuniversums ab. Viele Künstler haben ganz andere Motive, Musik zu machen: die Pflege einer bestimmten Tradition, die Verarbeitung persönlicher Erlebnisse, das Experiment oder einfach das Streben nach musikalischer Schönheit.

Am Ende haben alle Kritiker-Jahresendlisten ihren Reiz – wenn man sie zu lesen versteht. Dann entdeckt man vielleicht wirklich etwas Neues. Abgesehen davon, dass es ganz sicher Spaß und Erkenntnis bringt, sich die empfohlenen Platten anzuhören und sich zu fragen, zu welchem Typ der jeweilige Kritiker wohl gehört.

Machen Interviews mit Musikern eigentlich Spaß?

Interviewsituationen sind Stresssituationen. Für alle Beteiligten. Musiker müssen der Presse, dem Fernsehen und den Blogs zu jedem neuen Album – je nach Nachfrage – tage-, wenn nicht wochenlang Auskunft geben; manchmal in verschiedenen Ländern, auf unterschiedlichen Kontinenten. Wer sich's leisten kann, hält die Interviews knapp und redet in einem Luxushotel in London, Los Angeles oder New York nur mit den ganz wichtigen und relevanten Medien. Wer sich's gar nicht leisten kann, spricht am Telefon mit Gott und der Welt. Schöne Gespräche kommen dabei selten zustande, denn Interviews sind so, nun ja: einseitig.

Der Journalist hat eine begrenzte Zeit, meist so eine halbe Stunde, um alles zu fragen, was er wissen will. Manchmal, wenn er besonders interessiert ist und das Gespräch gut läuft, ist das viel zu wenig, oft genug sind es aber auch die längsten dreißig Minuten der Welt. Professionelle Künstler sind meist angehalten, ihr neues Produkt zu verkaufen, und drehen die Fragen ihres Gegenübers so, dass sie alle relevanten Fakten unterbringen können. Da helfen dann oft auch besonders originelle Fragen nichts – die sowieso in dieser Branche ein rares Gut sind, da man die Befragten ja in der Regel nicht persönlich kennt und auch keine Ahnung hat, was denn nun die spannende Geschichte sein könnte, die sie oder er zu erzählen hat.

Als ich mal mit der japanischen Künstlerin Yoko Ono über das Solowerk ihres verstorbenen Mannes John Lennon sprechen sollte, hatte ich mich vorher tagelang in ihr eigenes Werk – auch in ihre Performances und Filme – eingearbeitet. Einerseits weil ich es unhöflich fand, eine Künstlerin einzig und allein zur Kunst ihres Mannes zu befragen, andererseits fand ich Onos Platten aus den Siebzigern tatsächlich wesentlich interessanter als die von Lennon. Ich glaube, ich wollte nach ein paar Höflichkeitsfloskeln und Aufwärmfragen etwas über Nacktheit – körperliche, emotionale – in ihrem Werk wissen. Vielleicht nicht die originellste Frage, aber doch eine, die mich tatsächlich interessierte. Nicht zuletzt auch, weil es da Verbindungen zu John Lennons Werk zu geben schien, der sich ja auf der Höhe des Beatles-Ruhms in offenen und direkten Songs wie »Help!« vollkommen entblößte. Die damals neunundsiebzigjährige Künstlerin, die eine große Sonnenbrille und eine Trainingsjacke mit der Aufschrift »BERLIN« trug, saß in ihrer abgedunkelten Suite des Kempinski etwa fünf Meter von mir entfernt und herrschte mich an, ich solle doch bitte beim Thema bleiben. Ich sei ja wohl Musikjournalist und hätte daher von (ihrer) Kunst sicher keine Ahnung. »Deswegen frage ich ja«, sagte ich. Doch sie wollte lieber über das Geschäft reden, die Neuedition irgendwelcher altbekannten John-Lennon-Alben also.

Es wurde dann zwar keine herzliche, aber eine durchaus informative und denkwürdige halbe Stunde, und vielleicht ist die von Yoko Ono vorgelebte Nüchternheit auch tatsächlich die beste Herangehensweise an ein solches Interview. Es handelt sich schließlich um einen Geschäftstermin, bei dem der Künstler sein Produkt verkaufen und der Journalist Informationen einholen will, um gegen Honorar einen Text darüber zu schreiben. Und der kritischen Distanz des Journalisten ist eine solch unemotionale Einstellung natürlich ebenfalls förderlich.

Nur, deswegen wird man ja nicht Musikjournalist. Dieser Beruf lebt in der Regel eben *nicht* vom Abstand zum Objekt, sondern von Nähe, von Emotionalität (positiv wie negativ) und Direktheit. Auch nach vielen Jahren Interview-Erfahrung wird man diese bescheuerte, aber irgendwie auch romantische Idee nicht los, all das Interesse und all die Liebe, die man einem Künstler und dessen Œuvre entgegengebracht hat, müsste sich bei einem Treffen mit ihm doch irgendwie auszahlen. Man ist mit dem Werk und der Karriere des Gegenübers so vertraut, weil man sich akribisch vorbereitet oder sich eben als Fan damit beschäftigt hat, dass man – obwohl man es natürlich besser weiß – nicht fassen kann, dass man für diesen ein vollkommen Fremder ist, den er nach dieser halben Stunde zu zweit in einem Hotelzimmer nie mehr wiedersehen wird. Und wenn doch, wird er sich nicht an das erste Treffen erinnern.

Oft sind daher Interviews mit Künstlern, die einem

eigentlich vollkommen egal sind, viel besser. Wenn man nicht viel über sie schreiben muss und daher nur wenige Fragen abzuarbeiten hat, entwickelt sich manchmal sogar ein ganz angenehmes Gespräch – auf Augenhöhe, wie man sagt. Im schlimmsten Fall allerdings schweigt man sich an.

Bei einem Gespräch mit dem durchaus geschätzten amerikanischen Songwriter Jakob Dylan hatte ich nach zwanzig Minuten keine Fragen mehr. Es war strengstens verboten, ihn nach irgendwas zu seinem berühmten Vater Bob auszuhorchen oder den Namen auch nur zu erwähnen. Mit einem Songwriter über sein Handwerk zu sprechen und Bob Dylan nicht erwähnen zu dürfen, ist für mich allerdings ein bisschen, wie bei einem Gespräch mit einem Theologen das Wort »Gott« vermeiden zu müssen. Es hemmte jedenfalls den Redefluss, und ich saugte mir panisch Fragen zu Sport und Politik aus den Fingern, bis der sehr freundliche Presseagent um die Ecke kam, uns zuzwinkerte und sagte: »Na, ihr scheint euch ja ganz gut zu verstehen. Da gebe ich euch mal zwanzig Minuten mehr.«

Mir müssen die Gesichtszüge entgleist sein. Jakob lächelte nachsichtig, gab mir einen Klaps auf den Oberschenkel und sagte: »Alright, was willst du über meinen Vater wissen?« Es war dann noch ein sehr nettes Gespräch, die meiste Zeit ging es allerdings, wenn ich mich richtig erinnere, um die britische Punkband The Clash.

Doch auch nach angenehmen Interviews besteht in den wenigsten Fällen der Kontakt fort. Das soll, wie ich von älteren Kollegen erfuhr, früher mal anders gewesen sein – als die Interviews noch nicht so professionell geführt wurden, sondern vor oder nach Konzerten in Clubs, Tourbussen oder Unterkünften unter Zuhilfenahme des Zungenlösers Alkohol oder anderer Substanzen vonstattengingen. Tatsächlich ist es noch immer so, dass längere Treffen in lockererem Rahmen nicht nur zu besseren Ergebnissen, sondern manchmal gar zum Austausch von E-Mail-Adressen und Telefonnummern führen. Nicht dass es darauf ankäme. Aber es ist generell bei Musikern, die man schätzt, eine schöne Erfahrung, wenn sie sich als genauso intelligent, zuvorkommend und sympathisch erweisen wie ihre Musik und man tatsächlich mal vergisst, dass es sich eigentlich nur um ein geschäftliches Treffen handelt.

Aber das ist halt nicht die Regel. Ich hatte das große Glück, dass die beiden Gründer und Songwriter meiner Lieblingsband, The Go-Betweens aus dem australischen Brisbane, beim Interview 2003 in München tatsächlich genauso waren, wie ich es mir in all den Jahren, in denen ich ihre Platten gehört hatte, ausgemalt hatte: nett und zuvorkommend, intelligent und belesen, humorvoll und nahbar. Der eine, Grant McLennan, gab mit sanfter Stimme den tiefsinnigen, introvertierten Melancholiker, der andere, Robert Forster, den Visionär und Dandy. Durch einige glückliche Zufälle war ich anderthalb Jahre später dabei, als sie im Süden London ihr nächstes, und durch McLennans unerwarteten Tod zwei Jahre später leider auch letztes Album aufnahmen, und so lernte ich sie ein bisschen besser kennen, sodass mein bewundernder Abstand als Fan und meine professionelle Distanz als Journalist (sowieso schon eine komische Mischung) allmählich schmolzen. Da sich beide Seiten allerdings klar darüber waren, dass es sich hier um ein Spiel handelte, füllten Robert und Grant weiterhin halb ironisch die Rockstarrolle und ich eben die des Journalisten und Fans aus.

Wie schreibt man einen Song?

Es scheint gar nicht so schwer zu sein, ein Lied zu schreiben, sonst würden es nicht so viele Leute tun. Man muss nur ein paar Akkorde auf der Gitarre oder dem Klavier lernen und einen kleinen Text schreiben, der auch nur aus einem Wort oder einer Zeile bestehen kann. Die niederländische Euro-Dance-Gruppe Vengaboys etwa schaffte es mit einem kleinen Keyboard-Motiv, einem Beat aus der Dose und den Wörtern »up«, »and« und »down« auf Platz eins der US-Hitparade. Vom Gesamtwerk der norddeutschen Formation Scooter mal ganz zu schweigen.

Aber das ist natürlich Tanzmusik, die vor allem in die Beine gehen soll. Wenn ich von Songs rede, meine ich eigentlich etwas anderes. Es gibt Strophen und Refrains und manchmal noch zusätzliche Kompositionsteile, die eine verbindende Funktion haben können oder aus dem einfachen Schema ausbrechen. Man kann einen Kurs in Songwriting belegen, und man kann es sogar studieren. Etwa am Liverpool Institute of Performing Arts (LIPA). Wenn man dort seinen Bachelor in Music (Songwriting & Performance) macht, lernt man von einigen der besten des Faches – unter anderem vom Mentor und Mitgründer des LIPA, Sir Paul McCartney.

Bei einer Fragestunde für seine Studenten im Sommer 2018 durfte ich dabei sein. Im Gebäude des LIPA war bis 1985 eine Highschool für Jungs untergebracht gewesen, die McCartney selbst in den Fünfzigern besucht hatte. In der Aula, in der er Rede und Antwort stand und die mittlerweile »The Paul McCartney Auditorium« heißt, hat er einst selbst gesessen und gelangweilt von den Reden des strengen Rektors in Musikzeitschriften geblättert. Es war hier, wo er zum ersten Mal Elvis Presley sah – in einer Anzeige für die Single »Heartbreak Hotel« im *New Musical Express*. Ohne einen Ton gehört zu haben, wussten er und sein Freund George Harrison, den er auf dem Schulweg im Bus kennengelernt hatte, dass dieser Mann ihr Leben verändern würde. »Wir waren verzaubert von diesem Typen«, erinnerte sich McCartney vor seinen Studenten in seiner alten Aula. »Und als wir seine Platten gehört haben, war's das – wir wollten so sein wie er.«

Der Rest ist mehr oder weniger Geschichte. Bald schrieb er mit John Lennon, der das neben der Highschool gelegene Liverpool Art College besuchte, erste eigene Lieder. Umso erstaunlicher, dass er sechs Jahrzehnte später seinen Studenten gestand: »Ich weiß eigentlich bis heute nicht, wie man einen Song schreibt. Wenn ich mich hinsetze, um ein Lied zu schreiben, will ich auch gar nicht wissen, wie es geht und was ich als Nächstes machen muss. Ich will nicht vorhersehbar werden.«

In dieser Aussage erkennt man die Erfahrung vieler Künstler, dass sich Schöpfungsgeist nicht normieren lässt; dass er kommt und geht, ohne dass man genau weiß, wieso und wann. Paul Simon etwa erklärte mir mal, er habe nach jedem Song, den er geschrieben habe, das Gefühl gehabt, dies sei wohl definitiv sein letzter und der Brunnen seiner Kreativität sei nun trocken. Ray Davies, der für seine Band, The Kinks, so wundervolle Lieder wie »Waterloo Sunset«, »Lola« und »Dedicated Follower Of Fashion« schrieb, erklärte mir, er lasse sich zwar oft von seiner Zeitungslektüre inspirieren, ein Lied zu schreiben, was dann aber am Ende dabei herauskomme, könne er nur sehr bedingt beeinflussen. Wenn man sich mit den Meistern des Songwriting unterhält, bekommt man schnell den Eindruck, dass Inspiration etwas sehr Mysteriöses ist, das man besser nicht hinterfragt, weil es dann für immer verschwinden oder seines unbewussten Zaubers entledigt sein könnte.

Aus McCartneys Indifferenz gegenüber dem Prozess des Songwriting spricht außerdem die Abneigung, in der eigenen Kunst ein Handwerk zu sehen und sich mit den Kollegen gemein zu machen, die für andere Künstler Hits am Fließband schreiben und dabei meist nach einem ähnlichen Muster vorgehen. Es tauchen auch regelmäßig wissenschaftliche Studien auf, die vorgeben, die definitive Hitformel entschlüsselt zu haben. Und für eine gewisse Zeit scheinen sie damit tatsächlich richtigzuliegen, doch irgendwann ist es dann gerade die Abweichung von der Formel, die einen Hit generiert.

Aber wie lässt sich denn Songwriting nun erlernen, wenn es keine Rezepte gibt und selbst die größten Könner eigentlich nicht wissen oder wissen wollen, wie es funktioniert? »Immer wenn meine Studenten aus der Songwriting-Klasse mir was von sich vorspielen«, erklärte McCartney am LIPA, »kann ich nur sagen: Wenn ich mir vorstelle, dass wir diesen Song gemeinsam schreiben, würde ich dir jetzt das und das vorschlagen, aber du musst das nicht annehmen, denn es ist dein Song.« Er machte eine Kunstpause und grinste. »Aber meist nehmen sie meine Vorschläge an.« Großer Lacher.

Als er mit John Lennon angefangen habe, Lieder zu schreiben, erinnert er sich dann, sei die Faustregel immer gewesen, dass man sich am nächsten Tag noch an sie erinnern können musste – anders wäre es auch nicht gegangen, denn sie hatten weder ein Tonbandgerät, noch beherrschten sie die musikalische Notation. »John und ich haben nachmittags was geschrieben, abends sind wir ausgegangen, und irgendwann später versuchte man sich zu erinnern: ›Wie war das noch? Oh, mein Gott, ich hab's vergessen.‹ Aber am Morgen kam es meist zurück.«

Dass man heute jede Songidee gleich auf dem Smartphone festhalten könne, sei zwar bequem, aber nicht unbedingt hilfreich: »Ich habe Tausende von Skizzen auf dem Telefon«, gestand der Ex-Beatle, hielt sich seine linke Hand wie ein Telefon vor den Mund und sang: »Da-da-dada-dap-dada-da. ›So‹, denke ich dann, ›das müsste reichen, irgendwann werde ich das fertig machen.‹ Ich habe also Tausende von Sachen, die ich fertig machen muss. Ich glaube, das ist nicht gut. Als man das noch nicht hatte, war man gezwungen, den Song sofort fertig zu machen.« Deswegen arbeite er eigentlich am liebsten immer noch nach der alten, mit John Lennon erprobten Methode.

»Wenn ich die Anfangsidee für einen Song habe, muss ich sie zu Ende bringen. Das ist besser, als nach Monaten zu einem Fragment zurückzukehren und zu versuchen, den *vibe* wiederherzustellen, in welchem einem das damals eingefallen ist.«

Da hat er so nebenbei die Ästhetik des zeitgenössischen Pop erklärt: Die vielen kleinen Hooks und Ideen, das Fehlen großer Melodiebögen und eines Flows, der auf einem Album auch mal über ein einziges Stück hinausgeht, sind wohl dem wichtigsten Instrument des modernen Songwriters geschuldet – dem Smartphone. Das scheint heute einen ebenso großen Einfluss auf die Ästhetik des Pop zu haben wie einst die Gitarre. Man hat also das wichtigste Utensil zum Schreiben eines Songs schon in der Tasche. Jetzt braucht es nur noch ein paar gute Ideen – und deren konsequente Umsetzung.

(Vorerst) Letzte Fragen

Ist die Rockband ein Auslaufmodell?

Die Idee, dass eine Handvoll Freunde die euphorisierende Erfahrung des gemeinsamen Musizierens teilt und als eingeschworene Gemeinschaft gegen den Rest der Welt für den Erfolg kämpft, scheint so alt wie der Rock 'n' Roll selbst. Ist sie aber nicht. Zunächst waren alle Augen auf den Sänger gerichtet, nicht auf die gesamte Band. Die war nicht mehr als eine Begleiterscheinung, ein Attribut, das man an den Namen des Stars anhängte: Bill Haley & The Comets, Cliff Richards & The Shadows, Buddy Holly & The Crickets. An die Idee, dass eine ganze Band im Spotlight stehen konnte und die Fans unter den Musikern einen Favoriten wählen würden, glaubte damals niemand. Man musste, so die Einschätzung der großen Plattenfirmen, den Leuten schon sagen, wen sie anzuhimmeln hatten.

Die Beatles fielen da aus dem Rahmen – drei Sänger, die in einer Reihe vor dem Schlagzeug standen; alle spielten zudem Instrumente und waren von Outfit und Frisur kaum zu unterscheiden. Das war nun wirklich verwirrend. Wie sollte man das vermarkten? Aber der Erfolg gab ihnen recht, und so glaubten Anfang der Sechziger plötzlich alle an das Konzept der Band. Die Idee von mehreren gleichberechtigten Sängern (und Songschreibern) setzte sich allerdings jenseits der Beatles nie so richtig durch. Mick Jagger stand vorne am Mikrofon und hatte die Hände frei, während Keith Richards, Brian Jones, Bill Wyman und Charlie Watts ihn begleiteten. Er war der Sänger. Die anderen waren die Band. Sie hätten sich durchaus auch Mick Jagger & The Rolling Stones nennen können. Dasselbe gilt für Roger Daltrey & The Who, Robert Plant & Led Zeppelin, Freddie Mercury & Queen, Bono & U2, Michael Stipe & R. E. M., Morrissey & The Smiths, Eddie Vedder & Pearl Jam, Julian Casablancas & The Strokes. Oft wurde das alte Konzept des exponierten Sängers, der zugleich der Star war, beibehalten, manchmal drängelten sich die Leadgitarristen ins Rampenlicht und buhlten um die Gunst der Fans, was nicht unbedingt zur Harmonie innerhalb der Band beitrug. Aber die Idee der Band als eingeschworene Gemeinschaft wurde zum Mythos.

Heutzutage begegnet man ihm nur noch recht selten. Wenn man in den Charts schaut oder in Podcasts, Magazinen, Blogs nach neuen Künstlern sucht oder sich die Liste der anstehenden Konzerte im Lieblingsclub anschaut, findet man seit einigen Jahren kaum neue Bands – meist handelt es sich um Sängerinnen und Sänger, die sich manchmal dann auch noch hinter Projektnamen oder Pseudonymen verstecken. Das Konzept der Rockband scheint tatsächlich vorläufig an ein Ende gekommen.

Dafür gibt es mehrere Gründe. Den ersten und wichtigsten findet man in der Wohnung oder im Rucksack jedes aufstrebenden Künstlers: den Rechner. Damit lässt sich auch allein zu Hause Musik machen, und man kann sich in seinem Heimstudio auf mehreren Spuren selbst begleiten. Das erfordert keine mühevolle Suche nach Gleichgesinnten, keinerlei Kompromisse, geht schneller und ist um vieles billiger, weil man sich keinen Proberaum suchen muss. Auch wenn man Konzerte spielen will, ist es um einiges günstiger, wenn man alleine unterwegs ist statt zu dritt, viert oder fünft und zudem kein Gepäck aus E-Gitarren und riesigem Schlagzeug mit sich herumschleppen muss.

Das merken natürlich auch die Instrumentenhersteller. Die *Washington Post* veröffentlichte im Juni 2017 unter dem von den Beatles geborgten und leicht variierten Titel »Why My Guitar Gently Weeps« auf ihrer Website vor dem Hintergrund einer brennenden Gitarre einen Text über den »langsamen, heimlichen Tod der elektrischen Sechssaitigen«. Die amerikanische Verkaufskette Guitar Center war mit 1,6 Milliarden Dollar in den Miesen. Den größten Herstellern Fender und Gibson ging es nicht besser. Die Verkäufe waren von anderthalb auf eine Million Exemplare pro Jahr zurückgegangen.

George Gruhn, ein einundsiebzigjähriger Gitarrenhändler aus Nashville, kam zu Wort und erklärte, als er seinen Laden 1971 eröffnet habe, habe jeder ein Gitarrengott sein wollen wie Eric Clapton, Jeff Beck, Jimi Hendrix, Carlos Santana und Jimmy Page. So entstand eine Generation von Sammlern, die fast fünf Jahrzehnte später allmählich abtrat und sich von ihren Gitarren trennte, statt neue zu kaufen. »Wir brauchen wieder

Gitarrenhelden«, sagte er. Der alte Rock-'n'-Roll-Traum, nach dem man mit einer E-Gitarre die Welt verändern könne, scheint einer jüngeren Generation heute jedenfalls schwer vermittelbar. Da stehen eher Hip-Hop und Electronic Dance Music (EDM) hoch im Kurs. Dafür muss man keinen Gitarrenunterricht nehmen, der Laptop scheint da ein weitaus attraktiveres und auch bequemeres Instrument.

Doch so ganz muss ich die Hoffnung auf Gitarrenheldennachwuchs vielleicht noch nicht aufgeben. Der Salzburger Gitarrenhändler Michael »Stootsie« Steinitz verriet mir jüngst: »Der neueste Trend sind ganz junge Kids, die Gitarre spielen wollen – von fünf bis acht! Ich habe noch nie so viele Kindergitarren verkauft wie in den letzten sechs Monaten.« Die E-Gitarre allerdings bleibe mausetot. »Natürlich kauft immer wieder ein Altfreak eine, aber keine Kids.« Vermutlich eifern die Gitarreneleven eher dem britischen Songwriter Ed Sheeran nach, der mit nur einem Mikrofon, einer akustischen Gitarre, einem Verstärker und einem Effektpedal ganze Stadien füllt. Ein Gitarrenheld ist er nicht, aber ein König der Umsatzrendite.

Wird das Album überleben?

Das Album ist ja eigentlich ein sehr zufälliges Format, das sich einem Fortschritt in der Herstellung von Kunststoff nach dem Zweiten Weltkrieg verdankt. Die maximale Länge einer Langspielplatte folgt keiner künstlerischen Entscheidung, sondern einer rein technischen Beschränkung. Ein Album ist höchstens etwa fünfzig Minuten lang, weil sich auf der Vorder- und Rückseite eines runden Stücks Plastik mit dreißig Zentimetern Durchmesser, das sich dreiunddreißig Mal pro Minute dreht, nicht mehr in vernünftiger Qualität unterbringen lässt. Ganze Generationen von Musikern und Hörern haben gelernt, sich diese Zeit für eine Songsammlung zu nehmen. Wer mehr zu sagen hatte, musste sich das gut überlegen, denn Doppel- oder Triple-LPs waren naturgemäß teurer in der Fertigung, kosteten im Laden mehr, was wiederum Auswirkungen auf die Verkäufe hatte.

Als dann die CD mit einer Spieldauer von zuerst vierundsiebzig Minuten aufkam, meinten einige Künstler, die auch voll nutzen zu müssen. In den seltensten Fällen war das eine gute Idee – man hatte sich so an die tradierte Länge, vierzig bis fünfzig Minuten, zehn bis zwölf

Lieder gewöhnt, dass vieles, was darüber hinauswies, die Hörer überforderte oder langweilte oder beides. Man hatte damals das Gefühl, das zeitlich veränderte Albumformat verwässere ein bisschen. Die Kunst der Beschränkung war der Dienstleistung gewichen, möglichst viel Musik für das bezahlte Geld zu liefern.

Als sich die Musikkäufe allmählich vom physischen Tonträger zum virtuellen Download verlagerten, gingen immer mehr Hörer dazu über, statt ganzer Alben nur noch einzelne Songs zu kaufen, und durchkreuzten so die Idee des Albums als einer zusammenhängenden Erzählung mit einer vom Künstler ausgeklügelten Dramaturgie. Durch die Playlisten der Streamingdienste schließlich wurde ein über den einzelnen Song hinausgehender Werkcharakter vollkommen nivelliert. Die Popmusik war in gewisser Weise zu ihren Anfängen – der mit Singles verschiedener Künstler bestückten Jukebox – zurückgekehrt. Immer mehr Musiker veröffentlichen einzelne Tracks statt ganzer Alben.

Natürlich geht das zulasten der Aufmerksamkeitsspanne. Eine Playlist aus Hits gleicht einem Actionfilm, in dem sich die Special Effects und hochdramatischen Szenen, in denen es um Leben und Tod geht, nur so aneinanderreihen. Für subtile Schauspielkunst, charmante kleine Einfälle, komplexe Nebenhandlungen und ruhigere, besinnliche Momente ist da kein Platz. Das zeigt sich vor allem bei den für eine junge Zielgruppe bestimmten Veröffentlichungen.

Andererseits richtete sich das Albumformat, wenn man es ernst nahm und als ein konzeptionelles Werk begriff, wie es vermutlich als Erster Frank Sinatra auf *In The Wee Small Hours* von 1955 getan hat, an den »erwachsenen« und reflektierten Hörer. Noch immer gibt es Künstler aus unterschiedlichen Genres, die Lust an längeren Erzählungen haben und viel Arbeit für die Konzeption und Gestaltung ihrer Alben aufwenden. Der Rapper Kendrick Lamar tut das ebenso wie die studierte Harfenistin Joanna Newsom oder die ursprünglich aus der LoFi-Bewegung stammende Band The Mountain Goats um den Songwriter und – sicher kein Zufall – Romancier John Darnielle, der von der Bibel bis zum Wrestling schon zu allerlei seltsamen Phänomenen ein ganzes Album konzipiert hat.

Die Verlagerung ins Virtuelle und vom Kauf zum Streaming scheint auch für diese Künstler eine Chance, denn sie sind nicht mehr an die zufällige Länge von fünfzig (LP) oder inzwischen bis zu achtzig (CD) Minuten gebunden. Jeder kann seiner Erzählung die Länge geben, die diese verlangt, ohne sich Gedanken über Materialkosten oder Verkaufspreise zu machen. Von der Kurzgeschichte aus vier Songs über den Roman aus zwölf Liedern bis hin zum Epos aus fünfzig Stücken ist alles möglich. Es scheint aus heutiger Sicht allerdings eher unwahrscheinlich, dass sich ein neues Format entwickeln wird, das so einflussreich und bedeutsam ist, wie es das Album einst war, in dem sich die Interessen der Künstler, der Hörer und der Musikindustrie so wunderbar trafen.

Gibt es keine Genies mehr, oder warum haben Hits heute so viele Autoren?

Im Juli 2018 brach der kanadische Rapper Drake einen uralten Rekord aus dem Jahr 1964: Da hatten die Beatles die ersten fünf Plätze der US-Charts belegt. Drake schaffte es sogar mit sieben Stücken in diese Top Ten.

Natürlich lässt sich das eigentlich nicht vergleichen. Denn der Erfolg bemaß sich 1964 ausschließlich an Verkaufszahlen. 2018 fielen auch die Zugriffe über Streaming-Plattformen ins Gewicht. In anderer Hinsicht scheint ein Vergleich viel interessanter: Der Beatles-Song, der 1964 die Top Five anführte, »Can't Buy Me Love«, wurde, so steht es auf dem Label der Single, von John Lennon und Paul McCartney komponiert. Die Autorenzeile zu Drakes Nummer eins von 2018, »Nice For What«, ist ein wenig länger. Da stehen: Aubrey Graham, Shane Lindstrom, Shebib, Alan Bergman, Marilyn Bergman, Dennis Coles, Robert Diggs, Gary Grice, Marvin Hamlisch, Lamont Hawkins, Lauryn Hill, Jason Hunter, Russell Jones, Clifford Smith, Corey Woods, Orville Hall, Phillip Price, Glenshie Rowe, Byron Thomas und Bryan Williams. Zwanzig Komponisten also für einen einzigen

Song! Das ist zwar selbst für heutige Verhältnisse viel, aber die britische *Music Week* hat die hundert erfolgreichsten Songs des Jahres 2016 analysiert und festgestellt, dass tatsächlich dreizehn Prozent davon acht oder mehr Komponisten ausweisen, im Durchschnitt lag die Zahl der Autoren bei 4,53. Tendenz steigend. Was ist passiert?

Im Fall Drake ist es ziemlich einfach. Es handelt sich um ein Hip-Hop-Stück. In diesem Genre arbeiten die Künstler in der Regel mit Samples. In »Nice For What« hört man Auszüge aus Barbra Streisands »The Way We Were«, »Can It Be All So Simple« vom Wu-Tang Clan, »Ex-Factor« von Lauryn Hill und »Drag Rap« vom relativ unbekannten New Yorker Rap-Duo The Showboys. Jeder der Komponisten bekommt eine Nennung in der Autorenzeile, denn natürlich haben sie alle Copyright-Ansprüche, schließlich sind sie mehr oder weniger eindeutig zu hören. Bleiben noch die Namen Aubrey Graham, das ist der bürgerliche Name von Drake, und Shane Lindstrom, so heißt der Produzent Murda Beatz wirklich. Produzenten stehen mittlerweile häufig in der Autorenzeile, weil sie die Ästhetik und das Hitpotenzial eines Stücks wesentlich beeinflussen.

Das haben sie in Zeiten der Beatles natürlich auch schon getan. Ihr Produzent George Martin hatte wesentlichen Anteil an den Songs der großen vier. Bei »Can't Buy Me Love« etwa überzeugte er die Band, den Song mit dem Refrain zu beginnen und zu beenden, was in der ursprünglichen Komposition von Lennon/McCartney nicht vorgesehen war. Doch damals waren Produzenten einfach Angestellte der Plattenfirma, die ein Gehalt bekamen, um den Bands und vor allem dem Unternehmen zu helfen, die Songs optimal für die Charts zu präparieren. Heute sind viele Produzenten selbst Stars und verkaufen sich als Hitgaranten mit Ansprüchen auf Erfolgsbeteiligung. Auch George Harrison hätte, als Komponist des Gitarrensolos von »Can't Buy Me Love«, nach einem Hip-Hop-Verständnis vermutlich eine Autorenzeile bekommen, denn was ist ein Solo anderes als ein exklusiv eingespieltes Sample? Die Beats wiederum stammten bei den Beatles (meist) von Ringo Starr, und die gehören natürlich genauso zur Komposition wie ein Sample.

Den Begriff des Sampling gab es zwar in den Sechzigerjahren noch nicht, aber auch ein Song wie beispielsweise Bob Dylans »Subterranean Homesick Blues« von 1965 hat mindestens drei Quellen, aus denen der Songwriter, der allein in der Autorenzeile genannt wurde, sich bediente: Chuck Berrys Rock-'n'-Roll-Klassiker »Too Much Monkey Business«; das von den Folksängern Woody Guthrie und Pete Seeger (unter dem Pseudonym Paul Campbell) komponierte Stück »Taking It Easy« und den Roman des Beatnik-Dichters Jack Kerouac, *The Subterraneans*. Die könnten also nach Hip-Hop-Maßstäben als Mitkomponisten des Stücks ebenso genannt werden; genau wie der Produzent des Stücks, Tom Wilson, und die Band aus den Gitarristen Al Gorgoni, Kenny Rankins und Bruce Langhorne, den Bassisten Joseph Macho Jr. und William E. Lee und dem Schlagzeuger Bobby Gregg; vielleicht sogar noch die Produzenten von Chuck Berrys klanglich sehr ähnlichen Vorlage, Leonard und

Phil Chess. Das wäre Dylans Ruf als Originalgenie sicher nicht förderlich gewesen, aber Musik ist, gerade wenn sie von einer Band gespielt wird und sich zudem noch auf alte Formen bezieht, immer eine Teamarbeit. Heute wird dieses Team – allerdings wohl eher aus Angst vor Copyright-Klagen – mehr gewürdigt als früher.

Ein weiterer Grund für die Zunahme der Songautoren ist zudem, dass große Plattenfirmen bei kommerziell besonders vielversprechenden Projekten heute nicht mehr allein auf die Talente ihrer Stars wie Ed Sheeran oder Taylor Swift vertrauen, sondern professionelle Hitlieferanten wie den Schweden Max Martin oder den Amerikaner Ryan Tedder mit einbeziehen, um einerseits den Prozess zu beschleunigen und andererseits sicherzugehen, dass der Massengeschmack von den sensiblen Künstlerseelen nicht verfehlt wird. Manchmal werden zu diesem Zweck gar regelrechte Workshops mit mehreren professionellen Songwritern veranstaltet, die sich dann in unterschiedlichsten Kombinationen an einem Hit versuchen.

Es kommt auch vor, dass äußerst prominente Songwriter zu solchen Arbeitsgruppen zusammenfinden. So etwa der Hauptautor von »Can't Buy Me Love«, Paul McCartney, und der Hip-Hop-Produzent Kanye West. Sie trafen sich in einem zu einem Hotel in Beverly Hills gehörenden Bungalow, in dem Tontechniker vorsichtshalber ein paar Mikrofone aufgestellt hatten. »Ich dudelte nur ein bisschen auf der Gitarre rum, und Kanye verbrachte die meiste Zeit damit, sich Bilder von Kim (Kardashian, seine Frau) auf seinem Computer anzuschauen«, berichtete McCartney später in einem Interview dem Internet-Magazin *DIY*. »Und ich dachte mir: ›Wollen wir nicht mal allmählich mit dem Schreiben anfangen?‹ Aber es stellte sich heraus: Er hat die ganze Zeit geschrieben. So funktioniert seine Inspiration. Er hörte dieses Riff, das ich spielte, und wusste offensichtlich, dass er damit was anfangen konnte.« In der Tat nahm West sich einen kleinen Teil von McCartneys »Gedudel«, beschleunigte ihn ein bisschen, sodass selbst der Urheber es zunächst nicht wiedererkannte, ließ die R&B-Sängerin Rihanna dazu singen und bearbeitete alles mit einigen Freunden und Produzenten. So entstand der Hit »Four Five Seconds«. In der Autorenzeile stehen neben West und McCartney noch sieben andere Komponisten.

Doch nicht nur in der zeitgenössischen Popmusik wird die Zusammenarbeit auf diese Weise zelebriert. Das wusste Nick Lowe zu berichten, der britische Songwriter und mittlerweile Ex-Schwiegersohn von Johnny Cash, als ich ihn in seinem Reihenhaus im Londoner Vorort Brentford besuchte. Auf Vorschlag seines Songverlags fahre er regelmäßig in die amerikanische Countrymetropole Nashville, um dort mit professionellen Hitschreibern zu komponieren. »Man wird immer mit zwei anderen Songwritern in einen Raum gesetzt«, erklärte er mir. »Die Arbeitsweise ist wirklich sehr interessant. Einer der beiden ist jeweils sehr interessiert und freundlich, der andere einfach nur gelangweilt und unfreundlich. Meist beginnt alles mit Small Talk: ›Wann bist du gelandet?‹ Gestern Abend. ›Direkt aus London?‹ Ja. ›Wo haben sie dich untergebracht?‹ In dem und dem

Hotel. ›Hast du einigermaßen schlafen können?‹ Oh, nicht wirklich. Nebenan lief 'ne Party. ›Party nebenan, sagst du? Party in Zimmer … in welchem Zimmer bist du untergebracht?‹ Nummer 703. ›Party in Zimmer 703 dumm-di-dumm.‹ Und dann beginnt die Arbeit, man startet mit der Zeile, holt die Gitarren raus, und irgendwann schaltet sich der Unfreundliche ein, der am Computer alles mitgeschrieben hat, und sagt: ›Da ist 'ne Party in Zimmer 703‹, und reimt diese Zeile mit etwas, was man eine halbe Stunde zuvor gesagt hat. Und zwei Stunden später hat man plötzlich einen Song und denkt sich: ›Wie ist denn das jetzt passiert‹?« Manchmal lassen sich Wunder auch erzwingen.

Was ist ein Mood – und warum wird er das Genre obsolet machen?

Auf den Seiten dieses Buches werden viele Genres erläutert. Von Jazz über Rock bis R&B und Hip-Hop. Jedes hat seine spezifische Geschichte und seine formellen Merkmale, die Übergänge sind oft fließend, manchmal beliebig, doch die Einteilung hat sich zur besseren Orientierung bewährt. Selbst in der guten alten iTunes-Bibliothek gab es bis vor Kurzem noch einen Genre-Reiter, nach dem man seine Musik sortieren konnte, wenngleich die Einteilung immer ein wenig willkürlich und manchmal völlig irre erschien.

Mit der zunehmenden Popularität der Streamingdienste hat sich allerdings in Playlisten eine neue Form der Kategorisierung etabliert: Die Musik wird nach den Stimmungen eingeteilt, die sie bedient oder auslöst, nach Funktionen, die sie erfüllen kann, und nach Anlässen, für die sie das richtige Ambiente bietet. Es gibt Musik für das Fitness-Workout, zum Entspannen, zum Konzentrieren, für die Party, den Herbst, das Kaffeehaus – und da tummeln sich jeweils Lieder von Künstlern unterschiedlichster Popularität, Herkunft und Genrezugehörigkeit.

Das ist natürlich alles nicht neu. Ich erinnere mich beispielsweise, dass ich, als ich mit achtzehn Jahren unverantwortlicherweise in den Besitz eines Führerscheins gelangte, nichts Eiligeres zu tun hatte, als mir eine Kassette mit Autofahrmusik zusammenzustellen. Dort fanden sich neben besonders leichtgängigen, Geschwindigkeit und flüssiges Fahren repräsentierenden Stücken, wie etwa von der amerikanischen Jazzrock-Band Steely Dan, auch einige Countrysongs, die von Highways erzählten, dazu Kraftwerks »Autobahn«, Bruce Springsteens »Racing In The Street«, »Cars And Girls« der britischen Band Prefab Sprout sowie Stücke, die mögliche Beifahrer oder besser noch Beifahrerinnen durch Connaisseurtum oder Gefühligkeit beeindrucken sollten, wie beispielsweise »Are You Ready To Be Heartbroken« von Lloyd Cole & The Commotions.

Jeder hat Musik im Kopf, die zu bestimmten Situationen besonders gut passt, und schaut dabei nicht auf irgendwelche Genregrenzen. Andererseits ist es höchst unwahrscheinlich, dass irgendwann einmal ein Buch über die Geschichte der Fitness-Workout-Musik und die soziokulturellen Bedingungen ihrer Entstehung erscheinen wird, das es in seiner Bedeutung und seinem Gehalt beispielsweise mit Peter Guralnicks klassischem *Sweet Soul Music* aufnehmen kann. Genres sind viel, viel mehr als bloße Einteilungen. Sie erzählen etwas über die Tradition, in der sich Musiker verorten, über die Bezüge, die sie herstellen, und nicht selten auch den Ort der Entstehung.

Doch die globalisierte Unterhaltungskultur, in der Musik aller Stilrichtungen mehr oder weniger frei zugänglich ist, spiegelt sich sowohl in der Nutzung von Musik als auch in ihrer Produktion wider – beides wird vielfältiger und zugleich weniger spezifisch, bezieht sich weniger auf Orte und regionale Traditionen, sondern auf das große Ganze und das, was uns alle verbindet: Gefühle. Zwangsläufig tut es das auf eine Art, die mich an die ebenfalls längst globalisierten Fußgängerzonen vieler kleiner und mittelgroßer Städte erinnert. Alle wichtigen Ketten sind vorhanden, und man kriegt alles, was man braucht. Aber nichts ist mehr wirklich persönlich oder organisch gewachsen.

Aber da es nun mal ist, wie es ist, wird das weltweite Labeling und damit auch die Einteilung in Stimmungen in der Musik wohl eine immer größere Rolle spielen. Das heißt natürlich nicht, dass das Genre stirbt, dass es nicht weiterhin Musiker geben wird, die mit bestimmten Stilen und ihren Konventionen und Traditionen spielen, doch genauso gut gibt es eben Künstler, die sich in einem Song oder auf einem Album wie im Shuffle-Modus scheinbar zufällig und wahllos durch die Stile spielen, um schließlich mit ihren Stücken in möglichst vielen Playlists aufzutauchen.

Der amerikanische Musikkritiker Ben Ratcliff hat in seinem Buch *Every Song Ever* übrigens eine Möglichkeit aufgezeigt, wie sich das genreübergreifende Angebot von Streamingdiensten nutzen lässt, um tiefer in die Geschichte der populären Musik einzusteigen: Er ordnet Musikstücke nach formalen Merkmalen und gestalterischen Mitteln wie etwa Wiederholung, Langsamkeit, Virtuosität oder Raum und zeigt, wie diese zu unterschiedlichen Zeiten in verschiedenen Genres eingesetzt werden. So kann man sich etwa unter seiner Anleitung auf eine Rundreise begeben: vom Soul der Jackson 5 aus den Siebzigern über die in der zweiten Hälfte des neunzehnten Jahrhunderts entstandenen romantischen Werke des österreichischen Komponisten Anton Bruckner und die Loops des amerikanischen Ambientkomponisten William Basinski aus den Nullerjahren bis zu den legendären Aufnahmen des Bluesmusikers Robert Johnson von 1936/37. Und plötzlich ist die Musik nicht mehr beliebig, sondern etwas Besonderes, das uns alle durch Melodien und Rhythmen über die Zeiten miteinander verbindet (und nicht durch weltweite Netze von Bekleidungsgeschäften).

Brauchen wir noch Popjournalismus?

Als ich 2001 Redakteur bei der deutschen Ausgabe des *Rolling Stone* wurde, galt der erste Blick am Montagmorgen immer der am Wochenende erschienenen neuen Ausgabe des *New Musical Express*, kurz: *NME*. Nicht selten waren Bands auf dem Cover, von denen man noch nie gehört hatte, die aber in den folgenden Wochen oder sogar Monaten oder Jahren eine wichtige Rolle in der Popmusik spielen würden. Oft hatten sie nur eine oder zwei Singles veröffentlicht, aber den Titelzeilen nach zu urteilen, waren sie bereits die größte Sensation seit Elvis Presleys »Heartbreak Hotel«:

THE STROKES
WHY NEW YORK'S FINEST WILL CHANGE YOUR
LIVE – FOREVER

DETROIT ROCKS
THE WHITE STRIPES
THE SOUND OF NOW

COME ON ENGLAND!
THE LIBERTINES
WHY LONDON'S FINEST WILL ROCK YOUR SUMMER!

This band will change your life!
Meet Franz Ferdinand
And 2004s hottest, hippest and loudest!

What the world's been waiting for
ARCTIC MONKEYS
It's all kicking right off!

Selbst der eher konservativen Leserschaft des *Rolling Stone* konnte man zum Debütalbum des schottisch-bayrisch-englischen Quartetts Franz Ferdinand ein Heftcover mit der Band darauf präsentieren, weil der Wind, den der *NME* bereits gemacht hatte, auch schon die hiesigen Bahnhofskioske durchgepustet hatte. Der Name war etabliert.

Die Printausgabe des *NME* wurde im März 2018 eingestellt. Seine Relevanz hatte das Blatt, das die letzten drei Jahre als Gratisblatt auslag, da längst verloren. Denn die sogenannten Hypes, die eine Band überlebensgroß aufblasen und weltberühmt machen, passieren mittlerweile manchmal stündlich im Internet. Was aber auch dazu führt, dass ihre Halbwertszeit beträchtlich gesunken ist und es für neue Künstler schwieriger geworden ist, sich dauerhaft zu etablieren.

Aus den wenigen überlebenden Musikzeitschriften ist der Hype gänzlich verschwunden. Man setzt auf vertraute Gesichter, um die angestammte Leserschaft nicht zu verschrecken, und präsentiert die neuen aufregenden Themen im Innenteil. Dass sie das Leben der Leser verändern werden, behauptet niemand mehr. Dafür berichten die Feuilletons der großen Tages- und Wochenzeitungen – die in den Neunzigern höchstens mal Artikel von Greil Marcus oder hiesigen Edelfedern wie Willi Winkler zu einem neuen Bob-Dylan-Album abdruckten – nun verstärkt über Popmusik. Vermutlich hat das mit der Neubesetzung von Stellen mit jüngeren Journalisten zu tun, die oft mit den theorielastigen Texten der ebenfalls 2018 eingestellten Zeitschrift *Spex* aufgewachsen sind. Da aber im Feuilleton andere Gesetze gelten als bei einem subkulturellen Nischenmagazin, lässt sich das durch die Lektüre eines Pop-Magazins Erlernte nicht eins zu eins übertragen. Zunächst muss für längere Texte im Feuilleton eine gewisse Bekanntheit des jeweiligen Künstlers bei der breiten Leserschaft gewährleistet sein. Dann muss eine These her, um die ästhetische Besonderheit oder gesellschaftliche Relevanz der besprochenen Musik auszustellen und so einen Platz auf den Zeitungsseiten zu rechtfertigen, und diese These muss zudem auf von den Schlussredakteuren überprüfbaren Fakten beruhen.

Alles in allem findet durch das Abwandern der Popkritik ins Feuilleton also eine Aufwertung des Mainstreams statt. Junge Künstler werden nicht mehr durch pure Behauptung ihrer Grandiosität ins Rampenlicht geschubst. Es werden keine Randphänomene und Subkulturen mit theoretischem Besteck seziert. Stattdessen wird die kulturelle Bedeutung von Beyoncé und Jay-Z, Lady Gaga,

Helene Fischer und Rihanna analysiert, und die Erfolge dieser Künstler werden als Symptome bestimmter gesellschaftlicher Entwicklungen gedeutet.

Während die Popkritik also früher vor den Konsumenten herlief und ihnen zeigte, was aufregend war, läuft sie heute häufig hinterher und deutet, warum die Konsumenten etwas besonders aufregend finden. Die neuen Bands und Künstler werden mittlerweile nicht mehr auf bedruckten Seiten gemacht, sondern in den Weiten des Internets – durch geteilte Bilder, Videos und Songs. Als Konsument muss man allerdings sehr gut aufpassen, man muss überall zugleich sein und sich vor allem aus seiner eigenen Blase herausbewegen, um nichts zu verpassen. Oft helfen dann eigentlich nur noch die Sites und bedruckten Seiten der Musikmagazine, die die Hypes zwar nicht mehr machen, sie aber einen Moment länger festhalten und den überwältigenden Output ordnen und kommentieren sowie die ästhetisch und politisch herausfordernde Musik für interessierte Leser analysieren und aufbereiten.

Klingt logisch. Das Problem ist nur, dass es keine besondere Nachfrage nach Analysen und Kommentaren herausfordernder Musik mehr zu geben scheint. Man konsumiert sie einfach, weil man es eben kann, und schreibt im besten Fall seine eigene Meinung dazu in ein Chatfenster oder postet sie in den sozialen Medien.

Die Popkritik muss erst wieder auf sich aufmerksam machen. Das funktioniert nicht länger, indem sie fast ausschließlich in affirmativen Formen wie Interview und Künstlerporträt über aktuelle Veröffentlichungen berichtet und somit vor allem als Verlautbarungsorgan einer Industrie dient, wie es in den vergangenen Jahren verstärkt der Fall war. Verlautbaren und ihre Befindlichkeiten ausstellen können die Künstler ja über ihre sozialen Kanäle selbst, wie man am Beispiel von Taylor Swift sieht. Deshalb muss die Popkritik spitzer werden, muss sich von der Nähe zu Industrie und Künstler lösen und sich aus einer gesunden Distanz mit den Strukturen und Aussagen von Popmusik beschäftigen und – ähnlich wie die sozialen Medien – die Subjektivität der Empfindung und den sozialen Diskurs in den Vordergrund stellen. Sie muss Pop wieder verstärkt als Bedeutungszusammenhang erkennen, der über das Produkt hinausweist. Das wird ihr helfen, an Relevanz zu gewinnen, und zugleich der Popmusik die Bedeutung geben, die sie durch ihre ständige Verfügbarkeit zu verlieren droht. Die Hauptaufgabe wird allerdings sein, dafür die richtige Form und das richtige Medium zu finden. Momentan sieht es so aus, als könnte beispielsweise der dialogische Podcast der richtige Weg sein, um über Pop zu reden oder auf interessante Entwicklungen, auf seine subjektive und gesellschaftliche Relevanz hinzuweisen. Wie schon zuvor Zeitschriften und Blogs kann der Podcast die Diskussion unter Freunden nicht ersetzen, aber er kann sie neu anregen. Er kann helfen, wieder über Popmusik zu reden, anstatt sie nur zu hören.

Schreibt künstliche Intelligenz die besseren Popsongs?

So viel, wie in diesem Buch von der digitalen Technik die Rede war, die die Rezeption und Produktion von Musik nachhaltig verändert, die das physische Produkt (LP, CD) sowie die Präsenz einer Band und das Urteilsvermögen eines Kritikers obsolet macht, kann man sich gegen Ende schon mal fragen, ob es überhaupt noch Menschen braucht, um ein Musikstück zu komponieren.

Der amerikanische Autor und Pionier der künstlichen Intelligenz Ray Kurzweil schätzt, dass es spätestens im Jahr 2045 zu einem Bruch in der Menschheitsgeschichte kommen wird und wir bei der Frage, was der Mensch denn noch besser kann als die Maschine, allmählich ins Stocken geraten werden. Müssen wir die gute alte Metaphysik, die wir mit der Aufklärung abgelegt hatten, noch mal verstärkt hervorkramen? Geht es am Ende dann doch um die Fähigkeit, etwas zu erschaffen, aus dem – wie Nietzsche es formuliert – das »Uebernatürliche« tönt, also die menschliche Seele zum Vorschein kommt? Der chinesische Telekommunikationskonzern Huawei hat im

Februar 2019 in London eine von einer Maschine vollendete Version von Franz Schuberts unvollendeter Sinfonie in h-Moll aufführen lassen.

Tatsächlich klangen die zwei hinzugefügten, vom English Session Orchestra gespielten Sätze so, als habe die künstliche Intelligenz die musikalische DNA des mit einunddreißig Jahren verstorbenen österreichischen Komponisten in großen Teilen entschlüsselt. Allerdings hatte sie am Ende doch noch ein bisschen Hilfe gebraucht. Die »vielversprechenden Ansätze«, so hieß es, habe der amerikanische Filmkomponist Lucas Cantor noch bearbeiten müssen. Aber vermutlich ist es wirklich nur noch eine Frage der Zeit, bis wir neue Werke von künstlichen Schuberts, Mozarts oder Beethovens hören können oder müssen.

Der israelische Historiker Yuval Noah Harari schreibt in seinem Buch *21 Lektionen für das 21. Jahrhundert*, künstliche Intelligenz werde bald in der Lage sein, bessere Lieder zu schreiben, als jeder Mensch es könne. Denn man höre Songs, so seine Argumentation, um bestimmte Dinge zu fühlen, und künstliche Intelligenz werde bald in der Lage sein, den individuellen Geist abzubilden und Songs zu erstellen, die speziell auf uns zugeschnitten seien. Warum auch sollten Algorithmen, die bereits in der Lage sind, Musik nach bestimmten Moods auszuwählen, und die uns so unsere individuelle Playlist erstellen, nicht in Zukunft auch gleich selbst Musik komponieren können, die unsere Stimmungen und Gefühle intensiver und präziser bedient, als es das Werk eines anderen Menschen mit ganz anderen Vorlieben kann?

Der australische Songwriter Nick Cave glaubt allerdings, dass diese Argumentation ein wenig zu kurz gegriffen ist: »Natürlich wenden wir uns Songs zu, damit sie uns etwas fühlen lassen«, schreibt er auf seiner Website, »aber das ist nicht alles, was ein Song tut. Was ein großartiger Song uns fühlen lässt, ist Ehrfurcht. Dafür gibt es einen Grund. Das Gefühl der Ehrfurcht beruht fast ausschließlich auf unseren Einschränkungen als Menschen. Es hat mit unserer Kühnheit als Menschen zu tun, über unser Potenzial hinauszuwachsen.«

Die künstliche Intelligenz könne sicher ein Stück wie Nirvanas »Smells Like Teen Spirit« schreiben, so Cave, und eine ähnliche Rebellion und Erregung hervorrufen, aber wir würden beim Hören dieses Stücks ja noch etwas ganz anderes hören. Nämlich die Reise dieses von der eigenen Herkunft entfremdeten jungen Mannes (er meint Sänger/Gitarrist Kurt Cobain) ins Herz einer Generation, seine psychischen Probleme und den Schmerz, der durch seinen Körper aus seiner Seele zu uns dringe. Das kann die künstliche Intelligenz nicht liefern, denn sie kann nicht über die Beschränkungen des eigenen Lebens triumphieren und Schmerz in Kunst verwandeln.

Was uns fesselt und was der Musik ihre menschliche Wärme und Bedeutung gibt, sind also auch die Geschichten, die sich um sie ranken. Diese fehlen bei vielen seelenlosen und am Rechner entworfenen Produkten der Musikindustrie schon heute und werden naturgemäß auch den künstlich erzeugten Liedern fehlen, die uns wie eine synthetische Droge einen Moment lang berauschen können – doch in unserem Gedächtnis werden sie nicht bleiben. Denn der Mensch ist und bleibt ein Wesen, das von Geschichten lebt, egal ob sie in Bildern oder in Worten erzählt werden.

Wie sieht der Popstar der Zukunft aus?

Seit Andreas Cornelis van Kuijk aus dem niederländischen Breda, der sich nach seiner Emigration in die Vereinigten Staaten Thomas Andrew Parker nannte, den aber in der Unterhaltungsindustrie alle nur als den »Colonel« Parker kannten, 1956 den jungen Sänger Elvis Presley unter seine Fittiche genommen und ihn zum Weltstar gemacht hatte, wurde immer klarer, dass Marketing in der populären Musik weit mehr als die halbe Miete ist. Die Popgeschichte ist daher auch eine Geschichte der großen Manager: Brian Epstein schuf die Beatles, wie wir sie kennen, Albert Grossman sicherte Bob Dylan die künstlerische Freiheit, Jon Landau machte aus Bruce Springsteen die »Zukunft des Rock 'n' Roll«. Diese Männer steuerten das Image ihrer Schützlinge und ließen im besten Fall nur genau die Informationen an die Öffentlichkeit, die zu diesem Bild passten (auch der ein oder andere Skandal konnte da durchaus den Mythos nähren). Dazu bedienten sie sich jeweils des angesagten Massenmediums und des Formats der Stunde: Singles wurden im Radio promotet, Alben in Musikmagazinen analysiert, Videoclips im Fernsehen gezeigt.

In Zeiten, in denen jeder Mensch ständig eine Kamera bei sich trägt, in der Accounts gehackt und jede Aussage über die sozialen Medien schneller die Welt umrundet, als man »Gegendarstellung« sagen kann, scheint es auf den ersten Blick weitaus schwieriger, ein Image zu kontrollieren – andererseits sind die Stars nicht mehr darauf angewiesen, sich öffentlich jenseits ihrer eigenen Medienkanäle zu äußern. Sie müssen der Boulevardpresse und den Musikzeitschriften keine Geschichten mehr liefern, um in den Schlagzeilen zu bleiben, sie können die Schlagzeilen einfach selbst machen, ihre ganze Kommunikation nach Marketinggesichtspunkten streamlinen.

Das Medium der Stunde ist in diesem Moment, in dem ich das hier schreibe, das Bilderteilprogramm Instagram. Das Format, das dort beworben wird, ist keine Single, kein Album, kein Musikclip, sondern ein zu teilendes Bild (manchmal bewegt es sich). Der Popstar wird zum digitalen Cyborg (siehe auch das Britney-Spears-/Billie-Eilish-Kapitel), dem es vielleicht an Ecken und Kanten fehlt, der aber im besten Fall zum Vorbild für Selbstbestimmung werden kann.

Der nächste Schritt und sicher Idealfall für die Industrie wäre, so denkt man, ein programmierbarer Star, der ohne jeden menschlichen Starrsinn genau das ausführt, was man ihm sagt, und an vielen Orten zur gleichen Zeit sein könnte – ein Popstar im Zeitalter seiner technischen Reproduzierbarkeit. Das wäre ohne Probleme möglich, und zumindest in der japanischen Popkultur gibt es längst virtuelle Popstars wie etwa Hatsune Miku (der Name bedeutet übersetzt »erster Klang aus der Zukunft«), ein sechzehnjähriges Manga-Mädchen, das ursprünglich 2007 als Maskottchen für einen Softwarehersteller geschaffen wurde, eine eigene künstliche Stimme erhielt und von Usern mittels Software selbst animiert werden kann. Jeder Fan konnte aus ihr seinen eigenen Star machen – konsequenter kann man die Idee des Pop eigentlich nicht weiterdenken.

Auch in der westlichen Welt erhielt Hatsune Miku kurzzeitig einiges an Aufmerksamkeit, trat sogar als 3-D-Projektion im Vorprogramm der für ihre exzentrischen Inszenierungen bekannten Sängerin Lady Gaga auf. Aber letztendlich blieb sie ein Kuriosum, mit dem sich vor allem die Exotik der japanischen Popkultur illustrieren ließ. Man fragt sich auch – mit Nick Cave: Was soll's? Popstars aus Fleisch und Blut mit all ihren Ängsten und Träumen – dem ganz normalen Leben also – können uns einfach doch mehr geben.

In der westlichen Welt scheint dennoch ein gewisses Interesse vorhanden zu sein, mit der Hologramm-Technik verstorbene Popstars wie Elvis Presley oder den Rapper Tupac Shakur wieder auf die Bühne zu bringen. Vielleicht weil diese eine Geschichte hatten, die uns menschlicher erscheint als die der meisten noch lebenden Popstars aus Fleisch und Blut (und der virtuellen sowieso); weil sie zu einer Zeit Karriere machten, als das Popmarketing noch durchlässiger und mythenfreundlicher sein konnte; und weil man ihnen im Gegensatz zu ihren realen Nachfahren selbst in der technischen Reproduktion eine Aura andichten kann. Kann also gut sein, dass der Popstar der Zukunft aus der Vergangenheit kommt.

Wie werde ich Popexperte?

Pop ist überall, und jeder redet über ihn. Aber wie wird man von der eigenen Umgebung als der Experte erkannt, der man ist oder doch zumindest sein möchte? Folgende Schritte können helfen:

1. Rede bei Alben, die vor 2015 erschienen sind, von A- und B-Seiten, auch wenn du nur Streams hörst.
2. Überlege dir Argumentationen, warum Platten, die allgemein als Meisterwerk gelten, eigentlich vollkommen missglückt sind. Zum Beispiel *Sgt. Pepper's Lonely Hearts Club Band* von den Beatles, *Blue* von Joni Mitchell, *Born To Run* von Bruce Springsteen, *To Pimp A Butterfly* von Kendrick Lamar, *The Queen Is Dead* von The Smiths, *Horses* von Patti Smith.
3. Trage verwaschene Band-T-Shirts (welche Bands, ist egal).
4. Studiere die Werke von Künstlern, die von Kritikern verachtet werden. Überlege dir, warum sie eigentlich doch Genies sind. Zum Beispiel die Eagles, Chris de Burgh, Céline Dion, Hootie &

The Blowfish, Enya, Shania Twain, Justin Bieber, Ace of Base, Lionel Richie.

5. Analog dazu: Höre dir ein Album an, das unter Popkennern einen besonders schlechten Ruf hat, und denke dir eine Theorie dazu aus, warum es doch eigentlich ganz gut ist. Zum Beispiel *Their Satanic Majesties Request* von den Rolling Stones, *Tonight* von David Bowie, *Rattle & Hum* von U2, *Empire Burlesque* von Bob Dylan, *Dangerous* von Michael Jackson, *Hard Candy* von Madonna, irgendwas von Prince, das nach 1992 erschienen ist, oder fische einfach irgendein Album aus der Zwei-Euro-Grabbelkiste eines Secondhand-Plattenladens heraus.
6. Trage LPs in einer mit einer Plattenladenadresse bedruckten Jutetasche herum.
7. Schaue dir mindestens einmal im Monat im kleinsten Club deiner Stadt ein Konzert an und poste ein Foto davon in den sozialen Medien.
8. Suche dir einen obskuren Künstler, von dem die Welt (großenteils) noch nichts gehört hat, und rede begeistert und in Superlativen über ihn. Eine Möglichkeit: Plattenlabel wie Numero Uno oder Light In The Attic haben sich auf Wiederveröffentlichungen vergessener oder verkannter Künstler spezialisiert. Schau einfach mal in deren Katalog nach. Da wirst du sicher etwas Schönes finden.
9. Merke dir alle Gags aus Rob Reiners Rockband-Parodie *This Is Spinal Tap*.

10. Lass dich bei alldem nicht mit diesem Buch erwischen.

So oder so ähnlich funktioniert heute die Vermittlung von populärem Wissen: in pointierten sogenannten *Listicles* (eine Mischform aus Artikel und Liste), die etwa eine halbe Minute Unterhaltung bieten, um dann in den meisten Fällen komplett wieder vergessen zu werden. Dieses Buch sollte eine – hoffentlich unterhaltsamere – Alternative zu dieser Art von Popvermittlung bieten und zeigen, dass es sich lohnt, genauer hinzusehen, sich mit den Hintergründen und der Geschichte der Popmusik zu beschäftigen und damit letztlich auch immer mit uns selbst und der Welt, in der wir leben.

Wer sich näher mit den Songs beschäftigt, die sie oder er liebt, sich dank des Internets die nicht besonders große Mühe macht, mehr über ihre Herkunft und ihre Schöpfer zu erfahren, über die Haltungen und Ideologien, die damit verbunden sind, und sich mit Freunden real oder virtuell darüber austauscht, stößt nicht nur auf ein unglaubliches Reservoir an interessanten Geschichten, sondern automatisch auch auf musikalische Schätze – und das ohne die Hilfe von meist auf oberflächliche Kriterien und Statistiken geeichten Algorithmen.

Erst die aktive Beschäftigung, das Teilnehmen am Diskurs, stellt den Zusammenhang her, der aus einem Produkt der Unterhaltungsindustrie, das den Konsumenten berieselt, zerstreut und – wie Adorno es formulierte – verblendet, Popmusik macht. Der Horizont wird weiter, die Toleranz gegenüber Musik jenseits der eigenen Komfortzone wird größer, die Filterblase platzt, und man ist so frei, wie einen nur die Künste (es gibt ja zum Beispiel auch noch die Literatur, aber über die muss jemand anderes schreiben) machen können. Experte ist jeder, der diese Freiheiten zu nutzen weiß.

Und zu guter Letzt: Welches Lied soll man für die eigene Beerdigung auswählen?

Wie sehr sich viele Menschen mit Popsongs identifizieren, zeigt sich schon daran, dass sie sogar über den Tod hinaus mit ihnen planen und glauben, ein bestimmtes Lied könne ihren Freunden und ihrer Familie post mortem noch eine letzte Botschaft übermitteln oder eine bestimmte Erinnerung wachrufen. Deshalb halten sie fest, welches Lied auf ihrer eigenen Beerdigung erklingen soll.

Ein paarmal im Jahr treffe ich mich mit einer Gruppe von Freunden zu einer Art Musikkreis. Jeder der meist sehr langen Abende steht unter einem bestimmten Motto – fast immer ist es ein sehr allgemeines, sehr einfaches wie »Regen« oder »Straße« oder »Tiere« oder »Einkaufen« –, zu dem jeder drei Lieder mitbringen, vorspielen und erläutern muss. Keine eigenen Lieder, sondern welche aus der weiten Welt der Musik, die man im besten Fall auf Tonträgern mitbringt (mittlerweile sind bei uns auch Streams erlaubt).

Auch das Thema »Songs für die eigene Beerdigung« wurde mal als Motto für einen künftigen Abend diskutiert. Die eine Hälfte der Teilnehmer war davon hellauf begeistert und sprudelte vor Ideen förmlich über, weil sie sich die Frage nach der richtigen Begräbnisbeschallung sowieso schon lange gestellt hatten. Manche hatten sogar schon Listen angelegt und Mixtapes dazu aufgenommen. Die andere Hälfte schaute eher irritiert, fand das albern, unangemessen oder narzisstisch – vielleicht sogar beängstigend. Und so kam es nie dazu.

Ich war damals etwa Mitte zwanzig, gehörte aber zu denen, die sich mit dem Thema schon recht lange beschäftigt hatten. Ziemlich genau seit ich in den späten Achtzigerjahren als Messdiener bei einer Beerdigung für einen jungen Mann dabei war, der an einem regnerischen Sommertag mit seinem Motorrad von der Straße abgekommen war. Ich kannte ihn nicht persönlich. Aber an das auf dem sogenannten Totenzettel abgedruckte Foto kann ich mich immer noch erinnern. Unter einer dunklen gelockten Mähne schaute ein ernstes Gesicht mit dunklen Brauen und durchdringenden Augen hervor. Es war wohl ein Passfoto. Schon das erstaunte mich damals. Die Bildauswahl ließ vermuten, der Tod wäre ein fremdes Land, in das man nur einreisen konnte, wenn man seinen Ausweis dabeihatte. Die Eltern und Geschwister des Toten saßen in schwarze Anzüge, Blusen und Röcke gekleidet in der ersten Kirchenbank. Seine vornehmlich männlichen Freunde dahinter trugen schwarze Motorradkluft. Einige von ihnen hatten ihren Helm neben sich gelegt.

Als der Trauergottesdienst zu Ende war und die Leute ins Freie strömten, schallte aus einem auf der Orgelbühne platzierten Lautsprecher der Song »Stairway To Heaven« von Led Zeppelin. Das Lied passte durchaus irgendwie zum Anlass. Es ist ja – zumindest zu Beginn – getragen, fast sakral, und handelt von allerlei Mythischem, nicht zuletzt vom Himmel, der ja bei einer Beerdigung in einer christlichen Kirche quasi in der Luft liegt. Ich nehme an, die Freunde des Verstorbenen, die dieses Lied ausgewählt hatten, hatten das auch bedacht. Vielleicht waren Led Zeppelin auch eine der Lieblingsbands ihres Freundes, oder er hatte eine besondere Bindung vor allem zu *diesem* Lied. Aber irgendetwas störte mich damals daran. »Warum«, so dachte ich, »sucht man einen Song über den gottverdammten Himmel aus, um an ein Leben im Irdischen zu erinnern?«

Als der australische Musiker Grant McLennan – dessen Werk ich sehr liebe und mit dem ich wie erwähnt durch eine Verkettung glücklicher Zufälle persönlich ein wenig bekannt war – Anfang Mai 2006 völlig unerwartet im Alter von achtundvierzig Jahren starb, trudelten gerade die Gäste für seine Wohnungseinweihungsparty ein, die er an jenem Tag ausrichten wollte. So wurde aus der Feier eine Art Totenwache. Irgendwie ist das bei aller Tragik eine schöne Vorstellung. Ein Freund von mir flog sechs Tage später zur Beerdigung nach Brisbane, und alle, die er dort traf, redeten von jenem tragischen und doch seltsamerweise auch tröstlichen Abend.

Als die Trauergemeinde die Kathedrale verließ, in der der Gottesdienst stattgefunden hatte, erklang laut der Song »I'm A Believer«. Ein fröhliches Liedchen, das von jemandem handelt, der seine große Liebe gefunden hat.

Geschrieben hat es in den Sechzigern der Songwriter, Sänger und spätere Weltstar Neil Diamond für die Fernsehserie *The Monkees* – die wiederum von einer Band handelte, die den Beatles nachempfunden war. Allerdings so, wie die Beatles im Film *A Hard Day's Night* erschienen. Einer Art Comedy-Version der Beatles also. Und so war »I'm A Believer« kein bedeutungsschwangeres Lied über Abschied und Tod, Gott und Himmel, sondern ein leichter und beschwingter Popsong. Zudem war es eines von Grants Lieblingsliedern. Jeder konnte sich vorstellen, wie der tote Freund grinste, wenn er diesen Song hörte. Und in den Anfangszeilen »I thought love was only true in fairy tales / Meant for someone else but not for me« steckte auch die Melancholie, die ihn zeit seines Lebens umgab.

Dieses Lied zu hören, war ein bisschen so, als würde man ihn persönlich treffen. Die Trauernden mussten lachen, als der Song erklang, vielleicht weil er so lebensbejahend und auch ein bisschen albern war, sicher aber vor allem, weil das Wesen ihres Freundes darin aufgehoben war. Doch als ihnen wieder einfiel, wo sie gerade waren, traf es sie – das konnte man auf ihren Gesichtern ablesen – wie ein Blitz, und auf ihr kurzes Auflachen folgten ein tiefes Schlucken und ein paar Tränen. »I'm A Believer« war geradezu perfekt als Erinnerung an ein Leben und die Trauer um sein Ende. Und genau nach so einem Lied sollte man suchen, wenn man an einen Verstorbenen oder – ja, ein bisschen narzisstisch ist es wohl schon – an *sich selbst* als Verstorbenen erinnern will.

Auswahlbibliografie

Albertine, Viv: *A Typical Girl*. Suhrkamp Verlag, Berlin 2016.

Balzer, Jens: *Pop – Ein Panorama der Gegenwart*. Rowohlt Berlin, Berlin 2016.

Bangs, Lester: *Psychotic Reactions And Carburetor Dung*. Anchor Press, New York City 1987.

Behrendt, Hans-Joachim / Husemann, Günther: *Das Jazzbuch – Von New Orleans bis ins 21. Jahrhundert*. Fischer Verlag, Frankfurt 2007.

Bostridge, Ian: *A Singer's Notebook*. Faber and Faber, London 2011.

Bostridge, Ian: *Schuberts Winterreise – Lieder von Liebe und Schmerz*. C. H. Beck, München 2015.

Bruckmaier, Karl: *The Story of Pop*. Heyne, München 2015.

Burchill, Julie: *Julie Burchill über Prince / Pop / Elvis / Kommunismus / Madonna / Hausfrauen / Annie Lennox / Feminismus / Michael Jackson / USA / Sade / Die Pille / Lennon / Fußball / Heuschrecken u. a.* Kiepenheuer & Witsch, Köln 1987.

Byrne, David: *How Music Works*. Canongate, Edinburgh 2013.

Bourdieu, Pierre: *Die feinen Unterschiede – Kritik der gesellschaftlichen Urteilskraft*. Suhrkamp Verlag, Frankfurt 1987.

Cope, Julian: *Krautrocksampler – One Head's Guide to the Great Kosmische Musik*. Head Heritage, London 1995.

Denk, Felix / von Thülen, Sven: *Der Klang der Familie – Berlin. Techno und die Wende*. Suhrkamp Verlag, Berlin 2014.

Diederichsen, Diedrich: *Sexbeat*. Kiepenheuer & Witsch, Köln 2005.

Diederichsen, Diedrich: *Freiheit macht arm – Das Leben nach Rock 'n' Roll, 1990–93*. Kiepenheuer & Witsch, Köln 1993.

Diederichsen, Diedrich: *Politische Korrekturen*. Kiepenheuer & Witsch, Köln 1996.

Diederichsen, Diedrich: *Der lange Weg nach Mitte – Der Sound und die Stadt*. Kiepenheuer & Witsch, Köln 1999.

Diederichsen, Diedrich: *Über Pop-Musik*. Kiepenheuer & Witsch, Köln 2014.

Fisher, Mark: *Gespenster meines Lebens – Depression, Hauntology und die verlorene Zukunft*. Edition Tiamat, Berlin 2015.

Forster, Robert: *Grant und ich – The Go-Betweens und die Geschichte einer außergewöhnlichen Freundschaft*. Heyne Encore, München 2017.

Haraway, Donna J.: *Manifestly Haraway*. University of Minnesota Press, Minneapolis 2016.

Harari, Yuval Noah: *21 Lektionen für das 21. Jahrhundert.* C. H. Beck, München 2019.

Holert, Tom / Terkessidis, Mark: *Mainstream der Minderheiten – Pop in der Kontrollgesellschaft.* Edition ID-Archiv, Berlin 1996.

Jackson, Andrew Grant: *1965 – The Most Revolutionary Year In Music.* St Martin's Press, New York City 2015.

Lewisohn, Mark: *All These Years, Volume 1 – Tune In.* Little Brown, Boston 2013.

Lewisohn, Mark: *The Complete Beatles Recording Sessions – The Official Story of the Abbey Road Years, 1962 – 1970.* Three Rivers Press, New York City 1990.

McGregor, Neil: *Deutschland – Erinnerungen einer Nation.* C. H. Beck, München 2015.

Marcus, Greil: *Mystery Train – Der Traum von Amerika in Liedern der Rockmusik.* Rowohlt, Reinbek bei Hamburg 1981.

Marcus, Greil: *Lipstick traces – Von Dada bis Punk – Kulturelle Avantgarden und ihre Wege aus dem 20. Jahrhundert.* Rogner und Bernhard bei Zweitausendeins, Hamburg 1992.

Marcus, Greil: *Dead Elvis – Die Legende lebt.* Hannibal, St. Andrä-Wördern 1997.

Marcus, Greil: *Basement Blues – Bob Dylan und das alte, unheimliche Amerika.* Rogner und Bernhard bei Zweitausendeins, Hamburg 1998.

Marcus, Greil: *Bob Dylans Like A Rolling Stone – Die Biographie eines Songs.* Kiepenheuer & Witsch, Köln 2005.

Marcus, Greil: *Die Geschichte des Rock 'n' Roll in zehn Songs*. Reclam, Stuttgart 2016.
Nietzsche, Friedrich: *Die Geburt der Tragödie aus dem Geiste der Musik*. Insel Verlag, Frankfurt 2000.
Ondaatje, Michael: *Coming Through Slaughter*. Bloomsbury, London 2004.
Patterson, Sylvia: *I'm Not With The Band – A Writer's Life Lost in Music*. Sphere Books, London 2016.
Powers, Ann: *Good Booty – Love and Sex, Black and White, Body and Soul in American Music*. Dey Street Books, New York City 2017.
Ratcliff, Ben: *Every Song Ever – Twenty Ways to Listen in an Age Musical Plenty*. Farrar, Straus and Giroux, New York 2016.
Reynolds, Simon / Press, Joy: *Sex Revolts – Gender, Rock und Rebellion*. Ventil Verlag, Mainz 2019.
Reynolds, Simon: *Rip It Up and Start Again – Schmeiß alles hin und fang neu an*. Hannibal, Höfen 2007.
Reynolds, Simon: *Retromania – Warum Pop nicht von seiner Vergangenheit lassen kann*. Ventil Verlag, Mainz 2012.
Ross, Alex: *The Rest is Noise – Das 20. Jahrhundert hören*. Piper Verlag, München 2009.
Ross, Alex: *Listen To This*. Farrar, Straus and Giroux, New York 2010.
Seeßlen, Georg: *Is This The End? – Pop zwischen Befreiung und Unterdrückung*. Edition Tiamat, Berlin 2018.
Seidel, Wolfgang: *Wir müssen hier raus! Krautrock, Free Beat, Reeducation*. Ventil Verlag, Mainz 2016.

Sichtermann, Kai / Johler, Jens / Stahl, Christian: *Keine Macht für Niemand – Die Geschichte der Ton Steine Scherben*. Schwarzkopf & Schwarzkopf Verlag, Berlin 2008.

Stanley, Bob: *Yeah Yeah Yeah – The Story of Modern Pop*. Faber & Faber, London 2013.

Thompson, Ahmir »Questlove« / Greenman, Ben: *Mo' Meta Blues – The World According To Questlove*. Grand Central, New York City 2015.

Tosches, Nick: *Where Dead Voices Gather*. Back Bay Books, Boston 2006.

Tweedy, Jeff: *Let's Go (So We Can Get Back) – A Memoir of Recording and Discording with Wilco, Etc*. Dutton, New York City 2018.

Wald, Elijah: *Dylan Goes Electric! Newport, Seeger, Dylan, and the Night That Split the Sixties*. Dey Street Books, New York City 2015.

Wald, Elijah: *How the Beatles Destroyed Rock 'n' Roll – An Alternative History of American Popular Music*. Oxford University Press, Oxford 2009.

Wald, Elijah: *Global Minstrels – Voices of World Music*. Routledge, Abingdon-on-Thames 2006.

Wald, Elijah: *Escaping The Delta – Robert Johnson and the Invention of the Blues*. Amistad, New York City 2005.

Einige der hier versammelten Texte sind in Auszügen und Vorstufen in der deutschen Ausgabe des *Rolling Stone* erschienen. Der Text zur Rolle Deutschlands in der Popmusik basiert zu großen Teilen auf meinem Buch *I've Been Looking For Frieden – Eine deutsche Geschichte in zehn Songs*, das 2018 bei Penguin erschienen ist.

Dank & Diebstahl

Mein Verständnis von dem, was Popmusik ist und sein kann, ist von der jahrzehntelangen Lektüre von Zeitschriften wie *Rolling Stone*, *Spex*, *NME*, *Intro*, *The Wire*, *Mojo*, *Uncut*, *Q*, *Smash Hits* und zahlreichen Online-Angeboten wie etwa *Pitchfork* und dem popmusikalisch versierten britischen *Guardian* geprägt. Vieles von dem, was ich dort gelernt habe, ist hoffentlich in der ein oder anderen Form auf den Seiten dieses Buches zu finden. Danke an all die wundervollen, klugen, versnobten, unverständlichen und grässlichen Autoren!

Auch die zahllosen Interviews, die ich in den vergangenen zwei Jahrzehnten mit Musik-, Film- und Literaturschaffenden führen konnte, dürften auf den vorhergehenden Seiten ihre Spuren hinterlassen haben – und mehr noch die Gespräche mit klugen musikbegeisterten Freunden und Kollegen. Erwähnt seien Daniel Wichmann (der als Agent zudem eine entscheidende Rolle bei der Entstehung dieses Buches spielte), Oliver Bürenkemper, Robert Rotifer, Matti Sander, Patrick Schwieghusen, Philipp Wernsmann, Lena Lindenbauer, Andre Suhr, Thomas Düllo, Max Gösche, Fabian Peltsch, Birgit Fuß,

Arne Willander, Sebastian Zabel, Ralf Niemczyk, Klaus Kalaß, Walter Schönauer, Sassan Niasseri, Mark Vetter, Eric Pfeil, Bernard MacMahon, Allison McGourty, Alena Struzh, Joachim Hentschel, Torsten Groß, Jan Lankisch, Naomi-Webster Grundl, Jan Wigger, Robert Forster, Ekki Maas, Hanns Peter Bushoff, Alfred Goubran, Tom Liwa, Max Kühlem, Christine Weber, Robert Mattheis, Jerr Leger, Bernd Gockel, Rainer Schmidt, Michael »Stootsie« Steinitz, Daniel Koch, Martin Väterlein, Stephan Mensger, Andreas Müller, Nadine Lange, Christian Schröder, Kai Müller, Gerrit Bartels, Jens Balzer, Kurt Dahlke, Arsalan Mohammad, Oliver Schwesig und vor allem Mila Walasek. Danke euch allen und allen anderen, die ich vergessen habe (Tschuldigung)!

Mein besonderer Dank für Ideen und Kritik gilt Julia Friese, die einen großen Anteil an diesem Buch hat.

Danke auch an meinen Lektor Jürgen Teipel, der nicht nur das Verschwurbelte verständlich und das Schwere leicht machte, sondern als Popexperte viele Anregungen gab, und an Britta Claus von Penguin, die sich auch von Pop-Nerd-Argumenten nicht schrecken und manchmal sogar überzeugen ließ.

Lesen Sie weiter >>

Leseprobe

Das Mixtape zur deutschen Geschichte

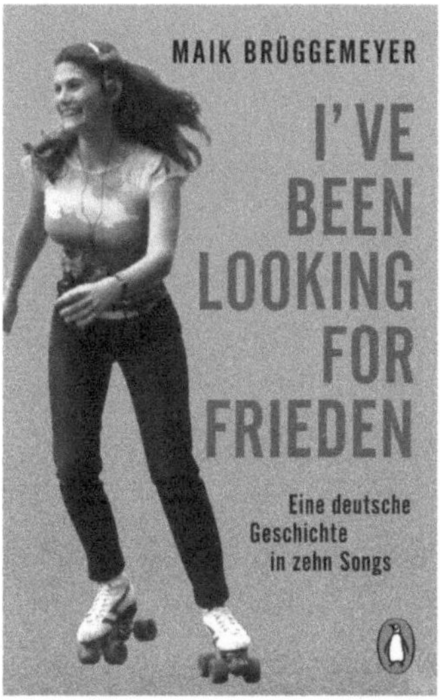

Popsongs erzählen Geschichten: von der ersten Liebe, dem ersten Rausch und der ersten eigenen Wohnung. Und manchmal auch die Geschichte eines ganzen Landes und seiner Bewohner, ihrer Ängste und Sehnsüchte. Maik Brüggemeyer hat zehn Songs ausgewählt, in denen sich die wichtigsten Momente der deutschen Geschichte spiegeln. Sie erzählen von der Italiensehnsucht der Fünfzigerjahre über die 99 Luftballons des Kalten Krieges bis hin zu der sommermärchenhaften Erkenntnis, dass dieser Weg wohl kein leichter sein wird. Und damit zugleich von Schuld und Rebellion, Tanz und harter Arbeit, Terror und einer friedlichen Revolution.

Einleitung
Es riecht nach gewaschenen Autos, nach Bratkartoffeln und enttäuschter Hoffnung
Wie ein Land sich in seinen Liedern spiegelt

Als Kind ist es einem völlig egal, wo man lebt. Man weiß nichts von Vierteln, Städten, Ländern oder Kontinenten. Mir wurde erst im Alter von sechs Jahren bewusst, dass ich in einem Land zu Hause war, das »Deutschland« hieß, und dass dieses Land eine Vergangenheit hatte, von der man immer noch sprach und die somit wohl noch gar nicht so ganz vergangen war. Denn auf einmal redeten mein Vater und mein Großvater bei jeder Gelegenheit über »die Deutschen« oder »Deutschland«, die »deutsche Nationalmannschaft« oder »unsere deutsche Mannschaft«, oft in Verbindung mit mysteriösen Ereignissen wie der »Schmach von Córdoba« und dem »Wunder von Bern«, dazu fielen Namen wie Fischer, Förster und Müller – einige Kinder in der sogenannten roten Gruppe im Kindergarten, der ich die vergangenen zwei Jahre angehört hatte, hießen ebenfalls so. Es war der Sommer 1982, in Spanien fand die Fußball-Weltmeisterschaft statt.

Ich durfte die erste Halbzeit des Finales im Fernsehen anschauen, weil mein Vater meinte, das sei wichtig. Deutschland spielte gegen Italien. Die Partie begann mit zwei Liedern. Eines klang so leicht und beschwingt wie die Musik, die die Feuerwehrkapelle unseres Dorfes während des Schützenfestumzugs spielte (nur ein bisschen komplizierter), und wurde von den Spielern in den blauen Trikots und weißen Hosen lauthals mitgesungen. Das andere erinnerte mich an die Marschmusik, die mein Großvater manchmal hörte, war schwer und getragen, und niemand sang mit. Das sei die deutsche Nationalhymne, erklärte mein Vater, und Opa meinte, er komme da jedes Mal mit den Strophen durcheinander und singe deshalb auch nie mit.

Ich fand das alles nicht sonderlich interessant; ich mochte das Lied »Skandal im Sperrbezirk« der Spider Murphy Gang, das ich auswendig kannte, aber nicht laut singen durfte, weil meine Mutter meinte, das gehöre sich nicht (warum, erklärte sie mir allerdings nie; ebenso blieb sie die Auskunft schuldig, wer oder was denn diese »Nutten« waren, von denen dort gesungen wurde und die sich vor der großen Stadt »die Füße platt« standen).

Als das Spiel losging, faszinierte mich vor allem der Torwart der Italiener, weil er mich an Mister Spock aus der Fernsehserie *Raumschiff Enterprise* erinnerte. Außerdem mochte ich einen von »unseren« Stürmern, weil der so lustige O-Beine hatte und wohl deshalb wie der betagte Dackel unserer Nachbarn lief (und seltsamerweise auch so schaute). Mein Vater meinte schon nach einer Viertelstunde, der müsse dringend ausgewechselt werden. Ich fragte ihn, bei welchem Verein mein neuer Lieblingsspieler denn spiele. »Der spielt bei Köln«, sagte er und fügte für mich vollkommen unergründlich hinzu: »Ein Geißbock.« »Dann bin ich ab jetzt Köln-Fan und auch ein Geißbock«, erklärte ich daraufhin, und mein Vater meinte, dass man in unserer Gegend eigentlich Dortmund- oder – »Gott behüte!« – Schalke-Fan sei, dass Köln aber auch in Ordnung wäre.

Von da an schaute ich mir im Fernsehen alles an, was mit Köln zu tun hatte – die Karnevalsumzüge, das volkstümliche Millowitsch-Theater und natürlich die *Sportschau*, bei der ich jeden Samstag mit »Litti« mitfieberte, so nannte man den kleinen säbelbeinigen Stürmer, dessen vollständiger Name nicht wie der eines meiner Kindergartenfreunde klang, sondern wie eine eigentümliche Mischung aus jenem trottelig-liebenswerten französischen Komiker, den ich so mochte, und dem polnischen Schuster im Nachbardorf. Pierre Littbarski. Er stammte auch gar nicht aus Köln, sondern – wie ich schließlich dem Fußballstickeralbum von Christian aus der 1b entnahm – aus Berlin, West-Berlin, um genau zu sein. West-Berlin (damals im Gegensatz zu Westdeutschland meist mit Bindestrich geschrieben; es war alles sehr kompliziert) war weit weg, und da kam man nicht ohne Weiteres hin, weil man da durch ein anderes Land fahren musste, das kurioserweise ebenfalls Deutschland hieß, wie mein Vater mir erklärte. Doch nach Köln könnten wir für ein Fußballspiel schon mal fahren.

Als ich dann tatsächlich im Müngersdorfer Stadion auf der Gegengerade saß, musizierte vor dem Spiel auf dem Rasen eine Band, die sich Bläck Fööss nannte, was erstaunlicherweise die *nackten* und nicht etwa die *schwarzen* Füße hieß. Ich war hin und weg, weil alle Fans aus vollen Kehlen mitsangen, wie ich das bisher nur an Ostern oder Weihnachten in der Kirche erlebt hatte. Das Lied hieß »En unserem Veedel« und wäre, so dachte ich, eigentlich die bessere Nationalhymne, weil es davon handelte, dass die Welt nur schön sein kann, wenn man sie sich zusammen schön macht und einander in schwierigen Zeiten hilft. Da war jede Strophe irgendwie gut, auch wenn ich nur die Hälfte verstand.

Es dauerte Jahre, bis ich im Geschichtsunterricht lernte, dass es in der Nationalhymne um etwas ganz Ähnliches ging – »Einigkeit und Recht und Freiheit / für das deutsche Vaterland! / Danach lasst uns alle streben / brüderlich mit Herz und Hand!« – und dass es einen Staat namens Deutschland noch nicht gegeben hatte, als der Dichter August Heinrich Hoffmann aus dem niedersächsischen Fallersleben diesen Text 1842 während einer Helgolandreise zur Melodie von Joseph Haydns »Gott erhalte Franz den Kaiser« geschrieben hatte, ja, dass er mit seinem »Lied der Deutschen« die Deutsch sprechenden Menschen gegen ihre Feinde vereinen wollte und außerdem auch »Alle Vögel sind schon da«, »Ein Männlein steht im Walde« und »Morgen kommt der Weihnachtsmann« gedichtet hatte.

Als ich das erfuhr, hatte ich bereits eine weitere Band aus Köln entdeckt, deren Lieder bei den Partys in unserem Jugendheim gern aufgelegt wurden. In einem erzählte der Sänger – mein Verständnis der Mundart war mittlerweile gut genug, um das nachvollziehen zu können –, wie er das Grab seines Vaters besuchte, mit dem er sich wohl zu dessen Lebzeiten nicht besonders gut verstanden hatte. Ein anderes war schwerer zu entschlüsseln, es hieß »Kristallnaach«:

Et kütt vüür, dat ich mein, dat jet klirrt,
dat sich irjendjet enn mich verirrt.
E' Jeräusch, nit ens laut,
manchmohl klirrt et vertraut,
Selden su, dat mer't direk durchschaut.
Mer weed wach, rief die Auren un sieht
enn 'nem Bild zweschen Breughel un Bosch
kei Minsch, dä öm Sirene jet jitt,
weil Entwarnung nur halv su vill koss.
Et rüsch noh Kristallnaach.

Breughel und Bosch fand ich in unserem Knaur-Lexikon. Das waren niederländische Maler zur Zeit der Renaissance gewesen. »Kristallnaach« war da seltsamerweise nicht verzeichnet, schon gar nicht in dieser Schreibweise (bei nochmaliger Durchsicht des mittlerweile vergilbten und beim Aufschlagen ein staubiges Bouquet verströmenden Buches stelle ich nun fest, dass ich nicht unter »K« wie

»Kristallnacht«, sondern unter »R« wie »Reichskristallnacht« hätte suchen müssen). Die Mutter eines Freundes erklärte mir, was das Wort bedeutete: Deutsche hatten ein halbes Jahrhundert zuvor eines Nachts die Fensterscheiben anderer Deutscher, die eigentlich an den gleichen Gott glaubten, nur irgendwie anders, eingeschlagen, sie gefangen genommen und viele von ihnen ermordet, ihre Läden geplündert, ihre Kirchen, die sie Synagogen nannten, angezündet und ihre Friedhöfe geschändet. Und das war erst der Anfang einer dunklen Zeit gewesen, über die inzwischen niemand gerne sprach. Kein Wunder, dass wir uns im Geschichtsunterricht immer noch mit den langweiligen alten Fuggern aufhielten. Es gab nicht nur das »Wunder von Bern« und die »Schmach von Córdoba«, es gab noch eine andere deutsche Geschichte. Und wenn man diesem Lied glauben durfte, war der Rauch der brennenden Synagogen noch immer zu riechen, und Menschen, die so dachten wie die Mörder und Brandstifter vor einem halben Jahrhundert, kamen langsam wieder aus ihren Verstecken hervor.

Über so was konnte man tatsächlich ein Lied schreiben. Und man konnte es sogar mitsingen und dazu tanzen. Im Jugendheim in Hörstel-Riesenbeck. Und BAPs »Kristallnaach« war nicht das einzige Lied, zu dem die Leute tanzten und das von dem Land handelte, in dem wir alle lebten. Ein Sänger mit heiserer Stimme, der sich Rio Reiser nannte, sang davon, was er tun würde, wenn er König oder wenigstens Kanzler von Deutschland wäre:

Ich denk mir, was der Kohl da kann, das kann ich auch,
ich würd' Vivaldi hörn tagein tagaus,
ich käm' viel rum, würd' nach USA reisen,
Ronny mal wie Waldi in die Waden beißen.

Auch in diesem auf den ersten Blick eher leichten und komischen Song war etwas über die Geschichte und die Mentalität dieses Landes aufgehoben, fand sich – wie ich heute weiß – die deutsche Gemütlichkeit und Lethargie unter dem Kanzler Helmut Kohl und die Forderung nach einer Emanzipation vom großen Bruder im Westen und seinem konservativen Präsidenten Ronald Reagan.

Und dann fiel mitten in meiner bundesdeutschen Jugend die Mauer, und bei Partys im Jugendheim lag man sich in den Armen, wenn zwischen »Kristallnaach« und »51st State« von New Model Army Marius Müller-Westernhagens »Freiheit« erklang: »Alle die von Freiheit träumen, sollen's Feiern nicht versäumen«, grölte der dünne Mann. Und von Freiheit träumten wir schließlich alle. Denn wenn wir nicht gerade feierten, heimlich unsere ersten Biere tranken oder die Draufgängerischen von uns sich mit den komplexen Verschlussvorrichtungen der in vielen Fällen noch relativ funktionslosen Büstenhalter unserer Mitschülerinnen beschäftigten, fühlten wir uns wie Gefangene – im eigenen Körper, im Elternhaus, in der Biederkeit und Beschränktheit unseres Dorfes.

Wir hatten erste Ausbruchsfantasien, die aber erst ein

junger Mann, der quasi aus der Nachbarschaft kam, nämlich aus Ostwestfalen, mit einer hellen, wütenden Chorknabenstimme auf den Punkt brachte. Er war Sänger einer in Hamburg lebenden Band, die sich nach einer Erzählung von Franz Kafka Blumfeld nannte. Ihre erste Single hatte den mein jugendliches Herz treffenden Titel »Ghettowelt«. Noch besser war aber der Titelsong der ein paar Monate später erschienenen LP *Ich-Maschine:*

Zurück zum Haus
zwischen den Gleisen und dem Garten,
in dem die Apfelbäume warten, auf die ich kletterte,
mich vor Erdanziehung rettete, bis jemand rief
und ich dann in die Küche lief auf meinen Platz,
den ich verließ wie einen Glauben,
wie die Klassenzimmer, Sportplätze, Partykeller,
Sicherheitszonen, geschaffen von Eltern
und Menschen, die in Luftschutzbunkern wohnen,
in denen du sonst nichts vermisst außer dir selbst,
und sobald du dich fragst, wer das ist,
und ob du dich fragst, wer das ist,
und ob du dir so, wie du bist, gefällst,
wird das der Moment, in dem du das Gebäude verlässt,
mit ihm einen Berg von Leichen, deine,
ich sah meine auf den Schienen bei gestellten Weichen
ein letztes Mal die Köpfe schüttelnd liegen
und fuhr fort und drüber weg.

Auch der ebenfalls aus Ostwestfalen stammende Songwriter Bernd Begemann wollte ausbrechen, den sauberen Fußgängerzonen, den Gemütlichkeiten und Gemeinheiten der Kleinstädte entkommen. »Und heute Nacht liege ich wach, denn Deutschland dröhnt und droht, Deutschland stöhnt und schont niemanden, der es bewohnt«, sang er in einem Lied mit dem Titel »Deutsche Hymne (Ohne Refrain)«, und natürlich erinnerte das an den Eingangsvers von Heinrich Heines »Nachtgedanken« aus dem Deutschunterricht – »Denk ich an Deutschland in der Nacht, dann bin ich um den Schlaf gebracht« –, in dem der Dichter sich allerdings nicht etwa um das Land sorgte, das er 1831 (durchaus aus Frust über die politischen und gesellschaftlichen Verhältnisse und vor allem über die Diskriminierungen, denen er sich als Jude zu jener Zeit ausgesetzt sah) verlassen hatte, sondern um seine alte Mutter, die er seit seiner Emigration nach Paris nicht mehr gesehen hatte und mit der er sich Briefe schrieb.

Begemann hatte Deutschland nicht verlassen. Er war zwar von Bad Salzuflen nach Hamburg gezogen, kehrte aber in diesem Lied in die Provinz zurück:

> Der Wind in unserer Siedlung
> hat einen eigenen Geruch,
> man kann ihn lesen wie ein Buch.
> Es riecht nach gewaschenen Autos,
> nach Bratkartoffeln

und enttäuschter Hoffnung,
nach frisch ausgepackten Möbeln
und nach sexuellen Tragödien.

Doch das kann noch nicht alles sein, denkt der Sänger sich. Hinter den Carports, Häusern und Vorgärten muss noch ein Geheimnis liegen. Und also macht er sich, wie der Protagonist eines Bildungsromans, auf den Weg, lässt sich eines Nachts vom Bratkartoffelwind der Siedlung hinaustreiben:

Über die Dörfer,
über die Städte,
über die schmutzigen Flüsse
und die zierlichen Bäche,
die hässlichen Straßen und die mächtigen Trassen,
oh, dort will ich heute Nacht sein.
An den geheimen Orten, wo sich Liebende treffen
und wo sie sich viel zu viel versprechen.
In den stillen Küchen, in den lauten Fabriken,
in den unbeobachteten Augenblicken,
dort will ich sein.
Denn ich will dieses Land verstehen, ich will dieses Land verstehen.

Vielleicht helfen uns Lieder wie dieses tatsächlich, das Land, in dem wir leben, besser zu verstehen, etwas über seine

Geschichten und Geheimnisse zu erfahren und zu erkennen, dass es da mehr gibt als Einfamilienhäuser mit Vorgärten und Carports, Siedlungen und Fußgängerzonen, nämlich Bürger mit Hoffnungen und Zweifeln, Ideen und Sehnsüchten, Liebe und Wut und eine offene und lebendige Kultur, die Mauern überwinden und Menschen verbinden kann, unabhängig von ihrer Herkunft.

Viele mögen, wenn sie an Musik denken, die eng mit dem deutschen Schicksal oder gar der deutschen Seele verknüpft ist, nicht unbedingt an die in diesem Buch versammelten Lieder denken, die in einigen Fällen aus der Liebe zu einer amerikanischen Songtradition geboren sind, sondern eher an die Minne- und Meistersinger, an die Choräle und Messen von Johann Sebastian Bach, die Sinfonien und Sonaten von Ludwig van Beethoven, die Lieder von Robert Schumann und Richard Strauss und vor allem natürlich an die abstrakten und mystischen Kompositionen von Richard Wagner, »denn abstrakt und mystisch«, so hatte der 1938 in die Vereinigten Staaten emigrierte Thomas Mann wenige Wochen nach Ende des Zweiten Weltkriegs in einem Vortrag in Washington die Katastrophe in seinem Heimatland zu erklären versucht, »ist das Verhältnis der Deutschen zur Welt«.

Doch das dürfte sich in den folgenden Jahrzehnten verändert haben. Der Zugang zur Welt lief im Westen nun eher über die Ökonomie und den Pragmatismus als über die Mystik und den Mythos. Auch das erkennt man in den für dieses Buch ausgewählten Liedern, die viel über die Bundesrepublik Deutschland und ihre Lage in der neuen Weltordnung erzählen – von Westbindung und Wohlstand, von Scham und Spaltung. Einige tun dies subtil, andere offensichtlich; die meisten auf Deutsch, einige aber auch auf Englisch. Es sind bekannte und relativ unbekannte darunter, kritische und affirmative, schöne und hässliche, vermeintlich dumme und ganz sicher schlaue; manche dieser Lieder sind sogar älter als das Land, von dem sie, wie ich hier behaupte, berichten.

Ich werde auf den folgenden Seiten über die Menschen schreiben, die sie komponiert und gesungen haben, über die Zeit und das Land ihrer Entstehung und oft auch über das Land, das sich vierzig Jahre auf der anderen Seite des sogenannten Eisernen Vorhangs befand und in dem die Regierenden an den neuen Menschen und die staatliche Planung persönlichen Geschicks glaubten und auch nicht mehr so sehr an die gute alte dunkle deutsche Seele und die Macht des Schicksals.

Am Ende spielen in dieser deutschen Geschichte natürlich weitaus mehr als die diesem Buch den Untertitel gebenden zehn Lieder eine Rolle; denn gerade populäre Musik funktioniert über Assoziationen, lässt sich ohne Bezüge und das historische, soziale und musikalische Umfeld nicht verstehen. Genauso wenig lässt sich ein solches Buch schreiben, ohne prägende Figuren wie Kraftwerk, Nina Hagen, Udo Lindenberg, Wolf Biermann oder

Tamara Danz einzubeziehen und Genres wie Deutschrock und Deutschrap zumindest zu streifen. Dabei hat dieses Buch jedoch keinen Anspruch auf Vollständigkeit, will keine deutsche Popgeschichte sein und ganz sicher keine Geschichte der Bundesrepublik oder gar Gesamtdeutschlands. »I've Been Looking for Frieden« ist vielmehr eine Sammlung von Geschichten über Schuld und Sühne, Tragödien und Triumphe, Tänze und Träume, die sich zu einer von vielen deutschen Geschichten zusammenfügen, in der auch die Geschichte ihres Autors ab und an durchscheint.

Dieses Buch soll zudem zeigen, dass Musik mehr ist als das omnipräsente kulturindustriell gefertigte Hintergrundrauschen, als das sie heute oft wahrgenommen wird. Musik, egal wie banal oder komplex, gut oder schlecht sie ist, erzählt von der Zeit und dem Ort ihrer Entstehung – und sie erzählt von uns.